Keine Chance für Energie-Vampire

Jesse Reeder

Keine Chance für Energie-Vampire

Neueste Schutzmethoden
gegen eine negative Umwelt

Aus dem Amerikanischen
von Diane von Weltzien

Integral

Die Originalausgabe erschien 2001 unter dem Titel
»Black Holes and Energy Pirates« im Verlag The Crossing Press,
Santa Cruz, USA.

2. Auflage 2003

Der Integral Verlag ist ein Unternehmen der
Ullstein Heyne List GmbH & Co. KG

ISBN 3-7787-9103-6

Copyright © 2001 by Jesse Reeder
© 2002 für die deutsche Ausgabe by
Econ Ullstein List Verlag GmbH & Co. KG, München
Alle Rechte sind vorbehalten. Printed in Germany.
Redaktion: Barbara Imgrund
Einbandgestaltung: Ateet FranklDesign, München,
unter Verwendung einer Abbildung von Shivananda Ackermann
Gesetzt aus der Sabon bei EDV-Fotosatz Huber, Germering
Druck und Bindung: Clausen & Bosse, Leck

Inhalt

Einführung
7

ERSTES KAPITAL
Das menschliche Energiefeld
15

ZWEITES KAPITEL
Schwarze Löcher
39

DRITTES KAPITEL
Energie-Vampirismus und schwarze Löcher
64

VIERTES KAPITEL
Wie erkennt man schwarze Löcher?
101

FÜNFTES KAPITEL
Schwarze Löcher erforschen und schließen
133

SECHSTES KAPITEL
Kerngespräche und Kerninformation
191

SIEBTES KAPITEL
Zuhören und Energie reflektieren
240

ACHTES KAPITEL
Energie ausgleichen und ausrichten
279

NEUNTES KAPITEL
Das energetische Vermächtnis
328

Anhang
352

Einführung

Als ich mein Studium der Mikrobiologie abgeschlossen hatte, heiratete ich meinen Freund aus Collegezeiten und ergatterte meine erste Stelle – als Biochemikerin am Forschungsinstitut in Stanford. Die Zukunft sah vielversprechend aus, umso mehr, als drei Jahre später unsere Tochter geboren wurde. Als mein Mann eine Doktorandenstelle an der Universität von Oregon bekam, kündigte ich, und wir zogen nach Eugene. Wir wurden mit einem zweiten Kind, diesmal einem Sohn, gesegnet, und ich blieb fünf Jahre lang wegen der Kinder zu Hause. Während mein Mann sich in seinen Forschungsarbeiten vergrub, schleppte ich die Kinder zu Demonstrationen gegen den Vietnamkrieg mit. Mein Mann war wenig glücklich über meinen Entschluss, an die Uni zurückzukehren und einen Magisterabschluss zu machen. Er wollte, dass ich daheim blieb und mich um die Kinder kümmerte. Ich jedoch musste meine eigenen Träume verwirklichen, und wir entfernten uns innerlich voneinander. Er fühlte sich bedroht, ich empfand mich als in meiner Freiheit eingeschränkt, und die Ehe begann sich aufzulösen. Als ich einsah, dass ich in dieser Ehe nie zu mir selbst finden würde, zog ich aus unserem Haus aus. Er lieferte mir vor Gericht einen verzweifelten Kampf um das alleinige Sorgerecht für unsere beiden Kinder, doch der Richter sprach sie uns beiden gemeinsam zu.

Obwohl es mir gelang, mitten in all diesem Chaos meinen Abschluss in Stadt- und Landschaftsplanung zu machen, hatte ich das Gefühl, mein Leben sei vorüber. Am Tag riss ich mich, so gut es ging, zusammen, erkannte die Einserstudentin, die ich einmal gewesen war, in mir jedoch kaum wieder. Und nachts versank ich in einem Loch der Verzweiflung, Wut und Hoffnungslosigkeit. Zum Glück wusste ich damals noch nicht, dass dies das erste von etlichen »schwarzen Löchern« war, in denen ich mich noch verirren sollte.

Auf mich allein gestellt, verletzt und immer unter Druck gesetzt durch die Anforderungen, die die Erziehung unserer Kinder an mich stellte, nahm ich schließlich eine Stelle als Verbindungsbeauftragte zwischen Regierung und den Stadtwerken von Eugene an. Indem ich mein schwarzes Loch der Verzweiflung derart mit beruflichem Engagement zustopfte und mich mit Feuereifer auf den Wissenserwerb in Sachen Strom- und Wasserversorgungssysteme stürzte, wurde ich wieder zu der Einserstudentin, die ich einmal gewesen war. Mein beruflicher Ehrgeiz machte mich zum Workaholic. Ich nahm mir erfolgreiche Manager zum Vorbild, um in der Welt der Unternehmer voranzukommen, und machte meine Sache auch gut: In nur sieben Jahren hatte ich es bereits in den Chefsessel der Stadtwerke geschafft. Als ich dann noch zum zweiten Mal heiratete, glaubte ich tatsächlich, mein Leben im Griff zu haben. Doch mein Irrtum hätte kaum größer sein können.

Fünf Jahre später wurde ich von meinem eigenen Vorstand gefeuert und aus der Vorstandsetage vertrieben. Meine zweite Ehe war im Begriff, Schiffbruch zu erleiden, als die Kinder von zu Hause auszogen, um zu studieren. Und plötzlich stand ich wieder an jenem Abgrund der Wut und Verzweiflung. Diesmal jedoch stellte ich mich der Wirklichkeit und begann zu schreiben.

Meine Mutter hatte Gedichte und Kurzgeschichten geschrieben. Mein jüngerer Bruder ist ein bekannter Journalist. Ich selbst hatte mich jedoch bisher nie für das Schreiben interessiert – schließlich hielt ich mich für eine Wissenschaftlerin. Doch wie ein Hund, der Flöhe hat und sich kratzen muss, sah ich mich nun zum Schreiben gezwungen. Ich schrieb Geschichten über das, was ich nicht begriff und was schief gegangen war, und über den Schmerz, der einfach nicht aufhören wollte. Mit mikroskopischem Blick sezierte ich auf vierhundert Seiten den Abgrund aus Angst und Verzweiflung, vor dem ich stand. Ich erkannte, dass Angst weite Bereiche meines Lebens kontrollierte – ich fürchtete mich zu versagen, vor körperlichem Schaden, vor Zurückweisung, vor dem Tod, vor Auftritten in der Öffentlichkeit und Bloßstellung und davor, ich selbst zu sein. Ich schrieb, um zu begreifen, wie ich der Angst in meinem Leben so viel Platz hatte einräumen können.

Mein zweiter Mann und ich versuchten unsere Ehe zu retten, indem wir gemeinsame Kajaktouren durch Mexiko und im Südpazifik unternahmen. Diese Fahrten äußerster körperlicher Anstrengung und das stundenlange meditative Schweigen halfen mir, mit einem tieferen Teil meiner selbst in Beziehung zu treten, und gaben mir in diesen schwierigen Zeiten Kraft. Doch unsere Ehe retten sie nicht. Don und ich ließen uns scheiden, und schon bald darauf starben unser geliebter Hund und unsere geliebte Katze. Von all diesen Verlusten benommen, sah ich mich vor die Aufgabe gestellt, meinem Leben eine neue Richtung zu geben.

Mein älterer Bruder, der Reisegruppen an alte heilige Stätten führt, lud mich ein, mit ihm Peru und Griechenland zu bereisen. Dort begegnete ich meiner mystischen, zutiefst spirituellen Seite. Eine Woche später saß ich in Oregon wieder vor dem Computer und machte eine Bestandsaufnahme meiner bisherigen Ergüsse. Ich holte tief Luft und fragte mich: »Was versuche ich eigentlich aufzuschreiben? Und wie kann ich beschreiben, was ich da gerade über mich herausfinde?«

Die Antwort ließ nicht lang auf sich warten: Wenn man menschlichem Handeln eine Richtung gibt, dann erwächst daraus Kreativität. Kreativität kann ausgelöst werden durch Beziehungen zu anderen Menschen, eigene Ängste; Schuldzuweisungen und Groll gegen andere jedoch ersticken sie. Es sind also zwei Phänomene, die uns quälen und die unsere natürliche kreative Energie erschöpfen und einengen: Einerseits sind da die »schwarzen Löcher« – unsere ins Unbewusste abgerutschten emotionalen Erfahrungen, Muster und Überzeugungen –, andererseits leiden wir unter den Mechanismen des Energie-Vampirismus – den Täuschungsmanövern, die wir uns zur Tarnung unserer schwarzen Löcher einfallen lassen und die unsere zwischenmenschlichen Beziehungen trüben und komplizieren.

Ich hielt inne und las mir durch, was ich bisher geschrieben hatte: schwarze Löcher und Energie-Vampirismus. Genau das war es! Wie oft hatte ich mich in schwarzen Löchern wiedergefunden, nicht nur in den extremen Abgründen der Wut und Verzweiflung, wie ich sie nach meinen Scheidungen und in anderen Verlustsituationen erlebt hatte, sondern auch in den weniger gravierenden, alltäglichen schwarzen Löchern. Ich war mir der Manöver bewusst, die ich als Energie-Vampirismus bezeichne und derer ich mich bediente, um mich dem Inhalt meiner eigenen schwarzen Löcher nicht stellen zu müssen: jener unangenehmen Interaktionen und gescheiterten persönlichen Beziehungen, die mir alle Energie raubten. Mein Leiden und meine Reise zu mir selbst aber gaben mir neue Energie, und dieses Buch wurde geboren.

Doch erst zwei Jahre später, beim Tod meiner Mutter, begriff ich ganz, warum ich zum Schreiben gefunden hatte. Im Jahr 1998 hatte der Knochenkrebs bei meiner Mutter zur Metastasenbildung in den Lungen geführt, ein Schlaganfall hatte zudem eine linksseitige Lähmung zur Folge. Ich flog nach North Carolina, um bei ihr zu sein. Als ich im Krankenhaus an ihr Bett trat, war ich nicht sicher, ob sie überhaupt wusste, dass ich es war. Sie war erblindet und konnte kaum noch sprechen, doch sie erwiderte den Druck meiner Hand, die ich in ihre legte, und flüsterte meinen Namen. Als ich ihr sagte, dass ich sie liebte, antwortete sie neuerlich mit einem Händedruck. Ich legte meinen Kopf an ihre Schulter und weinte. Noch im vorangegangenen Jahr hatte ich mich erfolglos bemüht, eines ihrer Gedichte zu begreifen, in dem sie beschrieb, wie sie sich ihr Sterben wünschte. Damals hatte ich mich mit der Möglichkeit ihres Todes einfach noch nicht auseinander setzen wollen.

Ich möchte hier bei mir daheim sterben,
Wo all meine Bilder hängen.
Wo Liebe und Tränen miteinander verwoben sind.
Seit, ach, so langer, langer Zeit.

Ich möchte meine Kinder bei mir haben
Und meinen Partner, der seit sechzig Jahren bei
    mir ist.
Allein zu sterben wäre mir verhasst,
In irgendeinem farblosen, kalten, grauen Zimmer.

Ich möchte im Sonnenlicht sterben,
Das durch klare, helle Fenster fällt,
Damit ich, wenn die Engel mich holen,
Direkt ins Licht gehen kann.
                            (Mildred E. Buzenberg)

Jetzt verstand ich das Gedicht besser und war gern bereit, ihre Wünsche so weit möglich zu erfüllen. Als zu all den bereits vorhandenen Krankheitssymptomen noch eine Lungenentzündung kam, sprachen mein Vater und ich mit den behandelnden Ärzten über die Alternativen. Sie wollten von uns wissen, ob sie das Leben meiner Mutter mit Hilfe der Apparatemedizin so lange wie möglich aufrechterhalten sollten oder ob wir bereit waren, uns in das Unvermeidliche zu schicken und ihr ihre letzten Tage so angenehm wie möglich zu machen. Es kam den Ärzten nicht in den Sinn, meine Mutter in die Entscheidungsfindung einzubeziehen. Ich konnte nicht für sie entscheiden, also berichtete ich ihr von dem Gespräch mit den Ärzten. Weinend erklärte ich ihr, dass sie ohne die Apparate vermutlich nur noch zwei Wochen zu leben haben würde.

»Möchtest du trotzdem zu uns nach Hause kommen, Mom?«, flüsterte ich.

Sie drückte meine Hand und nickte.

Es war die letzte Woche vor Weihnachten. Obwohl alle Fluggesellschaften ausgebucht waren, ergatterten meine Schwester und zwei meiner Brüder durch eine Reihe kleiner Wunder Flüge und trafen innerhalb weniger Tage zu Hause ein. Wir holten unsere Mutter nach Hause und verbrachten die Woche gemeinsam, teilten uns gegenseitig unsere Erinnerungen mit, hielten uns bei den Händen, weinten, sangen und beteten miteinander. Am Morgen des Weihnachtstages schied sie aus diesem Leben, wie sie es sich gewünscht hatte: zu Hause und im Kreis ihrer Familie.

Durch meine Mutter und ihren Tod lernte ich, dass wir sogar noch im Sterben unser Leben selbst erschaffen. Ihr unerschütterlicher, klarer Wille, den sie bereits in ihrem Gedicht zum Ausdruck gebracht hatte, und ihre Mut machende, freiwillige Ergebenheit in ihr Schicksal bestimmten die letzte Woche ihres Lebens. Später, im Rückblick, erkannte ich, dass der klare Wille, der trotz schwarzer Löcher, hemmender Überzeugungen und Energie-Vampirismus unbeeinträchtigt bleibt, eine sehr mächtige kreative Kraft ist. Außerdem wurde mir klar, dass die meisten Menschen sich den Zugang zu ihrer kreativen Kraft durch schwarze Löcher selbst blockieren.

Durch den Tod meiner Mutter konnte ich die menschliche Energie und die vernichtenden Erfahrungen, die ich hatte machen müssen, aus einer neuen Perspektive betrachten. Die Verluste, die ich erlitten hatte, brachten mich zugleich doch auch weiter. Ich bin der Meinung, dass Tragödie, Leid und Demütigung uns dabei helfen, nach und nach unbewusste Muster und Überzeugungen ins Bewusstsein zu holen, sie zu akzeptieren und schließlich loszulassen, damit sie nicht mehr länger Macht über unser Leben haben. Der Tod meiner Mutter hat mich gelehrt, dass das Loslassen unseres Energie-Vampirismus unsere kreative Lebensenergie, mit der wir unser Leben erschaffen, reinigt und wachsen lässt.

In diesem Buch berichte ich anhand meiner eigenen Lebensgeschichte sowie derjenigen von Freunden und Klienten davon, wie man Energie-Vampirismus bekämpfen kann. Ich hoffe, dass die Hilfsmittel, die ich entwickelt habe, Ihnen helfen, Energie-Vampiren aus dem Weg zu gehen, damit Sie das Leben, das Sie sich wünschen, leben können.

Die Ideen in diesem Buch befinden sich in der Entwicklung. Ich gehe davon aus, dass wir noch viel über die kreativen Funktionen menschlicher Energie zu lernen haben. Ich rate Ihnen, sich selbst zu vertrauen. Bei der Erforschung Ihrer eigenen energetischen Erneuerung wissen Sie selbst am besten, was Sie annehmen und was Sie zurückweisen müssen.

Keine Chance für Energie-Vampire betrachte ich als revolutionäres Modell zum Verständnis menschlicher Energie und Kreativität. Indem wir auf Energie-Vampirismus verzichten, erhalten wir Zugang zum vollen Potenzial unseres Lebens. Ich bin davon überzeugt: Wenn wir uns gegenseitig dabei helfen, unsere trüben unbewussten Muster und die uns einschränkenden Überzeugungen abzubauen, dann erschaffen wir eine harmonischere Welt. Ich lade Sie ein, sich mir anzuschließen, um mit Hilfe unserer reichen inneren Quellen bewusst unsere eigene Welt zu erschaffen.

Erstes Kapitel

Das menschliche Energiefeld

•••••••••••••••••••••

An einem Montagabend stand ich in meinem Büro im Gebäude der Stadtwerke, das sich in der Innenstadt von Eugene am Ufer des Willamette River befand, am Fenster und betrachtete den Himmel. Der Sturm, der sich dort vor meinen Augen zusammenbraute, schien die Situation zum Ausdruck zu bringen, in der ich mich befand, seit sich im Vorjahr die Zusammensetzung des Vorstands zu meinen Ungunsten verändert hatte. Bisher hatte ich auf die Stimmen von drei von fünf Vorstandsmitgliedern zählen können. Nun waren es nur noch zwei, denn der dritte hatte die Seiten gewechselt.

Hinter mir lag ein stürmisches Wochenende, an dem mich der Vorstandsvorsitzende und ein Vorstandsmitglied zum Rücktritt hatten überreden wollen. Doch ich hatte mich geweigert, denn schließlich standen die Stadtwerke von Eugene besser da als jemals zuvor. Der Wert unserer Aktien war in den USA der höchste in diesem Bereich, für einen Versorgungsbetrieb unserer Größe verkauften wir Wasser und Strom landesweit zum zweitniedrigsten Preis, und unsere Kunden waren in überdurchschnittlich hohem Maß mit uns zufrieden.

Doch war mir klar, dass ich andere Prioritäten setzte und außerdem einen anderen Managementstil hatte, als der Vorstandsvorsitzende es sich vorstellte. Nun sollte ich bei einer öffentlichen Anhörung über Strom- und Wasserpreise erscheinen, die in der Stadthalle stattfand, weil die erwartete Personenzahl so groß war. Ich saß mit den fünf Vorstandsmitgliedern am Tisch und stellte mich zugleich den Fernsehkameras und einer Batterie von Mikrofonen. Als ich in der Menge nach vertrauten Gesichtern suchte, sah ich meine vier Abteilungsleiter mit ihren Teams, einige Angehörige der Stadtverwaltung, ein paar Dutzend Angestellte und inzwischen pensionierte Mitarbeiter. Die Übrigen waren Kunden und Bürger, die sich für die neuen Preise interessierten.

Der Vorsitzende schlug mit seinem Hammer auf den Tisch und rief zur Tagesordnung. Das Vorstandsmitglied, das mich gemeinsam mit dem Vorsitzenden zum Rücktritt aufgefordert hatte, schlug vor, Punkt zehn der Tagesordnung, die Leistungsbewertung der Direktorin, vorzuziehen. Der Abtrünnige, der von uns allen dem Vorstand am kürzesten angehörte, unterstützte den Antrag. Der Vorsitzende ließ abstimmen. Drei Hände schossen in die Höhe.

»Drei dafür, der Antrag ist angenommen.«

Das Wort führende Ausschussmitglied teilte mit: »Drei Ausschussmitglieder sind sich darin einig, die Direktorin Jesse Reeder zu feuern.«

Sarah, eines der Vorstandsmitglieder und meine Verbündete, schlug protestierend mit der Hand auf den Tisch und rief: »Dieser Antrag ist nicht statthaft. Er stellt einen eklatanten Verstoß gegen die Regeln für eine öffentliche Sitzung dar. Wenn es triftige Gründe dafür gibt, jemandem zu kündigen, dann müssen sie gleichfalls öffentlich dargelegt werden. Geheime Absprachen außerhalb der offiziellen Vorstandssitzungen sind illegal.«

»Wir wollen Jesse Reeder feuern, weil wir das Vertrauen in ihre Fähigkeiten als Direktorin der Stadtwerke verloren haben«, erklärte das Wort führende Ausschussmitglied.

»In diesem Fall«, verlangte Sarah, »müssen die Mitarbeiter und auch die Direktorin selbst gehört werden.«

Mein zweiter Verbündeter im Vorstand unterstützte diese Forderung.

»Das wird nicht nötig sein«, entgegnete der Vorsitzende. »Ich lasse darüber abstimmen.«

Sobald das Abstimmungsergebnis vorlag, verkündete er: »Der Antrag ist mit drei gegen zwei Stimmen angenommen. Hiermit ist die Direktorin offiziell entlassen. Sie muss ihr Büro räumen und bis morgen früh um acht Uhr das Betriebsgelände verlassen haben.«

In einem zweiten Antrag wurde mein bisheriger Stellvertreter als Interimsdirektor eingesetzt. Der Antrag wurde mit drei Stimmen und zwei Enthaltungen angenommen.

Ich war fassungslos. Im Raum breitete sich ein unangenehmes Schweigen aus. Keiner wagte es, sich zu rühren. Die Zeit schien stehen geblieben zu sein. Dann erhob sich Sarah und erklärte, dass sie die Sitzung unter Protest verlasse. Sie trat zu mir, legte mir eine Hand auf die Schulter und sagte: »Wir sind hier nicht erwünscht, Jesse. Lass uns gehen.«

Als ich mich gleichfalls erhob, verabschiedete mich das Publikum mit stehenden Ovationen. Ich sah zu meinen Freunden, die Tränen in den Augen hatten, und machte mich daran, den Raum zu verlassen. Die Kamerateams, Radio- und Zeitungsreporter schickten sich an, mir zu folgen. Da geschah etwas in mir, das ich noch niemals zuvor erlebt hatte. Ein Teil meiner selbst wurde zum losgelösten Beobachter des Schauspiels, in dem ich eine so schreckliche Rolle zu spielen hatte. Ich spürte das Misstrauen der drei Vorstandsmitglieder, die Loyalität meines Managementteams und die Erregung der Journalisten.

Als ich in der Eingangshalle stehen blieb, wurde ich sofort eingekreist und mit Fragen bombardiert: »Warum hat der Aufsichtsrat Sie entlassen?« – »Sind Sie überrascht?« – »Warum sind Sie nicht zurückgetreten?«

Ich beantwortete ruhig die Fragen der Presse, dann wandte ich mich an die Mitarbeiter der Stadtwerke, die sich um uns versammelt hatten. »Ich bedaure es«, erklärte ich, »die Stadtwerke verlassen zu müssen. Meine Arbeit hier hat mir sehr viel bedeutet. Ich bin sicher, dass Ihre Fähigkeiten es Ihnen ermöglichen werden, auf dem einmal eingeschlagenen Weg weiterzugehen. Diese Stadtwerke besitzen den klaren Vorteil, einige der talentiertesten und fähigsten Leute in diesem Bereich versammelt zu haben. Ihre Energie wird Ihnen helfen weiterzumachen.«

Das ganze Drama spulte sich wie ein Film vor mir ab, während ich die mir zugefallene Rolle in einem Sturm übernahm, den andere in Gang gesetzt hatten. Kaum war die Pressekonferenz vorbei, da eilten die Reporter auch schon zu ihren Telefonen und Computern, um ihre Neuigkeiten durchzugeben. Ich war eine Spätmeldung. Ich war Geschichte.

Obwohl es mir damals noch nicht bewusst war, ähnelte diese schmerzhafte Erfahrung anderen in meinem Leben, die herbeizuführen ich ebenfalls mitgeholfen hatte. Das Heraufziehen des Sturms, das ich an jenem Montagabend gespürt hatte, zog alle bisherigen Einflüsse zusammen und erzeugte ein Energiefeld, an dessen Zustandekommen alle beteiligt waren. Es war ein von Ängsten und Misstrauen zerfressenes Energiefeld.

Bereits als ich den Posten annahm, begann ich, meinen Beitrag zu diesem Energiefeld zu leisten. Von Anfang an fühlte ich mich durch den Vorstandsvorsitzenden eingeschüchtert; meine Besprechungen mit ihm nahmen die Gestalt von Gerichtsverfahren an, in denen ich mich als die Anklagte fühlte. Aus unseren Konfrontationen ging ich völlig erschöpft und ausgebrannt hervor. Es gelang mir nicht, meine Reaktion auf ihn zu verändern.

Mein früherer Vorgesetzter hatte meine Arbeit zu schätzen gewusst. Anders dieser Vorstandsvorsitzende: Zwar brachte er es nie direkt zum Ausdruck, doch ich nahm an, dass er einer Frau den Job nicht zutraute – schon gar nicht einer Frau, der ihre Mitmenschen und eine gesunde Umwelt am Herzen liegen. Ich spürte seine Missbilligung, und sie schürte die Angst in mir, ich könnte für diesen exponierten Posten nicht gut genug sein. Sein Bestreben, mich loszuwerden, ließ meine Angst wachsen, und meine Reaktion auf ihn ließ ihn noch mehr an meiner Eignung zweifeln. Die Folge war eine endlose Spirale unproduktiver Emotionen, die schließlich explodieren musste. Gemeinsam hatten wir unbewusst ein Energiefeld der Angst und des Misstrauens geschaffen, das zuletzt zu meiner öffentlichen Entlassung führte.

Das menschliche Energiefeld steckt voller Informationen über Überzeugungen, Absichten, Emotionen, persönliche Erfahrungen und Geschichten und unseren Charakter. All dies zusammengenommen wirkt wie ein Magnet, der persönliche Beziehungen und Erfahrungen anzieht, die zu unseren Ängsten, Überzeugungen und Erwartungen passen, und andere abstößt. Unsere eigene Energie beeinflusst und erschafft ohne Unterlass unsere persönlichen Erfahrungen. Ein Teil dieser Informationen in unserem Energiefeld ist uns bewusst. Doch gesteuert und beeinflusst wird unser Leben letztlich von Mustern und Informationen, die sich weit jenseits der Reichweite unseres bewussten Verstandes befinden.

Um Einfluss auf unproduktive Muster zu nehmen, müssen wir herausfinden, wo und unter welchen Umständen unsere persönliche Energie unbewusst gegen uns arbeitet. Manchmal ballt sich unsere Energie in einem unentwirrbaren Knäuel zusammen, das ich als schwarzes Loch bezeichne. Schwarze Löcher blockieren den Fluss bewusst erzeugter Energie, indem sie die ins Unbewusste abgerutschten emotionalen Erfahrungen und Überzeugungen dagegensetzen. Ich selbst klammerte mich, wie ich später herausfand, an zwei Überzeugungen: dass ich in einer männlich dominierten Welt nicht willkommen und meinem Job nicht gewachsen sei. Diese Überzeugungen versteckten sich in meinen schwarzen Löchern. Obgleich ich die Arbeit ganz offensichtlich bewältigte und obwohl die Stadtwerke unter meiner Leitung gediehen, blieben diese Überzeugungen in meinem Unbewussten bestehen. Ich war mir ihrer nicht bewusst. Nur gelegentlich kamen sie in meinen innerlich geführten Selbstgesprächen zum Vorschein, denn ich stellte mich fortwährend selbst in Frage: Kann ich das wirklich? Bin ich auch gut genug? Sollte ich nicht lieber zurücktreten? Die Quelle all dieser Selbstzweifel – die Erfahrungen, die das schwarze Loch überhaupt erst erschaffen hatten – blieb meiner bewussten Wahrnehmung verschlossen.

Gleichfalls verborgen blieb mir, dass meine Zusammenstöße mit dem Vorstandsvorsitzenden auf einem Mechanismus beruhten, den ich seither als Energie-Vampirismus bezeichne. Misstrauisch stellte der Vorsitzende alles, was ich tat, in Frage. Unsere Besprechungen beraubten mich all meiner Energie, und ich wusste nicht, was ich dagegen tun sollte. Doch ich greife zu weit vor. Bevor ich Ihnen mehr über schwarze Löcher und Energie-Vampirismus erzähle, möchte ich ein wenig gründlicher auf das menschliche Energiefeld und auf seine Bedeutung eingehen.

Energiefelder auf zwei Beinen

Energie ist ein grundlegender Baustein der Natur. Wissenschaftler sind zu dem Schluss gekommen, dass auf der subatomaren Ebene Materiepartikel und Energiewellen austauschbar sind. Das heißt, Materie ist Energie. Da der menschliche Körper Materie ist, sind wir also Energie – dreidimensionale Energiefelder.

Der dichteste Teil des menschlichen Energiefelds ist der physische Körper. Stellen Sie sich vor, dass Sie sich mitten in ihrer eigenen Atmosphäre befinden, so wie auch die Erde im Zentrum ihrer Atmosphäre sitzt. Die Erde und ihre Atmosphäre sind ein zusammenhängendes, untrennbares System. Bei Ihrem Körper ist das nicht anders. Er stellt den berührbaren und sichtbaren Anteil Ihrer Energie dar, doch Ihr Energiefeld geht noch über Ihren Körper hinaus, so wie auch die Atmosphäre der Erde über die physische Erde hinausgeht. Ihr Energiefeld erfüllt Ihren Körper mit Leben und setzt sich jenseits Ihrer Haut fort. Die Sie einhüllende Energie ist für die meisten Menschen unsichtbar; wäre es anders, so würden sie Sie als brennende Glühbirne wahrnehmen.

In der physischen Welt unterscheiden Wissenschaftler vier verschiedene Kräfte. Diese Kräfte können uns helfen, die Funktionsweise des menschlichen Energiefelds zu begreifen. Diese vier physischen Kräfte sind: eine starke Kraft, die Partikel aneinander bindet, um Atome, die elementaren Bausteine der Materie, zu bilden; eine schwache Kraft, die Atome dazu veranlasst, Nuklearteilchen abzuspalten; elektromagnetische Energie sowie die Schwerkraft.

Die Wissenschaft ist fähig, diese vier Kräfte zu beobachten, zu beschreiben und ihre Existenz zu beweisen, doch eine umfassende Erklärung dafür bleibt sie uns weiterhin schuldig. Sie kann außerdem nicht gewährleisten, dass diese Kräfte die einzigen im Universum sind. Ja, die Wissenschaft setzt sich gegenwärtig mit der Möglichkeit einer fünften Kraft auseinander, die eine Begründung gibt für die ständige Erweiterung, die unser Universum trotz der Schwerkraft erfährt.

Menschliche Energie oder persönliche Energie, wie ich sie auch bezeichne, ist ein weiterer Energiebereich, den wir noch nicht umfassend erklären können. Ich meine, dass menschliche und elektromagnetische Energiefelder einander ähneln. Manche elektromagnetischen Energiefelder, die durch einen Fluss von Elektronen erzeugt werden, sind in der physischen Welt sichtbar. Zwei spektakuläre Beispiele dafür sind Blitze und das Polarlicht.

Magneten fungieren als spezifischer Ausdruck elektromagnetischer Energie. Ein Magnet ist ein Eisenbrocken mit einem positiven und einem negativen Ende, die wir als Pole bezeichnen. Ein Magnet zieht Eisen oder einen anderen Magneten an, noch ehe er tatsächlich damit in Berührung kommt. Wenn Sie einen Magneten in die Nähe eines Haufens mit Eisenspänen bringen, dann können Sie die bezwingende Kraft seines unsichtbaren magnetischen Feldes sehen, wenn die Eisenspäne beginnen, auf den Magneten »zuzuwandern«.

Menschliche oder persönliche Energie verhält sich wie ein solches elektromagnetisches Feld – wir sind von einem unsichtbaren Feld durchdrungen und umgeben, das ergänzende Muster menschlicher Interaktion anlockt, wie ein Magnet Eisen oder einen komplementären Magneten anzieht.

Quantenexperimente haben gezeigt, dass die Erwartungshaltung des Wissenschaftlers darüber entscheidet, ob ein subatomares Teilchen sich als Materiepartikel oder als Energiewelle zeigt. Als die Wissenschaftler eine Materiepartikel erwarteten, war es genau das, was sie sahen. Als sie eine energetische Welle vermuteten, war sie es, auf die sie stießen. So erstaunlich diese Beobachtungen auch sind, die Wissenschaft hat sie akzeptiert. Ausgehend von diesen Forschungsergebnissen können wir schließen, dass sich reine Energie abhängig von den Erwartungen, Überzeugungen und Intentionen des Beobachters als Materie oder Schwingung manifestiert. Anders ausgedrückt: Menschliche Intentionen erschaffen die Wirklichkeit auf der subatomaren Ebene.

Die Absichten, Gefühle und Überzeugungen eines Menschen stellen die formende Information seines Energiefelds dar. Formende Information zieht Erfahrungen an, die zu unseren Emotionen, Überzeugungen und Intentionen passen oder sie ergänzen. Wir sind Energiefelder auf zwei Beinen, ziehen an, was wir fürchten, worauf wir hoffen, was wir erstreben, erwarten und woran wir glauben, während wir zugleich das abstoßen, woran wir nicht glauben, was wir nicht erwarten oder anstreben. Als ich meinen Posten bei den Stadtwerken innehatte, zog ich jemanden an (den Vorstandsvorsitzenden), der zu meinen Vorstellungen von mir selbst passte, der wie ich meinen Fähigkeiten misstraute und meinen Selbstzweifel nährte.

In diesem Buch vertrete ich die Auffassung, dass es möglich ist, mit Hilfe unseres Energiefelds bewusst das zu erschaffen und in unser Leben zu holen, was wir uns wünschen, statt anzuziehen, was unsere schwarzen Löcher fördert und unsere Energie blockiert. Wenn wir unser Leben zum Besseren verändern wollen, dann müssen wir die Muster finden und umstoßen, die unser Energiefeld zu unseren Ungunsten dominieren. Deshalb sind Energiefelder so wichtig. Indem wir das menschliche Energiefeld erforschen, seine Funktionsweise begreifen und seine Geheimnisse aufdecken, schaffen wir die Voraussetzungen, um unsere kreativen Energien zu entfalten und unser Leben bewusst in die Hand zu nehmen.

Menschliche Energie, angereichert mit persönlicher Emotion, Intention und Überzeugung, wird zu kreativer Energie, die fähig ist, unsere Erfahrungen zu erschaffen. Wir wissen nur sehr wenig über menschliche Energiefelder, doch scheint unsere kreative Kapazität ihren Ursprung in unserem Energiefeld zu haben. Unsere kreative Kapazität beinhaltet drei Arten formender Information oder Energie: mentale, Erfahrungs- und Intentionsenergie. Wir richten unser Leben unter Zuhilfenahme dieser drei Gruppen formender Information ein – sie beeinflussen einander und stellen gemeinsam unsere kreative menschliche Energie dar.

Mentale Energie: Gedanken, Überzeugungen, Erwartungen und »Geschichten«

Mentale Energie umfasst unsere Erwartung sowie die Interpretation und Erklärung der Ereignisse in unserem Leben. Sie beinhaltet Gedanken, Ideen, Konzepte und mentale Prozesse wie etwa Argumentation und Analyse.

Überzeugungen sind Gedanken, die wir verinnerlicht und vielmals wiederholend nachvollzogen haben. Zum Beispiel war ich davon überzeugt, dass ich in einer männlich dominierten Welt nicht willkommen sei. Ich hatte diesen Gedanken immer und immer wiederholt und mit meinen Erfahrungen verglichen, bis er sich in eine Überzeugung verwandelt hatte. Weil wir fortwährend zu unseren Überzeugungen zurückkehren, erzeugen sie mehr kreative Energie als unsere Gedanken.

Erwartungen sind auf die Zukunft gerichtete Annahmen. Ich zum Beispiel ging davon aus, dass meine Arbeit anspruchsvoll und schwierig sein würde, und meine Erfahrung bestätigte diese Erwartung.

So genannte »persönliche Geschichten« sind für gewöhnlich Mittel, die uns helfen, unsere Vergangenheit zu verstehen und zu interpretieren. Eine »Geschichte« etwa, an der ich mich festhielt, handelte davon, dass mein Vater meine Brüder mir vorzog, weil sie Jungen waren.

All diese formende Information führt unserem Energiefeld kreative Energie zu, die je nach ihrem Inhalt entweder angenehme oder unangenehme Erfahrungen erschaffen kann.

Erfahrungsenergie: Gefühle, Sinneseindrücke und Emotionen

Die zweite Gruppe, die Erfahrungsenergie, beinhaltet unsere Reaktion auf unsere Interpretation der Ereignisse. Zu ihr gehört die ganze Bandbreite menschlichen Gefühls, bestehend sowohl aus Emotionen als auch aus Sinneseindrücken. Die vier primären menschlichen Emotionen sind Trauer, Angst, Wut und Glück. Zu den physischen Sinneswahrnehmungen gehören Wärme,

Kälte, Anspannung, Zittern, Erschöpfung, Hunger, Stress und Schmerz. Sinneswahrnehmungen und Emotionen werden beide im Körper erfahren, wobei die Grenze zwischen beiden fließend ist. Nervosität zum Beispiel kann zugleich ein Sinneseindruck und eine Emotion sein.

Intentionsenergie: Intentionen, Bedürfnisse, Interessen und Wünsche

Die dritte Gruppe, die Intentionsenergie, gibt unserer kreativen Energie die Richtung. Intentionen, Bedürfnisse, Interessen und Wünsche sind richtungweisend für unsere Handlungen, Aussagen und Verhaltensweisen. Klare Intentionen sind entscheidend, um bewusst das anzuziehen, was wir wollen. Doch kann es sein, dass wir verborgene (unbewusste), widersprüchliche Wünsche in uns tragen, die unsere bewusste Intentionsenergie unterlaufen oder zerstreuen. Intentionen konzentrieren Energie, um das Erwünschte zu erschaffen – als würde man Sonnenstrahlen in einem Vergrößerungsglas bündeln, um damit ein Feuer zu entfachen.

Die drei Gruppen formender Information treten miteinander in Interaktion und beeinflussen sich gegenseitig. Wir reagieren emotional auf unsere mentale Auffassung von Ereignissen. Sobald wir unsere mentale Auffassung verändern, wirkt sich dies auch auf unsere Emotionen aus. Wenn wir etwa meinen, dass uns jemand etwas angetan hat, dann löst dies Zorn aus. Erkennen wir dann später, dass derjenige uns in Wahrheit helfen wollte, dann empfinden wir Erleichterung oder Dankbarkeit. Verschiebt sich unsere Interpretation eines Ereignisses derart, dann verschieben sich auch unsere Emotionen. Unsere emotionalen Reaktionen nehmen Einfluss auf unsere Intentionsenergie. Die leidenschaftliche Reaktion auf etwas kann das Verlangen nach dieser Sache oder Person intensivieren; Liebe oder Hass kann das Streben nach der Verwirklichung eines Interesses anfachen. Emotionen wie Erfüllung und Anerkennung nehmen gleichfalls Einfluss auf unsere Interessen und Wünsche. Wir sind eher bereit, einen Beitrag zu leisten, wenn wir meinen, dass er wertgeschätzt wird. Was wir in der Vergangenheit empfunden haben (unsere emotionalen Erinnerungen), beeinflusst die Gefühle, die wir in der Zukunft erwarten (unsere mentalen Schlussfolgerungen), und damit die Entscheidung über unsere Zielsetzungen (unsere Intentionen).

Die formende Information dieser drei Gruppen kann intensivierend oder ergänzend wirken, mit anderen formenden Informationen kollidieren oder diese zunichte machen. Folglich ist es denkbar, dass unsere kreative Energie – unsere formenden Überzeugungen, Gefühle und Wünsche – unausgewogen oder widersprüchlich ist und gegen uns arbeitet. Oder aber sie befindet sich in Übereinstimmung mit unseren Zielen und ist auf das ausgerichtet, was wir uns von Herzen wünschen. Inwieweit sich unsere formenden Informationen auf einer Linie befinden und übereinstimmen, entscheidet darüber, wie erfolgreich wir damit sind, bewusst das anzulocken, was wir uns wünschen. Wenn Sie sich beispielsweise eine erfüllte Beziehung wünschen, sich jedoch nicht für liebenswert halten und nicht daran glauben, jemals Liebe zu erfahren, dann steht Ihre Intentionsenergie Ihrer emotionalen und mentalen Energie entgegen. Weil diese Energien gegeneinander arbeiten, kann sich Ihr Wunsch nicht manifestieren. Statt der erfüllten Beziehung stellt sich »Bedürftigkeit« ein, die eher Einsamkeit erzeugt, statt die Entstehung einer erfüllten Bindung zu fördern. Auf einer anderen Ebene sind wir dennoch erfolgreich – unsere unbewussten, von Selbstzweifeln erfüllten Wünsche schreien förmlich nach Zurückweisung durch andere, weil wir unsere Selbsteinschätzung bestätigt sehen wollen.

Das menschliche Energiefeld wahrnehmen

Sich die Existenz menschlicher Energiefelder bewusst zu machen schafft Verständnis für unser eigenes Energiefeld und die in uns wirkende formende Information. Sie erinnern sich: Formende Informationen sind Intention, Gefühl und Überzeugungen, wie sie für Menschen typisch und in unseren Energiefeldern aktiv sind. Unsere Emotionen helfen uns, die formende Information bei anderen wahrzunehmen. So sind wir zum Beispiel dazu in der Lage zu spüren, ob ein uns nahe stehender Mensch angespannt, traurig oder aufgebracht ist. Möglicherweise ahnen wir es, wenn uns jemand schaden will. Wir merken vielleicht, wenn jemand unter Stimmungsschwankungen leidet, und fragen die betreffende Person, ob sie einen schlechten Tag hat. Es kann sein, dass wir spüren, wenn es in Ordnung ist, heikle Themen anzuschneiden. Möglicherweise haben wir bereits einmal die Stimmung eines anderen Menschen falsch interpretiert und gelernt, uns vor seinen Reaktionen in Acht zu nehmen. Wer als Kind in einer problematischen Familie aufgewachsen ist, der hat meist ein hoch entwickeltes Gespür für emotionale oder Intentionsenergie (formende Information), denn in einem solchen Umfeld hängt das Überleben oft von dem Wissen ab, wann man besser den Mund hält oder sich aus der Schusslinie bringt. Wir mögen das Energiefeld eines anderen nicht bewusst wahrnehmen – und doch kann die emotionale oder Intentionsenergie eines anderen in uns Anspannung oder ein unangenehmes Gefühl hervorrufen.

Haben Sie je die Erfahrung gemacht, dass sich jemand von Ihnen angezogen fühlte und Sie es auch ohne eine entsprechende Bemerkung der betreffenden Person gespürt haben? Oder aber Sie bemerken die Spannung, die zwischen zwei Ehepartnern in Ihrem Freundeskreis herrscht. Vielleicht kommt Ihnen auch Ihre normale Beziehungsfähigkeit abhanden, sobald Sie zu Besuch bei Ihrer Verwandtschaft sind. Wenn Ihnen solche Situationen vertraut sind, dann besitzen Sie ein gesundes Bewusstsein für menschliche Energiefelder.

Die bewusste oder unbewusste Wahrnehmung des Energiefelds einer Person ist so, als würde man an einem Mann vorbeigehen, der nach Rasierwasser duftet. Je näher wir ihm kommen, desto deutlicher nehmen wir den Duft wahr. Ist er weiter entfernt, nimmt sein Einfluss auf uns ab. Je stärker also der Duft, desto größer ist auch sein Einfluss auf uns.

Wir ermitteln Gerüche mit unserem Geruchssinn. Menschliche Energiefelder hingegen nehmen wir mit Hilfe unserer Intuition und aller fünf Sinne wahr – in der Berührung beim Händeschütteln, beim Anblick einer gerunzelten Stirn oder von Lachfältchen, beim Riechen von stechendem Gestank oder süßem Duft, beim Schmecken eines Kusses, wenn wir Distanziertheit oder Freude in einer Stimme hören. Die meisten von uns verfügen außerdem über einen sechsten Sinn, ein Gefühl im Bauch und über eine intuitive Eingebung, die eine von einem anderen ausgesandte formende Information, sei sie fassbar oder weniger fassbar, empfangen, sortieren und abspeichern. Mit unseren Gedanken, Emotionen und Wünschen nehmen wir diese Information wahr und interpretieren sie. Wenn wir uns durch eine Person beunruhigt fühlen und uns lieber von ihr fern halten, dann vielleicht deshalb, weil wir formende Information aus dem Energiefeld dieser Person empfangen und interpretieren. Wir alle kennen Menschen, mit denen wir uns wohl und sicher fühlen, und andere, vor denen wir uns in Acht nehmen. Unsere Reaktionsweise mag ihren Ursprung in einer früheren Interaktion haben oder in etwas, das wir auch ohne vorangegangenen Kontakt wahrnehmen. Im zweiten Fall spüren und interpretieren wir das Energiefeld der betreffenden Person.

Der Austausch zwischen den Energiefeldern zweier Menschen geschieht in beide Richtungen. Wie das Energiefeld des anderen auf das Ihre wirkt, hat etwas mit Ihrem Energiefeld zu tun. Die Gesellschaft einer Person, in deren Gegenwart Sie sich unwohl fühlen, kann für andere durchaus angenehm sein. Es ist die Interaktion zwischen menschlichen Energiefeldern, die die Reaktion hervorruft. Zum Beispiel konnten einige meiner Kollegen, die mich mochten, auch den Vorstandsvorsitzenden leiden. Er und ich wurden dennoch nie warm miteinander.

Eines Abends traten eine Freundin und ich aus einem Kino in der Stadtmitte und machten uns auf den Weg zu meinem Auto. Ein Mann verließ den Gehsteig auf der anderen Straßenseite und kam quer über die Straße direkt auf uns zu. Mich erfasste Angst. Ohne ein Wort zu wechseln, begannen meine Freundin und ich zu laufen. Wir warfen uns in meinen Wagen, verriegelten die Türen und machten, dass wir loskamen. Der Anblick des Mannes hatte bei meiner Freundin und mir die gleiche Reaktion ausgelöst. Obwohl wir vor dem Kino an anderen zwielichtigen Gestalten vorbeigekommen waren, hatte doch keine von ihnen uns so in Panik versetzt wie jener Mann. Wir beide meinten, seine üble Absicht zu spüren.

Ich glaube, dass auch Tiere emotionale und Intentionsenergie wahrnehmen. Meine Freundin Ann behauptet, dass ihr Kater auf ihren Schoß springt oder sich nahe bei ihr hält, wenn es ihr schlecht geht, und dass er sich versteckt, wenn sie frustriert oder wütend ist. Bienenzüchter wissen, dass sie sich den Bienenkörben selbstbewusst nähern müssen, um beruhigend auf die Bienen zu wirken. Postboten können ein Lied davon singen, wie viel es ausmacht, wenn sie statt mit Selbstvertrauen mit Angst auf Hunde zugehen. Hunde scheinen den Unterschied sofort wahrzunehmen.

Tiere und sensible Menschen sind fähig, unsere Emotionen und Intentionen in unserem Energiefeld zu erfassen. Manchmal nehmen unsere Mitmenschen die formende Information in unserem Energiefeld deutlicher wahr als wir selbst. Haben Sie je Ihr Gegenüber gefragt, ob er wütend sei, und zu hören bekommen: »Nein!!! Natürlich nicht!!!«? In dieser Situation haben Sie die emotionale Energie des anderen wahrgenommen, die ihm selbst nicht bewusst war. Gut möglich, dass die betreffende Person später einsah, dass sie tatsächlich wütend war.

Unser Energiefeld sendet Information über uns aus. Einige der übermittelten Botschaften sind uns bewusst, andere nicht.

Wenn Energiefelder aufeinander treffen

Wir werden beeinflusst von den Energiefeldern anderer und beeinflussen diese unsererseits. So könnten Sie sich durch die Begegnung mit einer bestimmten Person angeregt und inspiriert fühlen, obwohl diese selbst frustriert und ärgerlich ist. Die emotionale Energie Ihrer beiden Felder beeinflusst sich gegenseitig. Während die formende Information beider Felder zusammenläuft, fühlen Sie sich vielleicht weniger euphorisch und die andere Person weniger bekümmert. Wirken sich die beiden Felder hinreichend aufeinander aus, dann können Sie beide bequem miteinander interagieren, und die beiden ungleichen Felder verwandeln sich in ein einziges, vereintes Energiefeld. Finden die beiden Felder nicht zu einem gemeinsamen Gleichgewicht, dann ziehen Sie oder die andere Person sich möglicherweise zurück, um die Autonomie des eigenen Energiefelds zu schützen.

Zur Illustration ein Beispiel: Eine Krankenschwester rauscht in ein Krankenzimmer und überschwemmt den Kranken mit einer Flut fröhlichen Geplappers, während sie zugleich flott ihre Pflichten erfüllt. Der durch Medikamente und Schmerzen beeinträchtigte Patient schreckt zurück. Die von der seinen stark abweichende energetische Ausstrahlung geht ihm auf die Nerven, und so gelingt es ihm nicht, sein Energiefeld mit dem ihren zu verbinden. Die Krankenschwester andererseits muss sich in der Gegenwart von deprimierten Schmerzpatienten anstrengen, sich ihre gute Stimmung zu bewahren. Es ist für alle leichter, wenn Krankenschwestern und Besucher ein Krankenzimmer ein wenig maßvoller und ruhiger betreten und sich so auf den energetischen Zustand des Patienten einstellen. Dann können die Energiefelder leichter miteinander verschmelzen.

Auch eine größere Menschengruppe kann die einzelnen Energiefelder zusammenführen und so die Zusammenarbeit erleichtern. Die erste morgendliche Begegnung am Arbeitsplatz beginnt häufig mit einer Art sozialem Geplänkel, das den einzelnen Feldern die Verschmelzung zu einem Ganzen erleichtert. Dann fällt es uns leichter, zueinander in Wechselwirkung zu treten. Ein Einzelner vermag das Energiefeld einer ganzen Gruppe zu verschieben, so etwa, wenn ein ernster Mensch einen Raum betritt, in dem alle lachen und fröhlich sind. Das Lachen verklingt womöglich rasch, doch wenn der Eindringling sich zurückzieht, kann es ebenso schnell zurückkehren. Kichernden und albernen Teenagern und ihren Eltern ist diese Art unausgewogenes Energiefeld wohl vertraut.

Energiefelder daheim

Haben Sie schon einmal bemerkt, wie schwierig es ist, die einzelnen Mitglieder Ihrer Familie zur Veränderung ihrer Beziehungen zueinander zu bewegen? Möglicherweise ist ja Ihre Mutter oder Ihr Vater distanziert oder unerreichbar, und es ist Ihnen nicht gelungen, daran etwas zu ändern. Vielleicht sind Sie es auch, den Ihre Familie zu verändern versucht, doch Sie sperren sich gegen ihre Vorschläge. Sorgfältig errichtete, gut eingespielte Energiefelder erhalten die Interaktionsmuster in einer Familie aufrecht. In ihrer Trägheit wehren sich Energiefelder gegen jede Veränderung. Doch eine Person, die die Funktionsweise eines solchen Familienenergiefelds durchschaut, kann dennoch erfolgreich sein.

So arbeitete etwa meine Freundin Jenny mehrere Jahre lang an ihren Überzeugungen und Mustern (Sie erinnern sich, dass jeder von uns seine Überzeugungen und Muster in seinem Energiefeld trägt), und ihre Beziehung zu ihren Eltern veränderte sich dramatisch. Sie fand, dass ihre Eltern sich verändert hatten und viel offener und liebevoller geworden waren. Jenny erzählte ihrer Schwester, dass ihr die Besuche bei den Eltern seit dieser Transformation viel leichter fielen. Ihre Schwester fühlte sich durch diese Mitteilung ermutigt, nach Hause zu fahren, kam jedoch resigniert zurück. Sie berichtete Jenny, dass ihre Eltern sich überhaupt nicht verändert hatten. »Ich finde sogar, dass sie schlimmer sind als je zuvor. Sie haben das ganze Wochenende damit zugebracht, mir zu erklären, wie ich mein Leben führen soll.«

Jenny hatte zwar durch ihre neu gestaltete Interaktion mit den Eltern das verändert, was sie selbst in das Familienenergiefeld einbrachte, doch für ihre Schwester war das traditionelle Familienenergiefeld erhalten geblieben.

Energiefelder am Arbeitsplatz
Viele Firmen mühen sich darum, Einfluss auf die Kommunikationskultur ihrer Mitarbeiter zu nehmen. Mit »Kultur« wird ein System von Überzeugungen und Handlungen bezeichnet, das eine bestimmte Gruppe charakterisiert. Diese Kultur ist nichts anderes als ein Gruppenenergiefeld. Viele solcher Versuche, die Gruppenkultur zu beeinflussen, sind zum Scheitern verurteilt. Unternehmenskultur und das Gruppenenergiefeld, in das sie eingebettet ist, widersteht allen Veränderungen, weil darin so zahlreiche individuelle Energiefelder aufeinander stoßen.

Die Cartoon-Figur Dilbert macht diese merkwürdig stagnierenden Energiefelder von Unternehmen fassbar. Dilbert ist auch deshalb so populär, weil so viele von uns sich angesprochen fühlen, wenn es um Kommunikationsstörungen am Arbeitsplatz geht. Doch haben wir uns vielleicht noch nicht bewusst gemacht, dass die Schwierigkeiten bei der Behebung solcher Kommunikationsstörungen in der Natur von Unternehmensenergiefeldern liegen. Ein Feld, das in sich ausgewogen ist, kann sich Veränderungen gegenüber störrisch wie ein Maulesel gebärden.

Welche Art Energiefeld Ihr Arbeitsplatz hat, können Sie leicht feststellen, indem Sie darauf achten, ob Sie sich von Kollegen oder Mitarbeitern eingeschüchtert fühlen. Stellen Sie fest, ob Sie sich energetisch verändern, sobald Sie Ihr Büro betreten. Verschließen Sie einen Teil Ihrer Persönlichkeit in sich, weil Sie bei der Arbeit nicht ganz Sie selbst sein dürfen? Solche Reaktionen auf die Energiefelder von Arbeitsplätzen sind normal.

Wie das Energiefeld eines Menschen das eines anderen verändern kann

Manchen Menschen ist nicht klar, dass ihnen ihre Gefühle und Intentionen auf der Stirn geschrieben stehen. Haben Sie je gespürt, dass jemand einen Raum betreten hat, obwohl Sie ihn weder sehen noch hören konnten? Wenn eine Freundin ihren Groll vor Ihnen verbirgt, dann sind Sie vielleicht in der Lage, die Veränderung in ihrem Energiefeld wahrzunehmen. Bei Freunden fällt es uns leichter, veränderte Emotionen und Intentionen zu erkennen, weil wir wissen, wie sie normalerweise reagieren.

Als ich einmal morgens joggen ging, fiel mir eine Frau auf, die sich gegen die Beifahrertür ihres Autos lehnte, während die Fahrertür offen stand. Als ich zu ihr ging, um ihr meine Hilfe anzubieten, sah ich, dass es Helen war, die Frau eines der Stadtväter, die in meiner Nähe wohnte. Ich erkannte sie kaum. Sie erschien mir kleiner und zerbrechlicher als in meiner Erinnerung. In der Zeitung war ich auf die Mitteilung gestoßen, dass sie Krebs hatte. Sie erklärte mir, dass sie gerade vom Schwimmen zurück sei und sich nur kurz ausruhe.

Trotz ihrer offensichtlichen Schwäche schenkte Helen mir ein freundliches Lächeln und machte sich daran, unsere Arbeit in den Stadtwerken zu loben. Ich hatte seit kurzem meine Arbeit nicht so recht gewürdigt gefühlt und saugte ihre freundlichen Worte dankbar auf. Sie ließ mich außerdem wissen, dass sie ihren Frieden mit ihrem Schicksal gemacht habe. Es wurde offensichtlich, dass sie ihrem Tod gefasst entgegensah. Ich sehnte mich danach, so zu vertrauen und an das Leben zu glauben, wie sie es tat. Helens Intention, andere zu würdigen, und ihr unerschütterlicher Glaube durchdrangen unser gemeinsames Energiefeld. Ein fünfminütiges Gespräch mit ihr erfüllte mich mit einem tiefen Gefühl von Frieden. Ich fühlte mich ganz und wertgeschätzt, als hätte ich ein unsichtbares Feld der Gnade betreten. Ich spürte, wie sich meine Energie auf eine liebevollere und vertrauensvollere Ebene ausdehnte.

Als ich dann meinen Dauerlauf fortsetzte, dachte ich nicht wie sonst über meine Arbeit nach, sondern nahm stattdessen wahr, wie schön die Blumen aussahen und wie dankbar ich für mein Leben war. Als ich mehrere Wochen später las, dass Helen gestorben sei, spürte ich den Verlust und nahm mir vor, ihr Geschenk nie zu vergessen.

Optimale Energiefelder

Auch Sie kennen sicher Phasen, in denen Sie sich ganz und gar lebendig und vollständig fühlen und vor Energie übersprudeln. Sie empfinden sich als einfallsreich und vielseitig. Was Sie erreichen wollen, gelingt Ihnen leicht und auf geradezu magische Weise. Kommunikation und Handeln fließen mühelos und zeitlich immer zum genau richtigen Zeitpunkt. Sie befinden sich im Fluss des Lebens, fühlen sich durch Dankbarkeit und Akzeptanz gestärkt und unterstützt. Ihre Energie scheint überzufließen und andere zu stärken. Sie umgibt ein gesunder Glanz. Man macht Ihnen Komplimente zu Ihrem guten Aussehen. In solchen Zeiten sind Sie voll bei der Sache. Sie atmen leicht und aus einem inneren Gefühl der Offenheit und des Vertrauens heraus. Ihre Mitmenschen scheinen zu strahlen. Farben kommen Ihnen kräftiger vor. Die ganze Welt ist vital und lebendig.

Ein derartiges Selbst- und Lebensgefühl ist jedoch meist flüchtig – eine bloße Ahnung dessen, wie das Leben sein könnte. Doch auch wenn sie vergänglich sind, machen uns solche Augenblicke Hoffnung und scheinen zu versprechen, dass ein erfülltes Leben tatsächlich möglich ist. Aber wo haben solche Augenblicke ihren Ursprung? Sie kommen zustande, wenn unser Energiefeld nicht durch die Beschränkungen schwarzer Löcher eingeengt ist.

Ein weites Energiefeld schenkt uns Zufriedenheit und Freude, die auf einer Basis aus Vertrauen und Glauben ruht. Dieser Energiezustand ist weder der staccatohaften Annäherung an den Höhepunkt vergleichbar, bei der eine Basketballmannschaft im letzten Augenblick vor dem Abpfiff den letzten Punkt für den Sieg holt, noch der Euphorie, die uns erfüllt, wenn wir in einem Kopf-an-Kopf-Rennen noch auf der Zielgeraden den Sieg holen. Ein weites Energiefeld ist die Gewissheit um eine von Siegen bestimmte Saison, um ein insgesamt erfolgreiches Leben.

Wenn wir uns in diesem erweiterten, von Liebe erfüllten energetischen Zustand befinden, dann ist unsere

Gesellschaft für andere ein Genuss. Wir sind in der Wirklichkeit geerdet und doch offen für den nächsten Augenblick. Wir sind ausgerichtet auf die Erfüllung unserer höchsten Bestimmung, und doch sind wir nur wir selbst. Auch wenn Sie vielleicht nicht viel Erfahrung mit dieser von Liebe erfüllten Energie haben: Wir alle besitzen die Fähigkeit, unser Leben durch sie zu bereichern.

Leider hindern uns schwarze Löcher und schädliche Energiemuster daran, unser Leben auszuschöpfen. Doch wir können lernen, unsere Energiefelder zu befreien und ins Gleichgewicht zu bringen, um das, was wir wirklich wollen, in unser Leben zu holen. Nachfolgend erfahren Sie, wie Sie die Muster in Ihrem Energiefeld erkennen und verändern können. Es wird sich Ihnen ein Weg eröffnen, der es Ihnen gestattet, authentisch zu sein, und Ihnen helfen, die Begrenzungen und Blockaden zu vermeiden, die Ihre kreative Energie schmälern. Sie werden Praktiken kennen lernen, die Ihnen die Konzentration auf Ihre kreative Energie und die Bereicherung Ihres Lebens durch die erwünschten Menschen und Erfahrungen erleichtern. Außerdem erfahren Sie etwas über das kollektive Energiefeld und den magnetischen Einfluss, den wir aufeinander nehmen. Im Zuge Ihrer Beschäftigung mit schwarzen Löchern und Energiefeldern kann es geschehen, dass Sie auf ganz natürliche Weise einige Ihrer Energieblockaden auflösen. Indem Sie menschliche Energiefelder erforschen, ihre Funktionsweisen begreifen und ihre Geheimnisse ans Licht holen, gelingt es Ihnen leichter, Ihr Leben bewusst auf die Wünsche Ihrer Seele auszurichten.

Zweites Kapitel

Schwarze Löcher

Als Barbaras jüngste Tochter ihr mitteilte, dass ihre Ehe am Ende sei, wollte Barbara sofort in Aktion treten, um sie zu retten, egal wie. Die Nachricht setzte ihr sehr zu – sie hatte ihre Tochter Molly und Russ immer als ideales Paar gesehen; dazu kam, dass die beiden ein Kind hatten, das sie liebten.

Barbaras ältere Töchter hatten geheiratet, Kinder bekommen und sich scheiden lassen. Nun würde Molly es genauso machen. Barbara sank in ihrem Sessel zusammen und schluchzte: »Warum können meine Töchter kein normales Leben führen? Warum sagen Molly und Russ einander nicht die Wahrheit? Wenn sie doch nur miteinander sprechen könnten, ich bin sicher, sie würden wieder zusammenfinden. Ich kann es nicht zulassen, dass diese Ehe auseinander bricht.«

Obwohl Barbara einsah, dass ihre Tochter selbst entscheiden musste, sah sie sich gezwungen, ihr in einem Brief zu erklären, wie sie ihre Ehe retten könne, und ihr ihren Besuch anzukündigen, um dabei zu helfen. Als Molly diesen Brief erhielt, bat sie ihre Mutter, nicht zu kommen. Sie und Russ müssten ihre Probleme schon selbst lösen. Doch Barbara konnte nicht loslassen. Sie steckte in einem großen schwarzen Loch.

Ein schwarzes Loch enthält emotionale Energie in konzentrierter Form oder, anders ausgedrückt, starke verdrängte emotionale Erfahrungen, Ängste und Überzeugungen. Schwarze Löcher werden durch äußere Ereignisse wie etwa Mollys Scheidungsabsichten aktiviert, und unsere Reaktion auf diese Ereignisse kommt aus unserem tiefsten Innersten. Das äußere Ereignis ist lediglich das auslösende Moment. Wie wir reagieren, hängt ab von den emotionalen Erinnerungen, die wir angesammelt haben, und von den Verteidigungsstrategien, mit denen wir unsere schwarzen Löcher maskieren.

Wie die meisten Menschen erkannte Barbara nicht, dass sie eines ihrer schwarzen Löcher aktiviert hatte. Sie richtete ihre ganze Energie auf Molly – Gedankenenergie in Form von Wertungen, emotionale Energie in Form von innerem Aufruhr und Intentionsenergie in Form von Schuldzuweisungen. Schuldzuweisungen und Wertungen sind zwei der Masken, durch die wir uns die Konfrontation mit unseren schwarzen Löchern ersparen.

Neben Energiefeldern, Planeten, Sonnensystemen und Galaxien haben Astronomen im physikalischen Universum auch so genannte schwarze Löcher entdeckt. Ein schwarzes Loch ist eine gigantische Masse im Weltraum, die so dicht ist, dass ihre Schwerkraft alle Teilchen und Energien aufsaugt, die in ihr Energiefeld gelangen. Schwarze Löcher funktionieren wie riesige Staubsauger im All.

Wie das Energiefeld des Universums weist auch das unsere schwarze Löcher auf. Ich bediene mich dieser Metapher, weil die Überzeugungen und emotionalen Erfahrungen, die in ihnen enthalten sind, in unserem Bewusstsein fehlen und wie in einem schwarzen Loch verschwunden sind. Unsere schwarzen Löcher funktionieren wie kleine Staubsauber: Sie saugen schmerzhafte Erfahrungen einfach aus unserem Bewusstsein. So gesehen sind schwarze Löcher durchaus nützliche Mechanismen des menschlichen Energiefelds. Wenn wir uns all der beunruhigenden Ereignisse, die uns je zugestoßen sind, wirklich bewusst wären, dann könnten wir gar nicht richtig funktionieren. Also sorgen schwarze Löcher dafür, dass wir im Alltag zurechtkommen. Als Kinder verfügen wir noch nicht über die nötige emotionale Reife, um mit Angst einflößenden Erfahrungen fertig zu werden. Selbst als Erwachsene können wir ein emotionales Trauma, wenn es sich gerade mit voller Wucht entfaltet, nicht immer wegstecken. Unsere schwarzen Löcher nehmen diese Erfahrungen auf, damit wir uns später mit ihnen auseinander setzen können. Sie saugen sie auf und verbergen sie vor uns, damit wir erst einmal mit unserem Leben vorankommen. In Fragmenten ist uns die Existenz dieser emotionalen Erinnerungen zwar bewusst, doch der tatsächliche Zugang zu unseren wahren Gefühlen und zum eigentlichen Entstehungsprozess unserer Überzeugungen, die aus dem Ereignis resultieren, ist gering. Je älter wir werden, desto mehr schmerzhafte Geheimnisse nehmen unsere schwarzen Löcher auf.

Zwar schützen uns unsere schwarzen Löcher vor der Konfrontation mit schmerzhaften Erinnerungen und Leid verursachenden Erfahrungen, doch leider schneiden sie uns auch von unserer kreativen Energie ab. Die formende Information in unseren schwarzen Löchern (die Überzeugungen, Gefühle und Intentionen, die unsere kreative Energie ausrichten) befindet sich für gewöhnlich im Konflikt mit unserer bewussten Zielsetzung, Erfüllung und Glück zu erlangen. Wenn irgendein Erlebnis an das rührt, was in unseren schwarzen Löchern versteckt ist, dann durchleben wir das ursprüngliche Ereignis emotional von neuem, als geschehe es jetzt. Wir erinnern uns möglicherweise gar nicht an die eigentliche Erfahrung, aber wir reagieren trotzdem emotional und fühlen uns klein, unzulänglich, hilflos und festgefahren. Vielleicht überfällt uns eine Welle aus beunruhigenden Emotionen wie etwa Beschämung, Eifersucht oder Entsetzen.

Barbara etwa entdeckte hinter der bevorstehenden Trennung ihrer Tochter Molly in ihrem schwarzen Loch die folgende Geschichte: »Mein Mann und ich waren 27 Jahre miteinander verheiratet, als wir uns schließlich trennten und scheiden ließen. Ich fuhr auf Besuch zu meinen Eltern in einen anderen Bundesstaat, und zum ersten Mal in meinem Leben erteilte ich meinem Vater in einer kleinen Angelegenheit eine Absage. Er sah mich an und sagte wütend: ›Du wirst niemals glücklich werden, und ich wünschte, ich hätte dir nie auch nur einen Cent gegeben.‹ Als ich meine Sachen packte und floh, zitterte ich und glaubte, sterben zu müssen. Ich ging in ein Hotel, fand jedoch keine Minute Schlaf. Ich wusste nicht, was ich tun sollte. Da war niemand, an den ich mich hätte wenden können. Und es dauerte lange, bis ich mich beruhigte.«

Barbara hatte diese Erfahrung und dazu ihre Gefühle der Scham, des Entsetzens und der Demütigung in einem schwarzen Loch begraben. Ihre anderen beiden Töchter hatten sich ebenfalls von ihren Männern scheiden lassen. Und nun, als die jüngste Tochter es den Schwestern gleichtun wollte, konnte Barbara einfach nicht tatenlos zusehen. In Wirklichkeit versuchte sie sich dem Schmerz ihrer eigenen Scheidung zu entziehen.

Erst als Mollys Trennung vollzogen war, stieß Barbara auf diese und mehrere andere emotionsgeladene Erfahrungen, die gemeinsam ihre hysterische Reaktion ausgelöst hatten. Als sie ihre schwarzen Löcher schließen konnte und sich ihrer Reaktion auf ihren Vater und der Bedeutung ihrer eigenen Scheidung bewusst wurde, nahm ihre Angst im Hinblick auf Molly ab. Sie empfand Trauer über die gescheiterte Ehe ihrer Tochter, fühlte sich jedoch nicht mehr gezwungen zu intervenieren.

Wenn wir eine in ein schwarzes Loch eingelagerte Erfahrung wiederholen, dann verändert sich unsere Wahrnehmung von der Welt. Auf einmal scheint sie ein viel angsteinflößenderer und feindseligerer Ort zu sein. Wir erinnern uns nicht mehr daran, wie es sich anfühlt, wenn wir zufrieden mit uns sind. Die in den zunächst verdrängten und dann wiederholten Erfahrungen verborgenen Überzeugungen und Emotionen beeinflussen ohne dass wir uns dessen bewusst wären – unser Verhalten, und wir leisten uns Fehleinschätzungen, die Spannungen in wichtigen Beziehungen verursachen können. Barbaras Einmischung in die Eheprobleme ihrer Tochter belastete die Beziehung zu Molly zu einem Zeitpunkt, als Molly die Unterstützung ihrer Mutter gebraucht hätte.

Im Folgenden sind einige der emotionalen Erinnerungen aufgelistet, die wir für gewöhnlich in unseren schwarzen Löchern verschwinden lassen. Prüfen Sie, ob Ihnen einige dieser Erfahrungen vertraut sind.

- Trennung oder Scheidung der Eltern
- unbestimmte Angst vor Bruder, Mutter, Vater oder dem Lebenspartner der Mutter
- Gefühle der Verlorenheit, Ausgrenzung und Ausgeschlossenheit
- Ihnen wird die Fähigkeit abgesprochen, irgendetwas allein zu schaffen
- als Letzter ausgewählt werden

- gehänselt und ausgelacht werden
- Mutter oder Vater versorgen müssen
- kämpfen müssen, um sich selbst zu schützen
- Gewalt oder einer schockierenden Szene ausgesetzt sein
- unter den Folgen eines Unfalls oder einer schweren Krankheit leiden
- häufige Umzüge und Neuanfänge
- von älteren Kindern bedroht oder geschlagen werden
- vor anderen bloßgestellt werden
- Verlust eines Elternteils, beider Eltern, eines Bruders oder einer Schwester
- von einer Familie an die nächste weitergereicht werden, ohne je ein richtiges Zuhause zu haben

Die Gefühle, die Sie in solchen Situationen hatten, bleiben zusammen mit den Überzeugungen, die Sie aufgrund dessen im Hinblick auf sich selbst entwickelten, in einem schwarzen Loch erhalten.

Neben den schmerzhaften Geschehnissen in unserer Kindheit hinterlassen auch katastrophale »historische Ereignisse« – Epidemien, Kriege, Hungersnöte, Auswanderung, der Holocaust – archetypische Narben in unserem kollektiven menschlichen Energiefeld. Sie belasten manche Menschen mehr als andere und sammeln sich in ihren schwarzen Löchern an.

Ob Sie ein schwarzes Loch haben, können Sie anhand von Verschiebungen in Ihrer gewohnten Stimmung oder in Ihrem Verhalten erkennen. Sind Sie normalerweise eher gesprächig und lebhaft, dann macht Sie ein schwarzes Loch möglicherweise depressiv und still. Sind Sie sonst eher ruhig und ausgeglichen, dann ist es denkbar, dass Sie nun plötzlich mit sarkastischen und zynischen Bemerkungen vom Leder ziehen. Sind Sie sonst eher analytisch und unemotional veranlagt, äußert sich bei Ihnen die Aktivierung eines schwarzen Lochs vielleicht als Wutausbruch. Hormonelle Schwankungen wie etwa beim prämenstruellen Syndrom (PMS) oder in der Menopause können schwarze Löcher aktivieren. Frauen mit PMS werden mitunter einmal im Monat von irrationaler Empfindlichkeit gequält.

Sobald ein schwarzes Loch aktiviert ist, versetzt es uns unvorhersehbar rasch in einen veränderten emotionalen und mentalen Zustand und verwandelt sozusagen Dr. Jekyll in Mr Hyde. Gestern ging es uns noch gut, und heute schon fühlen wir uns in der Defensive, durchgeschüttelt, deprimiert, machen uns Sorgen oder suchen die Schuld bei anderen. Wenn wir zum Beispiel meinen, von einer bestimmten Person übergangen worden zu sein, dann machen wir sie für unsere verletzten Gefühle verantwortlich. Wir erkennen nicht, dass sie unbeabsichtigt eine alte Verletzung und damit einen wunden Punkt in uns berührt hat. Oder vielleicht hassen wir unsere Arbeit, merken dabei aber nicht, dass etwas an unserem Beruf in uns die Emotionen alter, unbewältigter Erfahrungen wachruft.

Die Aktivierung eines schwarzen Lochs kann sich anfühlen, als würde uns eine Welle emotionalen Aufruhrs und unsere eigene Reaktion unter sich begraben. Wir sehen keinen Ausweg. Da wir nicht durchschauen, dass es sich um die Wiederholung einer der in einem schwarzen Loch zwischengelagerten »alten Geschichten« handelt, fühlen wir uns als Opfer und machen andere für unsere Reaktion verantwortlich. Wenn wir, was nicht selten ist, ein Dutzend schwarze Löcher in uns tragen, dann sind unsere eigenen Ressourcen gering. Es gelingt uns nicht, anderen Menschen gegenüber liebenswürdig zu sein oder uns für sie zu interessieren, und ganz egal, wie viel wir von anderen bereits erhalten haben, wir geben nur wenig zurück.

Während meiner Zeit im College war Trish eine meiner Zimmergenossinnen. Trish war sich nicht im Klaren darüber, was sie vom Leben wollte. In den Jahren nach unserer Studienzeit rief sie für gewöhnlich an, wenn sie beruflich nicht zurechtkam oder Probleme hatte, die sie allein nicht bewältigen konnte. Trish ist intelligent und hat einen Collegeabschluss, trotzdem nahm sie immer nur Jobs an, die unter ihrem Niveau waren und die sie nicht mochte. Wenn sie anrief, dann hörte ich mir ihre Klagen an, doch ganz egal, was ich tat, um ihr zu helfen, sie geriet immer wieder in die gleichen Schwierigkeiten.

Wenn Trish in den Einflussbereich eines ihrer schwarzen Löcher geriet, dann fühlte sie sich wertlos und meinte, sie sei für nichts zu gebrauchen. Hilflos und unfähig, an ihrer Situation irgendetwas zu ändern, glaubte sie, dass andere Leute – ihr Chef, ihre Zimmergenossin, ihre Familie – die Ursache ihrer Schwierigkeiten seien. Ihre Energie zerrann ihr zwischen den Fingern, und sie versank hoffnungslos und immer tiefer in einer Depression, die sie wie eine düstere Wolke umschloss. Trish durchschaute nicht, dass sie sich mit dieser Strategie vor der Konfrontation mit den schmerzhaften Emotionen schützte, die sie in ihren schwarzen Löchern vergraben hatte.

Sollten Sie sich Ihrer schwarzen Löcher nicht bewusst sein, dann denken Sie an eine Situation, bei der Sie versucht haben, einer rechthaberischen Person einen Irrtum in irgendeiner Angelegenheit nachzuweisen. Die Person echauffierte sich vermutlich in dem Versuch, Sie von ihrer Position zu überzeugen. Schwarze Löcher funktionieren genauso. Der Rechthaber wendet seine ganze Energie auf, um das schwarze Loch, in dem er die Überzeugung verbirgt, nicht gut genug oder akzeptabel zu sein, verschlossen zu halten. Er erklärt hartnäckig, dass er Recht hat, nur um seine Ängste zu verstecken, und versucht sich durch seine Rechthaberei von seinem eigenen Wert zu überzeugen. Da er »beschuldigt« wird, im Unrecht zu sein, bauscht er seine Reaktion zu noch größerem Geschrei auf. Mit ständig wiederholten Erklärungen seiner Position verdeckt er sein schwarzes Loch, um seine Unzulänglichkeitsgefühle zu verbergen – vor allem vor sich selbst.

Aktivierte schwarze Löcher kommen uns naturgemäß bodenlos vor und geben uns das Gefühl, nicht mit ihnen fertig werden zu können. Vielleicht fühlen wir uns hilflos und wertlos. Möglicherweise hat eine angsterfüllte Unruhe von uns Besitz ergriffen. Oder wir empfinden uns und unsere Situation als festgefahren und glauben, in Bezug auf unsere Reaktion keine echte Wahl zu haben. Eine solche Reaktion auf schmerzhafte emotionale Erfahrungen, die wir in schwarze Löcher abgeschoben haben, ist typisch.

Was schwarze Löcher aktiviert

Auslöser können Worte, Handlungen, Personen oder Situationen sein, die uns an das, was in unseren schwarzen Löchern verborgen ist, erinnern. In Barbaras Fall erfolgte die Aktivierung ihres schwarzen Lochs durch die Trennung ihrer Tochter. Wird ein schwarzes Loch aktiviert, dann offenbart sich plötzlich ein ins Unbewusste abgeschobener persönlicher Teil unserer Geschichte. Kritisiert zu werden etwa kann emotionale Erinnerungen auslösen. Wenn jemand die Vermutung äußert, dass wir etwas falsch gemacht haben, oder wenn jemand Schwierigkeiten mit uns hat und uns deshalb aus dem Weg geht, dann fördert dies möglicherweise den Inhalt eines unserer schwarzen Löcher zutage. Für gewöhnlich durchschauen wir die tatsächlichen Zusammenhänge nicht und reagieren viel stärker, als die Kritik oder das Problem es rechtfertigt.

Schwarze Löcher werden eher aktiviert, wenn wir vor anderen auf unser Versagen hingewiesen werden – ein doppelter Schlag, der außer Hoffnungslosigkeit auch noch die Erinnerung an vergangene Demütigungen in uns wachruft. Vielleicht werden wir rot oder uns erfasst eine plötzliche Übelkeit. Wir fühlen uns in die Defensive gedrängt oder suchen nach Entschuldigungen, damit wir die unverhüllten, beunruhigenden Emotionen in unseren schwarzen Löchern nicht spüren müssen. Wenn wir unter die Oberfläche in das Durcheinander von Emotionen eintauchen, meinen wir vielleicht, ertrinken zu müssen. Bei unserem Kampf darum, den Kopf über Wasser zu halten, wirbeln wir unsere verdrängten Emotionen auf. Wir verlieren uns in unserer Reaktion und behalten nur wenig Energie zurück, um die Situation zu meistern.

Mechanismen zum Schutz vor schwarzen Löchern

In Anbetracht solcher Auswirkungen ist es nur natürlich, dass wir alles tun, um den Inhalt unserer schwarzen Löcher nur ja nicht zum Leben zu erwecken. Die meisten Menschen verbringen einen Großteil ihres Lebens damit, mögliche Auslöser zu umschiffen. Barbara tat dies, indem sie Hunderte von Kilometern zwischen sich und ihre Töchter legte – eine weit verbreitete Vermeidungsstrategie.

Tatsächlich wissen wir oft nicht, ob nun ein schwarzes Loch aktiviert wurde oder ob wir nur einfach an einen Menschen geraten sind, der uns beleidigen will.

Anders ausgedrückt: Ist unsere Reaktion absurd, weil sie in Wahrheit die Reaktion auf ein schwarzes Loch ist, oder ist sie gerechtfertigt? Hier Klarheit zu gewinnen kann sehr schwierig sein. Der Schlüssel liegt in unserer Reaktion. Wenn wir überzogen reagieren, dann ist die Wahrscheinlichkeit groß, dass wir auf ein schwarzes Loch gestoßen sind.

Wir entwickeln Schutzmechanismen und Verteidigungsstrategien, um die Aktivierung unserer schwarzen Löcher zu verhindern und um unsere Reaktionen und die mit ihnen verbundenen starken emotionalen Erfahrungen unter Verschluss zu halten. Wir haben schwierige Erfahrungen und hemmende Überzeugungen in unseren schwarzen Löchern weggesperrt, weil wir nicht wissen, wie wir mit ihnen umgehen sollen. Es ist leichter, Verletzlichkeit, Versagensängste und Verluste zu leugnen. Da wir dies tun, erkennen wir unsere schwarzen Löcher nicht; stattdessen schützen wir uns mit automatisierten Verhaltensmustern, die dafür sorgen, dass alles schön unter Verschluss bleibt. Leugnen ändert nichts an der Existenz unserer schwarzen Löcher und ihres Inhalts, es verstellt uns nur den Blick auf sie.

Wie gesagt ist eine überzogene Reaktion – der berühmte Elefant, den wir aus einer Mücke machen – der beste Hinweis auf ein schwarzes Loch. Ist Ihnen aufgefallen, dass Sie gelegentlich heftiger reagieren, als in einer gegenwärtigen Situation angebracht ist? Ihr Lebensgefährte erinnert Sie daran, den Müll mit hinauszunehmen, und Sie fühlen sich in die Defensive gedrängt. Ein Kollege wird befördert, und Sie halten sich für einen Versager. Ihre beste Freundin entscheidet sich gegen eine Reise mit Ihnen, und Sie fühlen sich betrogen. Jemand weist Ihnen einen Irrtum nach, und Sie bekommen einen Wutanfall. Ihnen unterläuft ein kleiner Fehler, und Sie machen sich deswegen tagelang Vorwürfe. Für gewöhnlich suchen wir für solche Reaktionen die Schuld bei anderen. Schuldzuweisungen ersparen uns die Konfrontation mit verdrängten starken emotionalen Erfahrungen, der eigentlichen Ursache unserer Überreaktion.

Schuldzuweisungen sind das leichteste und schnellste Mittel, um ein schwarzes Loch zu verbergen. Wenn es uns gelingt, einen anderen verantwortlich zu machen, dann stellt sich unmittelbar ein Gefühl der Erleichterung ein. Doch wie bei anderen Schutzmechanismen erreicht man auch mit diesem nicht viel, sondern löst beim anderen nur seinerseits defensive Maßnahmen und Schuldzuweisungen aus. Vielleicht fühlen wir uns ein bisschen besser, doch aufgelöst und aufgedeckt haben wir nichts.

Eine vergleichbare Strategie ist der Versuch, andere Menschen zu ändern. Wenn Sie zum Beispiel bei mir ein schwarzes Loch aktivieren, indem Sie mich ignorieren, werde ich alles versuchen, um Ihre Aufmerksamkeit doch noch zu erregen. Sobald es mir gelingt, fühle ich mich besser. Eine andere Person könnte eines meiner schwarzen Löcher aktivieren, indem sie Unwahrheiten über mich verbreitet. Wenn ich wütend werde und die Person als Lügner beschimpfe, dann reagiere ich damit nur auf mein eigenes schwarzes Loch – auf meine Angst, dass seine Behauptung mich verletzen oder doch die Wahrheit berühren könnte. All die Menschen verändern oder »erziehen« zu wollen, die meine schwarzen Löcher aktivieren könnten, ist ein gewaltiges Unterfangen. Da sind so viele, die ich entsprechend unterweisen muss.

Ablenkung ist eine weitere verbreitete Selbstschutzmaßnahme. So könnte ich, wenn eines meiner schwarzen Löcher aktiviert wird, zu einem Buch oder zur Fernbedienung greifen oder ins Kino gehen, statt mich meinen Gefühlen auszusetzen. Indem ich meinen Blickwinkel erweitere und mich anderen Erfahrungen zuwende, tritt mein schwarzes Loch mit seinem Inhalt in meinem Bewusstsein in eine der hinteren Reihen zurück. Ablenkungsmanöver sind besser als die zwanghafte Beschäftigung mit schwarzen Löchern und ihren Inhalten. Doch ständige Ablenkung kann uns in Verwirrung, Erschöpfung oder sogar in Süchte stürzen. Sucht nach Alkohol, Drogen, Fernsehen, Spielen, Einkaufen, Essen oder Arbeiten ist eine beliebte Flucht vor schwarzen Löchern. Viele Kriegsveteranen wehren mit Suchtverhalten traumatische Kriegserlebnisse ab, die ständig in ihr Bewusstsein einzubrechen drohen. Unablässige Ablenkungsmanöver verdecken unsere schwarzen Löcher und hindern uns daran, sie aufzulösen, indem wir nach den Ursachen für unsere Reaktionen suchen.

Der Versuch, das Leben von Freunden und Familienangehörigen zu »reparieren«, ist eine weitere Verteidigungsstrategie. Menschen, die uns etwas bedeuten, mit unserem Rat zu dienen ist lobenswert und hilft uns, über unsere schwarzen Löcher hinauszuwachsen – oder aber wir decken sie damit zu. Wir verhindern ihre Aktivierung, indem wir unbewusst jenen Menschen Energie stehlen, denen helfen zu müssen wir meinen. Zum Beispiel arbeiten in Sozialämtern immer auch Menschen, die, um sich mit sich selbst besser zu fühlen und die Existenz von schwarzen Löchern leugnen zu können, Bedürftigen Verachtung entgegenbringen. Wenn wir stattdessen unsere Energie in die Öffnung unserer schwarzen Löcher und in die liebevolle Annahme unserer eigenen Person stecken, dann erweisen wir damit letztlich auch unseren Mitmenschen einen großen Dienst.

Manche Menschen flüchten sich in Wut und Hass, wenn sie sich verletzlich fühlen und Angst haben. Wut ist ein Ausdruck des verzweifelten Versuchs, schmerzhafte Emotionen unter Verschluss zu halten. Hass schneidet uns von unserer Reaktion ab, indem wir einem identifizierbaren Individuum oder einer Gruppe die Schuld geben. Beide Reaktionsmuster sind der unbewusste Versuch, schwarze Löcher zu verbergen und geheime starke Emotionen zum Schweigen zu bringen. Unglücklicherweise verstärken solche Verhüllungsversuche nur die Probleme, die sich bereits in unseren schwarzen Löchern angesammelt haben.

Wir wollen sehen, ob Sie die nachfolgenden Verhüllungstaktiken und Verteidigungsstrategien, die schwarze Löcher übertünchen sollen, kennen: Menschenscheu, Schuldzuweisungen, Kritik und Wertung, Wut, Hass, Verwirrung, Sucht, Jammern, Abwehrhaltung, Rechtfertigung, Hyperaktivität, Geschäftigkeit, Überlegenheit, Ablenkbarkeit, Leugnen.

Wir alle haben unsere ureigensten Methoden entwickelt, um den Inhalt unserer schwarzen Löcher in Schach zu halten und vor uns selbst und anderen zu verbergen. Manche von uns müssen immerzu Recht haben. Andere tun so, als seien sie etwas Besseres. Geschäftigkeit, Schuldzuweisung, Verwirrung und andere Strategien aus der Liste ersparen uns die Konfrontation mit unseren schwarzen Löchern. Sie machen uns vor, dass sich unsere Probleme da draußen, außerhalb unseres Energiefelds, befinden. Unsere Masken und Schutzmaßnahmen gestatten es uns, die Verantwortung für unser Handeln von uns zu weisen. Wir überlassen äußeren Kräften, Auslösern und Ereignissen die Kontrolle über unser Leben. Trotzdem werden wir von Zeit zu Zeit, wenn schon nicht täglich, mit der Nase auf unsere schwarzen Löcher gestoßen.

Schwarze Löcher und falsche Überzeugungen

Schwarze Löcher verbergen unsere hemmenden negativen Glaubenssätze über uns selbst. Sie sind Bestandteil der formenden Information, die unsere kreative Energie aktiviert. Da Überzeugungen viele Male erinnert und wiederholt wurden, besitzen sie ein größeres Potenzial als vorbeihuschende Gedanken. Unsere Überzeugungen müssen uns nicht bewusst sein, um ihren Einfluss auszuüben. Wenn wir daran glauben, dass wir attraktiv sind, dann sind wir es auch. Wenn wir glauben, unattraktiv zu sein, dann sind wir es auch. Falls wir uns für nicht besonders intelligent halten, dann wird uns schon normale Vergesslichkeit unangenehm auffallen, und wir greifen auf die alte Überzeugung zurück. Empfinden wir uns als intelligent, dann entschuldigen wir Vergesslichkeit mit vorübergehender Unaufmerksamkeit, statt sie als Zeichen mangelhafter mentaler Kräfte zu werten. Die rasche oder scharfe Auffassung eines Problems dient als Beweis und verstärkt die kreative Energie der Überzeugung.

Im Zentrum eines jeden schwarzen Lochs stoßen wir auf beunruhigende Emotionen wie etwa Angst oder Scham in Begleitung von einer oder mehreren unbewussten hemmenden Überzeugungen. Diese Überzeugungen kommen uns wie Wahrheiten vor, obwohl sie es nicht sind. Als ich in der achten Klasse war, trug uns unser Lehrer auf, einen Kurzvortrag über einen Artikel im *Time*-Magazin vorzubereiten. Mir fiel ein Vortrag über die Börsenkurse in jener Woche zu. In den fünf Minuten, die wir zur Vorbereitung hatten, las und las ich den Artikel immer wieder, aber ich begriff ihn einfach nicht. Als die Reihe dann an mich kam, war ich voller Panik und hoffnungslos durcheinander. Jahrelang kam dieses Gefühl von Scham immer dann in mir hoch, wenn ich aufgefordert wurde, vor einer Gruppe von Menschen zu sprechen (auch wenn ich den Zusammenhang mit meinem Trauma in der achten Klasse nicht herstellen konnte). Indem ich die Erfahrung im Geiste wieder und wieder durchlebte, entwickelte ich die Überzeugung, keine gute Rednerin zu sein.

Wie ich glauben vielleicht auch Sie, dass Sie in irgendeiner Hinsicht ungenügend oder inakzeptabel sind – nicht fähig, etwas richtig zu machen, oder nicht einfallsreich genug, um Ihre Ziele zu erreichen. Möglicherweise halten Sie sich für unattraktiv oder nicht liebenswert. Auf der Basis der Erfahrungen, die Sie in Ihren schwarzen Löchern eingelagert haben, scheinen solche Überzeugungen richtig zu sein. Defensive Muster treten in Erscheinung, sobald Situationen oder Personen uns an unsere hemmenden Überzeugungen erinnern. Ich schützte mich jahrelang, indem ich Vortragsanfragen zurückwies oder es voller Angst mit der Vorbereitung übertrieb. Auch wenn wir alle uns vieler verschiedener Verteidigungsmuster bedienen, um unsere schwarzen Löcher zu verbergen: Die darin verwahrten grundlegenden Emotionen und Überzeugungen sind uns gemeinsam. Man kann vier hemmende Hauptüberzeugungen unterscheiden: Ich bin unfähig, nicht liebenswert, einfallslos, machtlos.

Wenn wir uns für unfähig halten, dann meinen wir, nicht schlau, stark, gesund, organisiert, gebildet und kompetent genug zu sein. Unsere größte Angst gilt dem Versagen. Diese Überzeugung geht über die gesunde Grundhaltung, sich selbst in Frage zu stellen, hinaus. Sie ist hemmender, lähmender Selbstzweifel. Wir fühlen uns vielleicht von Angst überwältigt und zu gelähmt, um die uns vertrauten Muster und Territorien zu verlassen. Demjenigen, dessen schwarzes Loch solche Überzeugungen enthält, fällt es schwer, handelnd seine Fähigkeiten zu erproben.

Wenn wir meinen, nicht liebenswert zu sein, dann halten wir uns für wertlos. Wir glauben, dass wir Liebe und liebevolle Annahme nicht verdienen, sprechen uns Attraktivität, eine sympathische Ausstrahlung und jegliche Annehmbarkeit ab. Liebe und Zuneigung stehen uns nicht zu. Wir fühlen uns verletzlich, wertlos, verlassen oder zurückgestoßen. Unser schwarzes Loch enthält vielleicht die Überzeugung, dass wir ein »schlechter« Mensch sind oder Dinge getan haben, die unverzeihlich sind, und dass wir aus diesem Grund nicht zu den anderen gehören, geschätzt oder geliebt werden können. Im Extremfall ist diese Überzeugung eine Form von Selbsthass, die mit Verzweiflung und Gefühlen der Isolation von anderen Menschen durchsetzt ist.

Wenn wir glauben, einfallslos zu sein, dann sprechen wir uns die nötige Kreativität ab, um das hervorzubringen, was wir uns im Leben wünschen. Wir halten uns für unfähig, den Arbeitsplatz, die Menschen oder die finanziellen Mittel anzulocken, die wir gern hätten. Dieser Überzeugung liegt die Vorstellung zugrunde, dass nicht genug da ist, damit es für alle reicht, und dass wir eben zu denjenigen gehören, die zu kurz kommen. Wir meinen, dass wir die guten Dinge, die das Leben zu bieten hat, nicht verdienen und dass uns ein volles, reiches Leben nicht zusteht. Wir glauben eher an Mangel als an Fülle. Vielleicht fürchten wir, dass es uns nie gelingen wird, eine verlorene Liebe durch eine neue zu ersetzen. Ein schwarzes Loch, dem solche Überzeugungen innewohnen, ist erfüllt von Wut, Bedauern und Trauer darüber, dass wir nicht bekommen können, was wir uns wünschen. Möglicherweise gehen mit diesen Gefühlen auch heftige Schuldzuweisungen einher. Wir machen andere für unsere unbefriedigende Situation verantwortlich.

Wenn wir von unserer Machtlosigkeit überzeugt sind, dann meinen wir, dass wir die anderen zufrieden stellen müssen. Ohne ihre Zustimmung fühlen wir uns hoffnungslos und sehnen uns verzweifelt nach Anerkennung. Wir glauben, dass wir, auf uns allein gestellt, nicht genug sind, dass wir allein nicht durchkommen, uns allein in der Welt nichts zutrauen dürfen. Angst ist unsere vorrangige Emotion. Wir fürchten, dass andere uns nicht mögen, uns nicht zu schätzen wissen oder nicht akzeptieren. Nie fühlen wir uns bei uns selbst sicher. Wir meinen, Sicherheit sei etwas, das nur die anderen haben. Diese falsche Überzeugung verleitet uns dazu, andere für uns entscheiden, Position beziehen und unser Aussehen bestimmen zu lassen. Im Kern dieser Überzeugung steht das Leugnen des Selbst. Für gewöhnlich ist unsere Entscheidung, nicht der sein zu können, der wir tatsächlich sind, von großer Trauer begleitet. Dieser Selbstbetrug füllt das schwarze Loch mit Kummer.

Schwarze Löcher verhindern gesunde Emotionen

Ohne schwarze Löcher können gesunde menschliche Emotionen frei fließen. Ist unsere formende Information ausgewogen und ausgerichtet, dann erleben wir unsere Emotionen in einem Wechselspiel aus Ebbe und Flut. Wir bleiben nicht in irgendeiner Emotion stecken. Unangenehme Gefühle wie Hoffnungslosigkeit oder Wut gehen vorüber, ebenso wie Glück und Zufriedenheit. Wenn wir uns energetisch im Gleichgewicht befinden, dann akzeptieren wir neugierig und erstaunt Angst und Trauer ebenso wie Freude und Dankbarkeit. Akzeptierte Emotionen fließen, verändern sich auf natürliche Weise und werden schließlich zu nützlichen Informationen für ein gesundes Leben.

Die meisten Menschen haben jedoch wenigstens einen Teil ihrer zwar gesunden, aber dennoch unangenehmen Emotionen in schwarze Löcher gepackt. Vielleicht war Überschwänglichkeit daheim inakzeptabel, und wir wurden angewiesen, uns gefälligst zusammenzunehmen. Und wir fügten uns, indem wir unseren Überschwang gemeinsam mit der unangenehmen Aufforderung in ein schwarzes Loch schoben. Oder aber unsere Erfahrungen mit Wut haben uns veranlasst, sie lieber in einem schwarzen Loch zu verbergen.

Wenn wir das Spektrum akzeptabler Emotionen beschränken, dann wirken wir vielleicht ausgeglichen; doch irgendwann wird etwas eine emotionale Reaktion auslösen, die jenseits unserer begrenzten Gefühlspalette liegt. Vielleicht explodieren wir, werden depressiv oder flüchten uns in heimliche Süchte – allesamt inakzeptable Ausbrüche für uns, die jedoch deutlich machen, dass schwarze Löcher einige unserer gesunden Emotionen enthalten und sie auf ungesunde Weise kontrollieren.

Wir werden ermutigt, unsere Emotionen zu verbergen, um die mit ihnen assoziierten Verhaltensweisen in Schach zu halten. Wut zum Beispiel wird mit erhobener Stimme und mit physischer Gewalt in Verbindung gebracht. Trauer hingegen ist mit Weinen und Hilflosigkeit verbunden. Vermutlich assoziieren Sie mit jeder der in der nachfolgenden Liste genannten Emotionen eine bestimmte Verhaltensweise. Diese Assoziationen sind sehr stark. Viele Menschen wissen nicht, wie sie eine Emotion spüren sollen, ohne sie auch auszuleben. Da wir es versäumt haben, emotionale Intelligenz zu entwickeln, begrenzen wir lieber unser Erfahrungsspektrum.

Doch es ist nicht besonders effektiv, emotionalen Ausdruck zu beschränken. Es ist so, als würden wir einen nur halb gefüllten Luftballon zusammendrücken, um ihn kleiner zu machen. Die Luft muss aber irgendwohin und wird den Ballon daher unversehens irgendwo zwischen Ihren Fingern ausbeulen. Menschen, die sich emotional begrenzen, leiden für gewöhnlich unter Ausbrüchen, bei denen sich etwa unterdrückte Angst oder Trauer als Depressionsschub oder Wutanfall äußern können. Sobald der Ausbruch vorüber ist, kehren sie zu ihrem limitierten Gefühlsspektrum zurück. Wut, Anklagen und Verurteilungen sind manchmal dazu ausersehen, tiefere und schmerzhaftere Gefühle zu verbergen. Ein rüpelhafter Fahrstil und Raserei sowie gewalttätiges Randalieren sind Beispiele für solche emotionalen Ausbrüche.

Die gesunde Bandbreite menschlicher Emotionen
1. aufgeregt, liebevoll, freudig, fröhlich, kreativ, leidenschaftlich, mitfühlend, überschwänglich
2. zufrieden, liebenswürdig, hoffnungsvoll, neugierig, geduldig, erfreut, freigebig, satt, bereitwillig
3. zynisch, okay, dumpf, gelangweilt, angenehm, deprimiert, unangenehm
4. besorgt, ängstlich, wütend, traurig, neidisch, ruhelos, frustriert, ungeduldig, verletzlich
5. feindselig, entsetzt, zornig, bekümmert, hasserfüllt, eifersüchtig, niedergeschmettert, angeekelt, gedemütigt

Die meisten Menschen fühlen sich mit Punkt 3 wohl. Werden wir gefragt, wie es uns geht, dann antworten wir oft mit dem Begriff »okay« aus diesem Bereich. Er scheint für uns am akzeptabelsten zu sein.

Viele gestehen sich die drei mittleren Emotionsbereiche 2, 3 und 4 zu, doch sprechen sie meist nicht über diese Gefühle und beanspruchen sie nicht unumwunden für sich. Ich habe festgestellt, dass sich nur die wenigsten die gesamte Gefühlsbandbreite bewilligen. Noch weniger Menschen stehen mit gleicher Akzeptanz zu den Bereichen 1 und 5. Mit Akzeptanz meine ich, dass man sich diese Emotionen gestattet, sie jedoch nicht auslebt oder deshalb sein Verhalten ändert. Man schützt sich nicht vor diesen Emotionen, verteidigt sich nicht gegen sie und verurteilt sich nicht dafür, dass man sie hat.

Gestehen wir uns unsere Emotionen vollständig zu, dann bewegen sie sich und verändern sich von einem Augenblick zum anderen. Wenn wir Gefühle wie etwa Erschütterung, Existenz- oder gewöhnliche Ängste, die viele Menschen lieber in einem ihrer schwarzen Löcher einlagern, nur teilweise zulassen, dann kann es geschehen, dass wir darin stecken bleiben. Viele, die unter Depressionen leiden, befinden sich in einer solchen Situation. Sobald sie an den Rand eines schwarzen Lochs geraten und sich entsprechend niedergeschlagen und ängstlich fühlen, ziehen sie sich zurück und weigern sich, das zu spüren, was in dem Loch noch verborgen ist.

Wer seine natürlichen Emotionen zulassen kann, der bleibt emotional nicht stecken. Öffnet man sich versteckten Erfahrungen bereitwillig und versucht, sie zu begreifen, dann werden stecken gebliebene Emotionen aufgelöst und können wieder frei fließen. Statt zum Beispiel in meiner Angst vor Vorträgen stecken zu bleiben, suchte, fand und verarbeitete ich die ursprüngliche Erfahrung aus der achten Klasse. Nun gestatte ich es mir, die Ängste und Freuden des öffentlichen Vortragens zu spüren. Es ist unmöglich, unsere Emotionen auszuschalten, aber in ihnen stecken zu bleiben ist auch nicht die richtige Lösung. Unseren Gefühlen den so dringend benötigten freien Fluss zu gewähren setzt unsere formende Information frei und gibt uns die Gelegenheit, unsere kreative Energie zielgerichtet und bewusst einzusetzen.

Außerdem fühlen wir uns ganz und gar lebendig, wenn unsere Gefühle im Fluss sind. Nur wenn wir tiefe Trauer zulassen, können wir auch große Dankbarkeit spüren, denn in den schwarzen Löchern, in denen wir Schmerz und Leid abladen, befindet sich auch unsere Freude. Indem wir den unter Punkt 5 genannten unangenehmen Emotionen aus dem Weg gehen, büßen wir auch das obere angenehme Ende unserer Gefühlsbandbreite ein. Lassen wir hingegen Angst zu, dann empfinden wir auch Erregung. Die oberste und die unterste Schicht des Spektrums wachsen gemeinsam. Sportereignisse zum Beispiel geben uns Gelegenheit, uns sowohl zu begeistern als auch gedemütigt zu fühlen. Schauspieler in Film und Fernsehen stellen Emotionen dar, die dieselben Emotionen bei uns auslösen können.

Die westliche Kultur bewertet emotionale Kontrolle hoch. Wenn wir überschwänglich sind, dann fühlen wir uns vielleicht gezwungen, unsere Freude zu zügeln. Beklagen wir den Verlust eines uns nahe stehenden Menschen, dann behalten wir unsere Trauer entweder für uns oder meinen, uns für sie entschuldigen zu müssen. Wer sich die volle Bandbreite emotionalen Ausdrucks selbst nicht gestattet, fühlt sich besser, wenn andere sich in gleicher Weise Schranken auferlegen. In schwarzen Löchern verschwinden dabei nicht nur die unangenehmsten, sondern auch die angenehmsten Emotionen. Stellen jedoch andere diese »verbotenen« Gefühle zur Schau, dann wirkt dies, als klopften sie an die Tür unserer schwarzen Löcher und drohten damit, unsere versteckten emotionalen Erinnerungen freizulassen.

Ganz und gar menschlich zu sein heißt, sich der vollen emotionalen Bandbreite zu stellen. Indem wir uns für den Fluss menschlicher Emotionen öffnen, vergrößern wir auch unsere kreative Energie. Unser emotionales Erleben verändert sich von Augenblick zu Augenblick, fließt wie ein Fluss manchmal langsam und tief und dann wieder reißend und rasch in den Stromschnellen der Erregung. Schwarze Löcher hingegen sind Behältnisse, in denen Gefühle stagnieren. Ohne den Zufluss frischen Wassers muss Leben ersticken. Schwarze Löcher aber schnüren den Fluss der kreativen, Leben spendenden Energie ab. Sie sind ungesunde Container, in denen Gase entstehen, die das Leben erdrücken.

Aus dem Nichts heraus auftretende emotionale Intensität, die wie ein Druckventil funktioniert, ist ein Hinweis auf das Vorhandensein eines schwarzen Lochs. Diese emotionale Intensität können wir nutzen, um schwarze Löcher zu finden und loszulassen. So vergrößern wir das Spektrum unserer Emotionen und die Wahrnehmung unserer Muster und Motivationen. Die Akzeptanz unseres normalen Ausdrucks gestattet es unseren Gefühlen, auf natürliche Weise zu kommen und zu gehen. Mit der Freisetzung emotionaler Erinnerungen stellen wir den natürlichen Fluss emotionaler Energie wieder her. Die Erweiterung unseres bewussten emotionalen Spektrums richtet formende Information und kreative Kraft aufeinander aus. Frei fließende emotionale Energie beschert uns eine größere bewusste kreative Energie. Es gelingt uns besser, das in unser Leben zu locken, was wir uns wünschen.

Die meisten Menschen ziehen es vor zu glauben, dass ihnen schlechte Dinge einfach zustoßen und dass sie Opfer sind. Und doch wissen wir, dass zwei Menschen, die unter gleichen Bedingungen aufwachsen, sehr verschiedene Leben führen können. Manche von uns überwinden einen schlechten Start in einer funktionsgestörten Familie und werden erfüllte Mitglieder der Gesellschaft, die etwas beitragen können. Andere aus derselben Familie oder Nachbarschaft werden zu Opfern oder Tätern. Manche der Schüler, die in Amerika Schusswaffen auf ihre Klassenkameraden gerichtet haben, stammen aus einem besser gestellten Umfeld. Auch wenn hier sicherlich viele Faktoren eine Rolle spielen, so kann es doch für mich keinen Zweifel geben, dass Menschen, die ein gesundes und erfülltes Leben führen, weniger von ihrer kreativen Energie in unbewussten schwarzen Löchern verbergen müssen.

Leider gibt es viele, die lieber körperlichen Schaden oder schwere Krankheiten in Kauf nehmen, als sich ihren in schwarze Löcher verdrängten starken Emotionen direkt zu stellen. Angesichts physischer Bedrohung können wir uns aufs Handeln verlassen. Es steht uns frei, zu fliehen oder zu kämpfen oder uns der Medizin anzuvertrauen. Wir haben Adrenalin, das uns auf Touren bringt. Doch wenn wir uns unseren schwarzen Löchern ausliefern, dann müssen wir uns dem negativen Bild, das wir von uns haben, und dem stellen, wovor wir am meisten Angst haben.

Glücklicherweise ist es möglich, die verdrängten Teile unserer persönlichen Geschichte, alte Überzeugungen und Erwartungen aus den schwarzen Löchern zu befreien. Wir können sie in unser Bewusstsein holen und dann freisetzen, damit sie unser Verhalten und unsere Reaktionen nicht länger bestimmen. Sobald wir diese Emotionen freisetzen und unsere Überzeugungen ändern, hören wir auf, unbewusste Emotionen und Überzeugungen zu manifestieren, und führen bewusst herbei, was wir uns am meisten wünschen.

Unsere Bereitschaft, Schmerz und Angst zu erleben, stärkt unsere Seele. Hätte uns eine Erfahrung nicht zutiefst beunruhigt, so hätten wir sie auch nicht versteckt. Indem wir uns dem Schlimmsten stellen, fördern wir unsere innere Kraft, mit der wir uns zukünftigen physischen und emotionalen Herausforderungen stellen. Wenn wir unseren Schmerz wahrnehmen, wer ist es dann, der ihn zur Kenntnis nimmt? Wenn wir uns unsere Angst eingestehen, wer ist es dann, der sie anerkennt? Wen wir uns uns selbst stellen, wer ist es dann, dem wir gegenüberstehen? Ich meine, der Beobachter, der zur Kenntnis nimmt und anerkennt, ist unsere Seele. Indem wir über unsere Gedanken und Emotionen nachdenken, kräftigen wir unsere spirituelle Essenz – unsere Seele. Indem wir unsere schwarzen Löcher leeren und schließen, trainieren wir unsere Seele und befreien unsere kreative Energie, mit der wir das Leben herbeiführen können, das wir bewusst wollen. Ins Gleichgewicht gebrachte und ausgerichtete spirituelle Energie ist die Lebenskraft, die uns ein erfülltes Leben ermöglicht.

Drittes Kapitel

Energie-Vampirismus und schwarze Löcher

••••••••••••••••••••

Als ich begann, bei den Stadtwerken zu arbeiten, musste ich an einer Sitzung der leitenden Mitarbeiter teilnehmen. Die Topmanager saßen in vornehmen Drehstühlen an einem langen polierten Eichentisch. Durch die gläserne Nordwand drang Tageslicht in den Raum. Am Kopfende des Tisches saß Keith, der Generaldirektor, und in seiner unmittelbaren Nähe die höherrangigen Manager, denen er am meisten vertraute. Diejenigen von uns, die nur eine Nebenrolle spielten, saßen auf harten Stühlen mit gerader Lehne, die an der Wand entlang aufgereiht waren.

Auf der Tagesordnung standen personalpolitische Empfehlungen. Norman, der Verwaltungschef, ging die Vorschläge mit uns durch. Eine seiner Empfehlungen beinhaltete, dass Angestellte Ausschüsse bilden sollten, um den Generaldirektor in Angelegenheiten zu beraten, die ihren Arbeitsbereich direkt betrafen.

Als Norman das Wort »Ausschüsse« erwähnte, machte sich Entgeisterung auf Keiths Gesicht breit, und als Norman fertig war, richteten sich aller Augen auf den Generaldirektor, dessen Gesichtsfarbe es inzwischen mit dem Rot seiner Krawatte aufnehmen konnte.

Er starrte Norman einen Moment lang an und sagte dann: »Was für eine Empfehlung soll das sein, Mitarbeiterausschüsse? Solche Ausschüsse verschwenden doch nur Zeit, und die Arbeit bleibt liegen. Norman, halten Sie sich aus den Bereichen anderer Leute heraus. Der Betrieb kann gut auf Ihre Ideen verzichten.« Im Raum war es mucksmäuschenstill.

Herbert, der Produktionschef, brach das Schweigen: »Ich stimme Keith zu. Mitarbeiterausschüsse sind wahrscheinlich keine besonders gute Idee.« Alle Übrigen am Tisch pflichteten ihm rasch bei, und der Vorschlag wurde aus dem Protokoll gestrichen. Die Sitzung ging weiter, doch Norman sagte nicht mehr viel.

Wenn Menschen zusammenkommen, dann findet ein reger Energieaustausch in Form von Komplimenten, Geschenken, Geld, Aufmerksamkeit und Freundschaft statt. Einem Kind, das wir lieben und an das wir glauben, geben wir gern von unserer Energie ab. Befinden sich in einer persönlichen Beziehung die Energiefelder miteinander im Gleichgewicht und verschmelzen, dann fließt Energie ungehindert hin und her. Es gibt jedoch viele Beziehungen, die nicht ausgewogen sind. Menschen wie Keith verlangen Zustimmung, Aufmerksamkeit und Unterstützung und machen sich damit zu Energie-Vampiren, die ihren Mitmenschen ihre Energie stehlen, um die eigenen Reserven aufzufüllen. Auch wenn wir Bedenken haben oder es nur widerwillig tun: Meist geben wir diesen Menschen doch, was sie wollen – so wie alle Sitzungsteilnehmer Keith das gaben, was er wollte. Wenn wir uns so verhalten, dann lassen wir es zu, dass uns andere unsere Energie rauben.

Unsere schwarzen Löcher veranlassen uns, auf diese Weise Energieverluste in Kauf zu nehmen. Wir fürchten, sonst eine Beziehung oder einen Job zu verlieren, auf irgendeine Weise bestraft oder verletzt zu werden.

Solche Verlustängste verstecken sich in unseren schwarzen Löchern. Jeder, der erfolgreich unsere schwarzen Löcher aktiviert, kann sich an unseren Energievorräten bedienen. Energie-Vampire gleichen den Vampiren aus dem Mythos aufs Haar. Sie schleichen sich an. Sie verfolgen das Ziel, uns auszusaugen und ihre Bedürfnisse zu befriedigen, und sei es mit Gewalt. Und unsere schwarzen Löcher verleiten uns zu der Annahme, dass wir keine andere Wahl haben und mitspielen müssen. Ich bin der Meinung, dass die meisten Menschen wie Keith, der Generaldirektor, aus energetischem Hunger in unbewusste Muster des Energie-Vampirismus hineinrutschen können.

Energie-Vampire bringen uns dazu, ihnen zu dienen, ihnen ihre Wünsche zu erfüllen, ihre Regeln zu übernehmen oder unsere Energie zu ihren Gunsten einzusetzen, und sei es in der Form, dass wir auf eine eigene Meinungsäußerung und auf eigene Ansprüche verzichten oder unsere Worte besonders sorgfältig wählen. Oder aber wir lassen uns in die Projekte anderer hineinziehen beziehungsweise planen sie sogar für sie, obwohl wir es gar nicht wollen. Oder wir investieren unsere Energie in die Anleitung und Unterstützung anderer. Oder wir ändern unser Verhalten sofort, wenn wir uns durch Familienmitglieder, Kollegen, Nachbarn, Vorgesetzte oder ganze Gruppen in unserem Umfeld bedroht sehen. In all den hier beschriebenen Situationen lassen wir es zu, dass uns Energie gestohlen wird.

Indem wir uns Energie-Vampiren ausliefern und uns aussaugen lassen, geben wir einen Teil dessen auf, wer wir sind und was wir wollen, doch dies tun wir für gewöhnlich aus gutem Grund: Wir haben Angst oder leiden unter Schuldgefühlen. Wir wollen es nicht riskieren, Liebe einzubüßen, unser Gesicht zu verlieren, auf unsere einmal erkämpfte Position zu verzichten oder körperlichen Schaden zu nehmen. Diese Konsequenzen erscheinen uns schlimmer als die Opferung unserer eigenen Vorstellungen und Wünsche. Diese Ängste, die Ängste vor Schuld und Verlust, leben in unseren schwarzen Löchern. Da wir es im Allgemeinen vorziehen, den Auslösern unserer schwarzen Löcher aus dem Weg zu gehen, geben wir Energie-Vampiren meist das, was sie verlangen. Die Muster, derer sich Energie-Vampire bedienen, können recht subtil sein. Wir selbst glauben vielleicht, dass wir mitspielen, weil es leichter ist. Egal wie wir unsere energetische Selbstpreisgabe auch begründen – wenn wir einem anderen mit unserer Energie helfen, seine schwarzen Löcher zu leugnen, dann leeren wir unser eigenes Energiereservoir.

Die Muster des Energie-Vampirismus erlernt man für gewöhnlich früh im Leben. Die meisten Familien haben ein stabiles Gemeinschaftsenergiefeld ausgebildet, in dem Energie-Vampirismus einen festen Platz hat. Das Überleben eines Kindes setzt menschliche Energie in Form von mentaler, emotionaler und körperlicher Fürsorge voraus. Wenn Kinder älter werden, brauchen sie auch weiterhin Liebe und Zuwendung. In den meisten Familien lernen Kinder, wie sie die Energie und die Mittel für ihr Überleben und Gedeihen anziehen können. Sie verinnerlichen das familieneigene Muster des Energie-Vampirismus.

Folgendes Beispiel zeigt, wie Interaktionen in der Familie zur Entstehung solcher Muster beitragen: Johnny schlurft in T-Shirt und kurzen Hosen in die Küche. Als er sieht, dass seine Mutter telefoniert, geht er zu seiner Schwester Suzy, die am Tisch sitzt und zeichnet, und zieht sie an ihrem Pferdeschwanz.

»Lass das!«, ruft Suzy.

Mom, das Telefon am Ohr, kümmert sich nicht darum. Johnny, der Aufmerksamkeit sucht, zieht Suzy wieder an den Haaren. Suzy knallt ihren Stift auf den Tisch und brüllt, dass er aufhören soll.

Mom hält ihre Hand über die Muschel und sagt: »Hört auf damit, Kinder, ihr seht doch, dass ich gerade telefoniere.«

»Das ist Johnnys Schuld«, protestiert Suzy, »er zieht mich mit seinen dreckigen Fingern an den Haaren.«

»Johnny«, sagt Mom schließlich, »lass Suzy in Ruhe.«

Johnny hat gelernt, dass er, wenn er Aufmerksamkeit, eine Form von Energie, sucht, nur genug Ärger machen muss. Suzy wartet, bis ihre Mutter mit dem Telefonieren fertig ist, dann schenkt sie ihr das Bild, auf dem steht: »Für Mom, in Liebe.« Suzy will Energie in Form von Zustimmung erlangen. Johnny und Suzy haben verschiedene Strategien des Energie-Vampirismus entwickelt, um die Energie zu bekommen, die sie brauchen, um gedeihen zu können. Johnnys Strategie ist es, Probleme zu machen. Wenn er keine Reaktion hervorruft, dann steigert er sein Verhalten, bis er die Aufmerksamkeit erhält, auf die er aus ist. Er lernt, dass, wenn er sich schwierig gibt, er die Energie erhält, die er braucht. Suzy hingegen sucht Lob und weiß: Wenn sie das Richtige tut, dann erhält sie die benötigte Energie in Form von Anerkennung. Dies sind zwei typische Muster von Energie-Vampirismus, wie sie sich im Rahmen einer Familie entwickeln und funktionieren.

Wir befinden uns in einem energetischen Austausch mit unseren Mitmenschen. Wir spüren diese Energie, wenn wir uns selbst plötzlich ein bisschen besser leiden können, ein wenig selbstbewusster dastehen und mehr Energie haben, um zu denken, zu sprechen oder zu handeln. Aufmerksamkeit und Liebe sind Energie. Versetzen Sie sich einmal in die folgenden Situationen und stellen Sie sich vor, dass Sie Energie in Form von Aufmerksamkeit und Liebe erhalten:

- Kollegen feiern Ihre Leistungen.
- Sie ernten Anerkennung und Auszeichnungen bei einem Ihnen zu Ehren veranstalteten Essen.
- Ihre Eltern sagen Ihnen, dass sie stolz auf Ihre Leistungen sind.
- Kollegen kommen zu Ihnen, um Ihren Rat einzuholen.
- Ihr Chef hört sich aufmerksam an, was Sie zu sagen haben.
- Eine Nachbarin teilt Ihnen mit, dass sie froh ist, auf Sie rechnen zu können.
- Ein Freund macht Ihnen Komplimente wegen Ihres Aussehens.

Auch eine Einzelperson kann Ihnen Energie zuteil werden lassen, indem sie mit Ihnen scherzt oder Ihnen ihre Aufmerksamkeit schenkt. Wenn Ihnen mehrere Personen zuhören und auf Sie eingehen, dann sammeln Sie sogar noch mehr Energie. Denken Sie an eine Gelegenheit, bei der Sie aufgefordert wurden, vor einer kleinen oder großen Gruppe ein paar Worte zu sprechen. Anfangs waren Sie vielleicht nervös, doch nach einer Weile spürten Sie eher eine energetische Aufladung. Der Strom von Energie, der von einem aufmerksamen Publikum ausgeht, ist jedem Schauspieler und öffentlichen Redner vertraut. Er gehört zu den Reizen der Bühne.

Energie in Form von Aufmerksamkeit, Zustimmung, liebevoller Annahme, Liebe, Unterstützung, Trost, Anerkennung und Bestätigung geht von anderen aus. Es gibt durchaus Formen der Aufmerksamkeitssuche, die sozial akzeptiert sind: freundlich zu jemandem zu sein, im Recht zu sein, Vorgesetzter zu sein, befördert zu werden, ein Projekt erfolgreich zu beenden, eine großartige Mahlzeit zuzubereiten, eine Rede zu halten, sich als Kandidat für eine Wahl aufstellen zu lassen oder eine Berühmtheit im Fernsehen oder Sport zu werden. Aufmerksamkeit kann man jedoch auch durch sozial inakzeptable Maßnahmen auf sich ziehen: Gewalt, Geschrei, Aufdringlichkeit oder Unhöflichkeit. Im Zentrum der Aufmerksamkeit zu stehen wirkt auch dann belebend, wenn die Aufmerksamkeit die Form von Ablehnung annimmt.

Nicht jeder sucht fortwährend nach Energie in Form von Aufmerksamkeit. Manchmal will man auch in Ruhe gelassen werden, um sich energetisch regenerieren zu können. Wenn wir schwarze Löcher haben und mit Energie-Vampiren zusammenleben, dann steht uns, wenn wir allein sind, vielleicht mehr Energie zur Verfügung; doch für gewöhnlich fühlen sich die meisten Menschen energetisch aufgepäppelt, wenn jemand sie versteht oder ermutigt. Auf der anderen Seite bekommen wir Energie, wenn wir andere Menschen dazu bewegen, das zu tun, was wir wollen. Wenn die Dinge sich nach unseren Vorstellungen entwickeln, dann fühlen wir uns gestärkt. Wer politische Ziele hat und dafür Stimmen gewinnt, Absatzzahlen anpeilt und hohe Verkäufe erzielt, seine Karriere voranbringen will und befördert wird, fühlt sich energetisch aufgeladen. Andere Menschen erfüllen uns unsere Wünsche mit Geld, Geschenken, Zustimmung. Erinnern Sie sich an einen Vorfall, bei dem Sie das erhalten haben, was Sie wollten. Denken Sie daran, wie Sie sich dabei gefühlt haben – aufgeregt, zufrieden, gestärkt.

In gesunden Beziehungen findet ein normales Geben und Nehmen von Energie statt. Energie-Vampiren ist jedoch nicht bewusst, dass sie uns aussaugen, folglich heißt Partnerschaft für sie vor allem Nehmen. Wer darauf angewiesen ist, anderen Energie zu stehlen, braucht eine ständige Zufuhr dieser Energie, um die Aktivierung seiner schwarzen Löcher zu verhindern.

Es ist denkbar, dass Generaldirektor Keith die Energie seiner Manager in Form von Zustimmung forderte, weil er sich unzulänglich fühlte oder unter Versagensängsten litt und glaubte, dass er die Kontrolle über den Betrieb verlieren würde, wenn er den Mitarbeitern ein Mitspracherecht einräumte. Keith hielt seine Ängste in Schach, indem er andere einschüchterte und sie auf diese Weise zwang, ihm zuzustimmen. So gelang es Keith, die Kontrolle über seine schwarzen Löcher zu behalten und die Konfrontation mit seinen versteckten Ängsten zu verhindern. Sein Energie-Vampirismus hatte jedoch eine gravierende, unbeabsichtigte Konsequenz – er schränkte neue Ideen auf ein Minimum ein. Nachdem die Manager seinen Ausbruch miterlebt hatten, widerstrebte es ihnen verständlicherweise, sich mit ihren Ideen in die Schusslinie zu begeben. Doch erfolgreiche Firmen brauchen neue Ideen, um ihre Produkte und Dienstleistungen zu verbessern.

Wenn wir Energie-Vampiren zu Willen sind, dann ist das so, als versuchten wir, einen undichten Eimer mit unserer Energie zu füllen. Indem wir dem Verlangen eines anderen nach Unterstützung, Aufmerksamkeit oder Zustimmung nachgeben, vermeiden wir die Aktivierung unserer eigenen schwarzen Löcher und die Auseinandersetzung mit unseren eigenen Ängsten, verborgenen Verletzungen und hemmenden Überzeugungen. Hätten wir nicht selbst schwarze Löcher zu verstecken, dann würden wir uns kaum zum Mitmachen genötigt sehen. Die Manager fürchteten sich vor Keiths Zorn. Sie wollten vor anderen keine Niederlage einstecken und Demütigungen hinnehmen, also stimmten sie ihm in seinem Beisein zu. In ihren schwarzen Löchern hielten sie so ihre Ängste vor Versagen und Bloßstellung unter Kontrolle. In Keiths Abwesenheit wiederum hatten diese Manager Ideen, die sie vor ihm nicht auszusprechen wagten. Mit ihm konfrontiert, nahmen sie jedoch seinen Energie-Vampirismus hin und gaben ihm ihre Zustimmung.

Beide Beteiligten, der Energie-Vampir und der Ausgesaugte, haben schwarze Löcher. Wer anderen Energie stiehlt, ist selbst anfällig dafür, bestohlen zu werden. Ja, wenn wir einem Energie-Vampir zum Opfer fallen, dann können wir versucht sein, auf unsere eigenen Muster des Energie-Vampirismus zurückzugreifen, um das Verlorene zu ersetzen. Das ist jedoch nicht der natürliche und auch nicht gerade der leichte Weg, um energetische Ausgewogenheit zu schaffen. Wer sich auf Energie-Vampirismus einlässt, muss am Ende verlieren. Wir lassen uns bestehlen und betätigen uns dann unsererseits als Energie-Vampir, um den entstandenen Mangel auszugleichen. Unsere Opfer sehen sich gezwungen, sich neuerlich bei uns oder anderen zu bedienen – ein endloser, verzwickter Teufelskreis. Ob unsere Interaktionen aus Mustern des Energie-Vampirismus bestehen oder ein gesundes Geben und Nehmen sind, hängt davon ab, ob sie auf zwanghafte Weise von vorhandenen schwarzen Löchern motiviert sind. Alle Muster des Energie-Vampirismus existieren ausschließlich, um den Inhalt von schwarzen Löchern unter Verschluss zu halten.

Es gibt viele Formen des energetischen Vampirismus. In einigen Mustern geht es darum, Unterstützung und Anerkennung zu erlangen. Andere suchen Bestätigung und Sicherheit. Manche Menschen bedienen sich des Energie-Vampirismus, um Liebe und Zustimmung zu erlangen, andere wieder legen es darauf an, für korrekt und tugendhaft gehalten zu werden. Wieder andere stehlen Energie, indem sie ihren Mitmenschen zu Diensten sind.

Es gibt fünf Grundmuster des Energie-Vampirismus. In diesem Abschnitt beschreibe ich jede dieser fünf Kategorien und gebe Beispiele für die beteiligten Mechanismen. Die sprachliche Formulierung hat dabei nichts mit männlichen oder weiblichen Energiemustern zu tun. Männer und Frauen bedienen sich der fünf Energiemuster natürlich gleichermaßen.

Die Struktur der Muster basiert auf dem Enneagramm, das sich aus der alten islamischen Tradition der Sufis entwickelte. Es dient als Wegweiser zu verschiedenen Persönlichkeitstypen im Rahmen einer spirituellen Reifung. Seit einigen Jahren bedienen sich immer mehr Menschen des Enneagramms als Hilfsmittel persönlichen Wachstums. So verwendet etwa die katholische Kirche das Enneagramm in ihren Ehevorbereitungsseminaren, um Paaren zu helfen, einander besser zu verstehen. Manche Unternehmensberater haben das Enneagramm gleichfalls für sich entdeckt und verwenden es im Bereich der Mitarbeiterförderung und Teamarbeit.

Das Enneagramm kennt neun Typen, die mit Nummern gekennzeichnet sind:

1. der Perfektionist
2. der Helfer
3. der Schauspieler
4. der Romantiker
5. der Beobachter
6. der Skeptiker
7. der Epikureer
8. der Chef
9. der Vermittler

Jeder Enneagrammtyp leidet unter einer Kernangst, der Angst:

1. schlecht
2. bedürftig
3. ein Versager
4. unzulänglich
5. unfähig
6. gedemütigt
7. nicht genug
8. machtlos
9. herzlos zu sein

Ich habe fünf Muster des Energie-Vampirismus ermittelt, die den neun Enneagrammtypen und ihren Kernängsten vergleichbare energetische Strategien kombinieren. Energie-Vampire »praktizieren« üblicherweise mehr als eines dieser fünf Muster. Vielleicht wenden sie das eine bei mir und ein anderes bei Ihnen an. Gut möglich, dass Sie die eine oder andere dieser energetischen Strategien bei Familienmitgliedern, Kollegen oder Freunden wiedererkennen. Die Muster energetischen Vampirismus, die sich in Ihrem Leben zeigen, können entweder eine Kombination mehrerer Muster sein oder eine Abwandlung von ihnen. Die meisten Menschen geben einem bestimmten Muster den Vorzug, doch tun sie dies nicht in jeder Situation. Ein Muster des Energie-Vampirismus wird meist dann in Gang gesetzt, wenn in einer Situation verletzbare Emotionen und hemmende Überzeugungen ans Licht zu kommen drohen.

Vampirismusmuster suchen sich eine Kombination aus Macht, Liebe und Unterstützung. Wer Vampir spielt, will genug Macht, um sein Leben so leben zu können, wie er es sich vorstellt. Energie-Vampire wollen so, wie sie sind, akzeptiert und geliebt werden, und sie wollen die angenehme Gewissheit, dass sie für fähig und vernünftig gehalten werden. Vampirismusstrategien liegt eine positive Intention zugrunde, doch das Verhalten des Energie-Vampirs ist nichtsdestotrotz destruktiv.

Die nachfolgenden fünf Muster stellen Grundformen des Verhaltens von Energie-Vampiren dar und verstehen sich keineswegs als umfassende Aufschlüsselung. Ich hoffe, dass diese fünf Kategorien zusammen mit den dazugehörigen Verhaltensmotiven Ihnen einige Ihrer bisherigen Erfahrungen mit plötzlichem Energieverlust erklären können.

- Der *Einschüchterer* oder der *selbstgerechte Energie-Vampir* urteilt die einen ab und weist die anderen zurück, legt fest, was falsch und was richtig ist, und verlangt, dass andere die von ihm aufgestellten Regeln befolgen. Er will respektiert und als korrekt und tugendhaft geschätzt werden. Dies vermittelt ihm ein Machtgefühl und Sicherheit. Er übertüncht seine Ängste mit Wut.

- Das *Opfer* oder der *ängstliche Energie-Vampir* hat an allem etwas auzusetzen, klagt über die Vergangenheit und sorgt sich um die Zukunft. Er ist auf der Suche nach Hilfe, Sympathie, Liebe und Zustimmung, um seine Besorgnis zu verringern und um sich sicher und bei Verstand zu fühlen. Er verbirgt seine Ängste hinter seiner Hilflosigkeit.
- Der *Charmeur* oder *betrügerische Energie-Vampir* versucht, Vorteile, Liebe und Zustimmung zu erringen, indem er Unterstützung vortäuscht und Aufmerksamkeit bietet, an die jedoch Bedingungen geknüpft sind. Er maskiert seine Ängste mit seinem Charme und bringt andere mit List dazu, seine Wünsche zu erfüllen.
- Der *Schauspieler* oder der *komödiantische Energie-Vampir* braucht Anerkennung und Aufmerksamkeit, um sich geliebt zu fühlen. Er beeindruckt andere mit seiner Brillanz, seinen Fähigkeiten, seinen wagemutigen Aktionen oder mit humorvollen Kommentaren. Er verbirgt seine Ängste hinter seiner Aufmerksamkeitssuche.
- Der *Distanzierte* oder der *gleichgültige Energie-Vampir* zieht das Interesse oder die Besorgnis anderer an, indem er Distanz wahrt und so tut, als sei ihm alles egal. Er möchte, dass andere sich aktiv um ihn bemühen, und betrachtet dies dann als Beweis dafür, dass er als fähig und vernünftig gilt und akzeptiert ist. Er besänftigt seine Angst vor Kontrolle durch andere, indem er sich distanziert gibt.

Der Einschüchterer
oder der selbstgerechte Energie-Vampir

Die Muster des Einschüchterers kommen am Arbeitsplatz häufig vor, vor allem auf der Chefetage. Keith, mein Generaldirektor bei den Stadtwerken, beherrschte die Rolle perfekt. Energie-Vampire in der Rolle des Einschüchterers schienen in unserem Betrieb gang und gäbe zu sein. Eines Tages machte ich Herbert, dem Abteilungsleiter für die Produktion, den Vorschlag, die Öffentlichkeit stärker einzubeziehen. Ich riet dazu, alternative Strom- und Wasserleitungen samt ihrer Vor- und Nachteile zur Diskussion zu stellen, damit die Bevölkerung ihre Meinung dazu abgeben konnte. Herbert reagierte auf eine für ihn völlig untypisch scharfe Weise: »Setzen Sie Ihren Fuß nur ja nie wieder in die Produktion, wenn Sie nichts anderes im Sinn haben als solche miserablen Vorschläge«, zischte er mich an.

Ich fühlte mich angegriffen und hatte Angst. Rückblickend vermute ich, dass sich Herbert durch meine Anregung, die Öffentlichkeit in Entscheidungen einzubeziehen, die ursprünglich in seinen Bereich fielen, bedroht fühlte. Es ist denkbar, dass diese empfundene Bedrohung eines seiner schwarzen Löcher öffnete, in dem er seine Angst vor Kontrollverlust verbarg. Er schloss es, indem er mich einschüchterte. Da ich Auseinandersetzungen fürchtete, gab ich ihm, was er wollte, und machte einen Rückzieher. Wenn wir mit dem Einschüchterer konfrontiert sind, dann neigen wir dazu, uns zu entschuldigen, zu beschwichtigen und nachzugeben, so wie ich es gegenüber Herbert getan hatte und wie die Manager bei Keith vorgegangen waren.

Der Einschüchterer arbeitet hart, um alles richtig zu machen. Er neigt zu Schwarzweißmalerei und hat ein klares Bild davon, was richtig und was falsch ist. Wer sich dieser Vampirismusmuster bedient, hat ausführliche Begründungen und Rechtfertigungen parat, wieso die Regeln, die er aufstellt und befolgt, die richtigen sind. Weigern wir uns, seine Regeln zu akzeptieren, dann fühlt er sich bedroht und ärgert sich über uns. Möglicherweise nimmt er uns unsere Grenzüberschreitung übel oder sinnt auf Rache, um seine energetischen Bedürfnisse zu befriedigen.

Da der Einschüchterer im Überlebenskampf gestählt ist, kann er in schwierigen Situationen nur mit Flucht oder Kampf reagieren. Wer diese Karte ausspielt, der kennt nur diese beiden Überlebensmuster – und beherrscht in der Regel beide meisterhaft. Er zieht sich aus einer unangenehmen Situation entweder angewidert zurück oder kämpft, bis er bekommt, was er will. Für gewöhnlich wirken seine Angriffe unlogisch: Er schreit diejenigen an, von denen er sich Sicherheit und Akzeptanz wünscht, oder gibt sich sarkastisch, um angenommen und respektiert zu werden. Gut möglich, dass er sich auch in Wutausbrüche flüchtet, um sich durchzusetzen. Seine Wut ist aus der Angst geboren, dass er nicht hat oder nicht bekommen kann, was er will, was ihm seiner Meinung nach zusteht oder was er erwartet.

Wer auf die Einschüchterungskarte setzt, stellt uns in Frage und verlangt von uns, mehr Interesse zu zeigen; oder er glaubt vielleicht, dass er am besten weiß, was wir tun sollen, und erteilt uns unaufgefordert seinen Rat. Er zweifelt nicht daran, im Recht zu sein. Er erkennt nicht, dass es zahllose richtige Ansätze gibt. Kinder im Teenageralter lösen häufig das Verhalten des selbstgerechten Energie-Vampirs bei ihren Eltern aus.

Am stärksten beeinflusst ihn die falsche Vorstellung, dass er im Leben nicht das bekommen kann, was er sich wünscht. Er fürchtet, nicht einfallsreich oder mächtig genug zu sein. Er muss die Entscheidungsgewalt an sich reißen, um die hohen Maßstäbe zu erfüllen, die er sich selbst setzt. Er muss andere davon überzeugen, dass er moralisch integer ist. Indem er Autorität an sich reißt und seine Situation zu kontrollieren versucht, entwickelt er ein irregeleitetes Sicherheitsempfinden. Er untermauert seine Kontrolle mit Werten und moralischer Integrität. So errichtet er Mauern um seine schwarzen Löcher und kann seine Ängste und das versteckte Bewusstsein seiner Unzulänglichkeit leugnen.

Die typische Herangehensweise des selbstgerechten Energie-Vampirs besteht in der an uns gerichteten Aufforderung, uns gefälligst zu ändern. Wenn wir unseren eigenen Vorstellungen abschwören und dem zustimmen, was der Einschüchterer will, dann schützen wir ihn mit unseren Bemühungen. Wenn wir seinen Wünschen entgegenkommen, dann ist es leichter für ihn, und er muss weniger Energie aufbringen. Fühlt er sich durch unser Verhalten beeinträchtigt und gelingt es ihm, uns zu Änderungen in unserem Verhalten zu bewegen, dann sieht er sich ins Recht gesetzt. Er ist erleichtert und fühlt sich besser, seine Verletzlichkeiten und hemmenden Überzeugungen bleiben sicher in seinen schwarzen Löchern verborgen. Indem wir seine Regeln und seine Autorität anerkennen, bereichern wir seine Arbeit und sogar seine Familie mit unserer Energie und unserer Begeisterung. Verhalten wir uns konträr, dann schlüpft er in die Rolle des Einschüchterers, um die Kontrolle zurückzugewinnen.

Das Opfer oder der ängstliche Energie-Vampir

Wer das Opfer oder den ängstlichen Energie-Vampir gibt, will durch Sicherheit und Akzeptanz seine Angst reduzieren. Er möchte, dass alles gut läuft, damit er sich vernünftig, sicher und geliebt fühlen kann. Dennoch zweifelt er daran, dass er je das bekommt, was er sich wünscht. Er kann Ängste bis hin zum Verfolgungswahn entwickeln. Er geht immer vom Schlimmsten aus, beklagt sich über seine Gesundheit, seinen Geldmangel und seine Sorgen. Er bedient sich der Verhaltensmuster eines Opfers, um Energie in Form von Aufmerksamkeit und Sympathie aufzusaugen. Er braucht die Anteilnahme anderer, um seine tief sitzenden Ängste zu lindern. Doch er kann nie genug Energie horten, um das nagende Unbehagen auszuschalten, das seine schwarzen Löcher ihm verursachen. Hier ein Beispiel:

Sallys Mutter rief schon zum dritten Mal an diesem Tag an und beklagte sich: »Du hast mich nicht zurückgerufen.«

»Mom, ich hatte noch keine Zeit, um in die Apotheke zu gehen.«

»Es geht mir doch schlechter. Ich dachte, du würdest mir etwas gegen die Schmerzen besorgen.«

»Mom, ich bin eben erst von der Arbeit nach Hause gekommen.«

»Das ist schon in Ordnung. Ich habe diese Schmerzen schon so lange. Das kann warten. Die Überweisung vom Gesundheitsamt muss nun jeden Tag auf meinem Konto eintreffen. Ich brauche ja ohnehin nicht viel zum Leben.«

»Mom, ich werde dir etwas einkaufen. Ich brauche nur ein wenig Zeit.«

»Nimm dir so viel Zeit, wie du brauchst. Bis dahin bin ich bestimmt noch da.«

Jemand, der in die Opferrolle schlüpft, hat Angst, dass er hilflos und wertlos ist. Er glaubt, einen gravierenden Makel an sich zu haben, der ihn wie einen Verrückten dastehen und nicht liebenswert erscheinen lässt. Er kann sich nicht vorstellen, dass er jemals die Dinge im Leben erlangt, die er sich wünscht. Er verzehrt sich nach Anerkennung und einer Sonderbehandlung, geht jedoch davon aus, dass er beides nie bekommen wird. Diese Ängste und Überzeugungen bewahrt er in seinen schwarzen Löchern auf; sie sind zu furchterregend, um sie zu durchleben, folglich beeinflussen sie sein Verhalten auf einer unbewussten Ebene. Diese pessimistische Haltung bewirkt, dass wir mit dem ängstlichen Energie-Vampir sympathisieren und ihm unsere Hilfe anbieten. Hier einige weitere Beispiele für Vertreter dieses Musters: Menschen, die sich über alles beklagen, die ständig ihren Mangel an Glück bejammern; die im Beruf Fehler bei anderen finden und diese Menschen für ihr Problem halten; die überall Katastrophen wittern: »Nichts wird klappen«, »Die guten Jobs bekommen immer nur andere«, »Wahrscheinlich ziehe ich mir irgendeine schreckliche Krankheit zu, bin behindert und werde den Rest meines Lebens leiden«.

Der Energie-Vampirismus des Opfers kann sehr subtil sein. Wir alle bedienen uns solcher Muster. Haben Sie sich je vor anderen darüber beklagt, dass Sie nicht genug Anerkennung bekommen, oder Dinge gesagt wie »Ich glaube, ich bin einfach nicht attraktiv genug« oder »Darin bin ich nicht besonders gut« – in der Hoffnung, dass der andere Ihnen widerspricht und Sie beruhigt? Schließen Sie automatisch auf üble Absichten und fühlen sich angegriffen, wenn jemand sich Ihnen entgegenstellt oder Sie kritisiert? Meinen Sie, dass die anderen sich ändern müssen, damit es Ihnen besser geht – Ihre Kollegen, Ihr Chef, Ihr Lebenspartner, Ihre Eltern?

Wenn ja, dann sind Ihnen die Muster des Opfers oder ängstlichen Energie-Vampirs vertraut.

Er identifiziert sich für gewöhnlich mit den Verlierern. Möglicherweise rebelliert er gegen Autoritäten und sammelt Verbündete gegen sie. Zu den Vampirismusmustern des Opfers gehört es, sich mit anderen darüber zu einigen, welcher Dritte an einem bestimmten Problem die Schuld trägt. In den meisten Büros gibt es Mitarbeiter, die dieses Spiel treiben. Nichts anderes tut etwa der ängstliche Kollege, der sich über den Chef beschwert, um Zustimmung und Unterstützung durch andere zu erlangen. Kollegen, die sich in der Opferrolle zusammenfinden, machen das Management oder andere Gruppen für Schwierigkeiten bei der Arbeit verantwortlich. Ängstliche Energie-Vampire schließen sich zusammen, um sich gemeinsam über andere zu beklagen und ihnen die Schuld zu geben. Sie kaschieren ihre schwarzen Löcher, indem sie aus diesen Schuldzuweisungskollektiven ein wenig Sicherheit und Zugehörigkeit beziehen. In seinem Buch *Die Vision von Celestine* beschreibt James Redfield fünf Kontrolldramen, die mit meinem Konzept vom Energie-Vampirismus vergleichbar sind. Obwohl sich sein System von dem meinen unterscheidet, gibt es doch Übereinstimmungen. Redfield bezeichnet das Opfer beziehungsweise den ängstlichen Energie-Vampir als das »Ich-Armer«-Kontrolldrama. Die offensichtliche Strategie bei diesem Kontrolldrama sei es, uns aus dem Gleichgewicht zu bringen und sich unsere Energie anzueignen, indem bei uns ein Gefühl der Schuld oder des Zweifels hervorgerufen wird.

Unsere Schuldgefühle oder Selbstzweifel können uns dazu veranlassen, Sympathie für solche »armen Teufel« aufzubringen. Möglicherweise bitten sie uns um Hilfe, und wenn wir schuldbewusst genug sind, dann helfen wir ihnen vielleicht und stellen ihnen in ihrer Notlage unsere Energie zur Verfügung. Wahrscheinlicher jedoch ist es, dass uns ihr Hunger nach Zuwendung unangenehm berührt und dass wir uns so weit wie möglich von ihnen distanzieren möchten. Ob wir nun das eine oder das andere tun, wir investieren dennoch unsere Energie in ihr Vampirismusmuster.

Menschen, die sich in einer schwierigen Lage befinden, dabei jedoch nicht in die Rolle des ängstlichen Energie-Vampirs schlüpfen, werden über ihre Situation sprechen, die Verantwortung für ihr Leben übernehmen und über die erforderlichen Maßnahmen entscheiden. Oder aber sie bitten um Hilfe und lösen dann ihre Probleme selbst. Der ängstliche Energie-Vampir lässt offen, welche Maßnahmen zu ergreifen sind, und überlässt die ganze Sache uns. Er hofft, dass wir Mitleid mit ihm haben und einspringen. Wenn Schuldgefühle Sie veranlassen, einem anderen unter die Arme zu greifen, dann überprüfen Sie, ob Sie es hier nicht mit den Mustern eines Opfers oder ängstlichen Energie-Vampirs zu tun haben.

Der Charmeur oder der betrügerische Energie-Vampir

Der Charmeur oder betrügerische Energie-Vampir sucht nach Liebe, Zustimmung und Macht. Er hat ein gutes Gefühl, wenn er uns unterstützt, weil er glaubt, dass wir ihm dann geben, was er will. Wer sich dieser Muster bedient, erfüllt unsere Wünsche im Tausch gegen Zustimmung, Wertschätzung, liebevolle Annahme und die Bereitschaft, unsererseits seine Bedürfnisse zu befriedigen. Der Charmeur braucht Gunstbeweise, denn sie stellen für ihn Macht und Liebe dar. Wenn er sich mehr auf seinen Listenreichtum verlässt, dann verwechselt er häufig Macht mit Liebe. Charmant ist er nur, bis wir ihm Macht, Geld und sexuelle Zuwendung haben zuteil werden lassen, wie er es will.

Connie glaubte, den perfekten Gefährten gefunden zu haben. Robert schien sie anzubeten. Er unterstützte sie auf jede nur denkbare Weise. Er half ihr bei ihrer Arbeit. Er ermutigte sie und glaubte an sie. Robert schien außerdem bereit, Connie die Wahl im Hinblick auf Kinos und Restaurants zu überlassen. Sie fand, dass es ungewöhnlich leicht war, mit ihm auszukommen. Connie erkannte nicht, dass Robert sich auf sie einstellte. Sie glaubte, dass sie beide die gleichen Dinge wollten. Später beklagte sich Robert, dass er in der Beziehung unglücklich sei, denn seine Bedürfnisse blieben immer auf der Strecke. Verwirrt wollte Connie wissen, was sie denn anders machen sollte. Robert sagte, er wolle ebenso wertgeschätzt und unterstützt werden wie sie. Connie wusste nicht, was sie tun sollte. Aus ihrer Perspektive lief alles wunderbar. In Wahrheit spielte Robert den Charmeur, bekam jedoch nicht, was er wollte. Schließlich fand er eine andere Frau, der er sich anpassen konnte, und ließ Connie zurück mit ihrer Verwirrung und ihrem Kummer.

Die Vampirismusmuster des Charmeurs können äußerst subtil sein. Auf den ersten Blick erscheint er hilfsbereit. Untergeordnete Büroangestellte wie Sekretäre und Assistenten befinden sich in der idealen Position, um ihren Charme spielen zu lassen. Ein Mitarbeiter, der sich für den Chef geradezu zerreißt – dessen Arbeit vor seine eigenen Bedürfnisse stellt –, wartet auf Belohnung. Er hat die Angewohnheit, die anderen wissen zu lassen, wie schwierig seine Arbeit ist und wie viel Mühe er investiert, um ihren Anforderungen zu genügen. Mit diesem Manöver buhlt er um Anerkennung und Wertschätzung.

Wer sich der Vampirismusmuster des Charmeurs bedient, investiert Energie – macht Komplimente, würdigt die Leistung anderer, gibt nach, hilft, ist fair –, um Macht zu erlangen. Wenn er sich aber bei der Unterstützung anderer mächtig ins Zeug legt, doch wenig zurückbekommt, dann fühlt er sich betrogen und entwickelt Ressentiments. Wie jemand, der in eine glücklose Firma investiert, verliert der Charmeur sein energetisches Anfangskapital. An diesem Punkt zieht er sich entweder aus der Beziehung zurück, investiert noch mehr Energie in der Hoffnung, dass es sich in der Zukunft auszahlt, oder wechselt zu anderen Vampirismusmustern.

Die Herangehensweise des Charmeurs kann auf die Person, auf die er sie anwendet, belebend wirken, denn seine Aufmerksamkeiten und seine Schmeicheleien sind durchaus angenehm. Doch sein Wunsch nach Zustimmung ist ausgeprägt. Wenn Connies Nachfolgerin Robert nicht das zurückgibt, was er will, dann steht eine Strategieveränderung bevor. An seine Zuwendung sind Bedingungen geknüpft. Probleme entstehen dann, wenn die Unterstützung und Anerkennung, die er im Gegenzug erwartet, ausbleibt. Geben ist nicht sein eigentliches Ziel. Er wünscht sich sehr wohl ein Leben nach seinem Geschmack, sieht sich jedoch gezwungen, erst zu geben, weil er sich nicht mächtig, gebraucht oder wertgeschätzt genug fühlt. Solange er an seinen schwarzen Löchern festhält, werden an seinen Charme immer Bedingungen geknüpft sein.

Der Charmeur will, dass wir ihn mögen. Er erklärt sich zu Dingen bereit, die er eigentlich nicht tun möchte, in der Hoffnung, dass er im Gegenzug das bekommt, was er will. Wenn wir uns diesem »Kuhhandel« widersetzen, dann zieht er seine Zuneigung zurück. Der betrügerische Energie-Vampir ist eine verzweifeltere Steigerung des Charmeurs. Ködern und Umschalten gehört zu den Mustern des betrügerischen Energie-Vampirs. Wer sich dieser Mechanismen bedient, der findet immer Bedürftige, denen irgendwie zu helfen er verspricht. Das hört sich gut an, doch was wie Hilfe aussieht, hat mehr Ähnlichkeit mit einer Falle. Manche betrügerischen Energie-Vampire bieten älteren Menschen an, ihnen bei der Investition ihres Geldes zu helfen, und machen sich dann mit deren Ersparnissen aus dem Staub. Betrügerische Energie-Vampire blicken meist auf furchtbare und schmerzhafte Erinnerungen zurück, die sie in ihren zahlreichen schwarzen Löchern verwahren. Sie sind überzeugt, dass sie niemals das Leben führen werden, das sie sich wünschen. Sie sehnen sich aufrichtig nach Liebe, doch glauben sie nicht daran, dass Liebe möglich ist, also hungern sie stattdessen nach Macht.

Ein New Yorker Fotograf lernte durch gemeinsame Freunde auf einer Party eine junge Frau kennen. Sie führten ein gutes Gespräch miteinander, und er lud sie ein, ihn in seinem Atelier zu besuchen. Er bot ihr an, ein paar Bilder von ihr zu machen, die er vielleicht bei einigen seiner Aufträge würde unterbringen können. Er ließ sie wissen, dass er ihre Gesellschaft schätze und dass ihr die Bilder vielleicht helfen würden, in New York Fuß zu fassen. Sie fühlte sich geschmeichelt, dass er Aufnahmen von ihr machen wollte, und freute sich, Zeit mit ihm zu verbringen. Nachdem er ein paar erste Bilder gemacht hatte, forderte er sie auf, ihre Bluse auszuziehen. Als sie zögerte, sagte er: »Du bist doch ein Profi, oder?«

Der Fotograf hatte etwas zu bieten, was die junge Frau wollte – Zuwendung und Fotos –, doch waren damit Forderungen verbunden. Wäre sein Angebot aufrichtig gewesen, dann hätte die junge Frau sich nicht unter Druck gesetzt gefühlt. So jedoch sah sie sich gezwungen, seine Forderungen zu erfüllen. Das ist eine für den betrügerischen Energie-Vampir typische Verfahrensweise. Anfangs lässt sich kaum ein Unterschied zwischen dem Charmeur und dem betrügerischen Energie-Vampir erkennen, doch der Mangel an aufrichtigem Interesse an der jungen Frau deutet darauf hin, dass der Fotograf nach Macht sucht, um seine schwarzen Löcher zuzudecken.

In einer kürzlich durchgeführten Umfrage wurden junge Männer gefragt, ob sie es für zulässig hielten, einer Frau Liebe vorzuheucheln, um sie ins Bett zu locken. Fast achtzig Prozent waren der Meinung, diese Strategie sei in Ordnung. Die Ergebnisse der Untersuchung lassen darauf schließen, dass viele junge Männer bereit sind, in die Rolle des Charmeurs oder des betrügerischen Energie-Vampirs zu schlüpfen, um ans Ziel zu kommen.

Derjenige, der sich dieser Vampirismusmuster bedient, will etwas. Vielleicht verwechselt er sexuelle Gunstbezeigungen mit Macht. Er bezaubert uns. Wir schmälern unbewusst seine Angst davor, dass er nicht bekommen könnte, was er will. Er lässt sich auf die Rolle des Energie-Vampirs ein, um sich selbst zu beweisen, dass er fähig ist, für die Befriedigung seiner Wünsche zu sorgen. Doch egal, wie viel er bekommt, nie gelangt er zu der Überzeugung, dass er wirklich das erhält, was er so dringend will. Er sehnt sich nach dem Gefühl, Macht zu besitzen, ohne auf unsere Gunstbezeigungen angewiesen zu sein. Da dieses Gefühl sich nicht einstellt, verfolgt er weiter den einmal eingeschlagenen Weg.

Wenn unsere Kernangst in unserem eigenen schwarzen Loch uns weismacht, dass wir nicht liebenswert seien, dann ist es schwierig, dem Charmeur oder dem betrügerischen Energie-Vampir zu widerstehen. Er bietet die Liebe und Zuwendung an, nach der wir uns sehnen. Ein zu Missbrauch neigender Mann kann anfangs charmant sein und lockt Frauen an, die sich davor fürchten, allein zu sein und nicht geliebt zu werden. Seine Entschuldigungen und das Versprechen seiner Zuwendung erhalten diese Frauen im Tausch gegen panische Angst und körperliche Gewalt.

Als ich eines Tages an der Küstenstraße vor meinem Haus im Staat Oregon entlangging, begegnete mir eine Frau, die ein blaues Auge hatte. Ihr Gesicht war außerdem rot und geschwollen. Mit ihrem Töchterchen an der Hand, humpelte sie dahin. Ich bat sie, mir ihre Geschichte zu erzählen. Seit sechs Jahren lebte sie mit einem Mann zusammen, der sie regelmäßig schlug. Schließlich nahm sie ihre Tochter und verließ ihn – endgültig, wie sie meinte. Ein paar Tage später rief er an und beschuldigte sie, das Bargeld, das sie gemeinsam versteckt hatten, mitgenommen zu haben. Sie wies das entschieden von sich. Da verlangte er: »Komm her und zeig mir, wo das Geld ist.« Sie fuhr zu ihm, fand das Geld und gab es ihm. Dann verprügelte er sie ein letztes Mal.

Dieser Mann war kein Charmeur. Er spielte den betrügerischen Energie-Vampir. Er legte den Köder aus, indem er sie aufforderte, ihre Aufrichtigkeit unter Beweis zu stellen, und nutzte dann ihr schwarzes Loch, um an ihr seine Machtgier auszuleben. Sie war zurückgekommen, um ihre Vertrauenswürdigkeit zu beweisen, und er schlug sie, um sich stark zu fühlen und seine schwarzen Löcher zu verstecken.

Der Charmeur und der betrügerische Energie-Vampir bieten beide etwas im Tausch gegen die Erfüllung ihrer Wünsche an. Der Charmeur ist wahllos in seinem Bedürfnis nach Akzeptanz, Anerkennung und der Erfüllung seiner Vorstellungen. Solange der Handel ihn zufrieden stellt, ist er charmant. Der betrügerische Energie-Vampir hat das überwältigende Bedürfnis, Macht über einen anderen Menschen zu erlangen. Er gibt sich mit nichts weniger zufrieden als jener Macht, die die Erfüllung all seiner Wünsche garantiert. Der betrügerische Energie-Vampir kann den Schmerz leugnen, den er anderen Menschen beibringt, weil für ihn nichts wichtiger ist, als seine eigenen schwarzen Löcher unter Kontrolle zu halten.

Der Schauspieler oder der komödiantische Energie-Vampir

Wer sich als Schauspieler oder komödiantischer Energie-Vampir betätigt, lebt von der Aufregung des Siegens und der belebenden Wirkung der Anerkennung. Die Vorstellung zu versagen ist für ihn grauenerregend. Er fürchtet, dass er nur um seines Charmes, Images, Erfolgs und Geistes, mithin um seiner Selbstdarstellung willen geliebt wird. Der Schauspieler wird angetrieben von seinem Bedürfnis, sich als fähig, einfallsreich und liebenswert zu erweisen – fähig zu Erfolg und Sieg, einfallsreich genug, um ein Leben voller Aufregung und Vergnügen zu führen. Tatsächlich sehnt er sich danach, als der Mensch, der er ist, angenommen und geliebt zu werden, selbst wenn er versagt, doch da er nicht glaubt, gut genug und liebenswert zu sein, darf er niemals versagen. Daher ist jemand, der sich auf die Vampirismusmuster des Schauspielers verlässt, darauf angewiesen, um jeden Preis ein erfolgreiches, aufregendes Leben zu führen. Er setzt sein Schauspieltalent ein, um das Bild eines erfolgreichen Siegertypen zu erschaffen, den wir mit Zuwendung überschütten. Er arbeitet daran, sein

Äußeres mit seinem idealisierten Selbstbild in Übereinstimmung zu bringen. Unsere Aufmerksamkeit, Bewunderung und Anerkennung gewinnt er, indem er in allem brilliert, was immer er auch tut. Eine dem schauspielernden Energie-Vampir untergeordnete Kategorie ist der komödiantische Energie-Vampir. Er ist zum Komödianten geradezu geboren und setzt Humor ein, um uns zu unterhalten und uns zugleich unsere Energie zu stehlen.

An seinem Arbeitsplatz bekam Charlie die Vorgehensweise des Schauspielers zu spüren und berichtete später seiner Frau davon. »Wir hatten heute eine Sitzung, in der wir über das Marketingprogramm sprechen wollten. Ich ging davon aus, dass ich den Bericht präsentieren würde, da ich ja auch den größten Teil der Arbeit damit gehabt hatte. Ich hatte mir vorgestellt, den Bericht zu verteilen und dann darüber zu sprechen, doch mein Chef hatte den Bericht bereits und erklärte, dass Farah ihm alles dazu gesagt hätte. Dann begann mein Chef, Farah Fragen zu stellen. Farah erklärte nun also *meine* Ideen, und ich saß dabei und konnte nichts tun! Ich kann es einfach nicht fassen. Sie hat nicht eine einzige eigene Idee zu dem Projekt beigetragen.«

»Aber sie schenkte doch damit deinen guten Ideen Anerkennung«, bemerkte Charlies Frau.

»Ich bin so wütend auf Farah. Am liebsten würde ich ihr den Hals umdrehen.«

»Es gibt viele Menschen, die so sind wie Farah. Du darfst dich nicht so aufregen«, riet ihm seine Frau.

»Ich saß nur dabei und kam mir klein und hässlich vor«, sagte Charlie. »Als die Konferenz vorüber war, verließ mein Chef den Raum an Farahs Seite. Ich weiß nicht, was ich tun soll.«

Charlie hatte sich sein eigenes schwarzes Loch fallen lassen, als Farah das Lob für die Arbeit einstrich, die er geleistet und für die er sich die entsprechende Anerkennung erhofft hatte. Charlie unterstützte den positiven Eindruck, den Farah machte, indem er schwieg. Und er wird sich wieder von seinen schwarzen Löchern blockieren lassen, wenn Farah die Beförderung erhält, die er sich für sich erhofft hatte.

Gut möglich, dass wir dem schauspielernden Energie-Vampir gern bei der Arbeit zusehen, solange er nicht unsere eigenen Leistungen überstrahlt. Schauspieler können gesellig, lustig, eigenwillig und gebildet sein. Möglicherweise übertreiben sie gern, um besser dazustehen – behaupten, aus einer reichen Familie zu stammen, schwindeln im Hinblick auf ihre Abschlüsse oder erfinden hohe Positionen, die sie nie innehatten. Anfangs beeindrucken uns diese Behauptungen vermutlich. Unsere Beeindruckbarkeit hilft schauspielernden Energie-Vampiren, sich lebendig zu fühlen.

Dann wieder gibt es Schauspieler, die absichtlich Dinge tun, um andere zu quälen. Sie veralbern Kollegen, fallen ihnen auf die Nerven, rülpsen, schmatzen und furzen, geben mit ihren sexuellen Eskapaden an und, im Extremfall, mit kriminellen Machenschaften, nur um Eindruck zu schinden.

Doch nicht jeder, der Aufmerksamkeit auf sich zieht, muss ein schauspielernder Energie-Vampir sein. Viele berühmte Schauspieler investieren großzügig ihre Zeit, ohne Schmeicheleien dafür zu fordern. Andere aber sind süchtig nach Fanfarenstößen. Ihr Energiebedürfnis treibt sie an, noch klüger, berühmter, talentierter, glamouröser, erfahrener oder dreister zu sein als alle andern.

Dem Schauspieler untergeordnet ist, wie bereits gesagt, der komödiantische Energie-Vampir. Wer diese Rolle übernimmt, erzeugt Energie, indem er Witze auf Kosten eines abwesenden Dritten landet. Lachen tut gut. Sowohl der komödiantische Energie-Vampir als auch sein Publikum fühlen sich durch diesen Austausch belebt, der eine abwesende dritte Person oder eine entsprechende Gruppe zur Zielscheibe macht.

Wie bei einem Duell löst ein Witz den nächsten ab. Wir wollen reagieren, indem wir einen ebenso lustigen Witz zum Besten geben und uns damit unsere im ersten Durchgang investierte Energie zurückholen – ein typisches Vampirspiel.

Solche Geplänkel sind ein fester Bestandteil der westlichen Kultur. Witzbolde dieses Strickmusters sind in hierarchiedominierten Organisationen weit verbreitet. Im englischen Parlament zum Beispiel sind witzige knappe Wortgefechte gang und gäbe und entscheiden darüber, wer sich Gehör verschafft und wer nicht. Sie dienen der Festlegung einer Hackordnung unter Kollegen und Freunden. Ich habe dieses Spiel von meinen männlichen Kollegen in den Stadtwerken gelernt.

Auf den Austausch von Witzen wird gelegentlich zurückgegriffen, um Freundschaften zu festigen. Der eine Freund akzeptiert gutmütig, dass sich der andere über ihn lustig macht, und gibt mit dem aufgebrachten Vertrauen ein wenig von seiner Energie ab. Der andere Freund revanchiert sich entsprechend. Der komödiantische Energie-Vampir scheint unter Männern weiter verbreitet zu sein als unter Frauen. Männer teilen sich mit diesem Schlagabtausch gegenseitig mit, dass es ihnen gut geht und sie den jeweils anderen in Ordnung finden. Bei zwei Männern, die sich gegenseitig begrüßen, sagt der eine vielleicht: »Hallo, altes Haus, was hast du denn so angestellt?« Und der andere reagiert etwa mit: »Nicht viel, du Pappnase.« Diese verbalen Püffe sind nicht bösartig gemeint. Sie erfüllen die Funktion, eine Verbindung zwischen den beiden Männern herzustellen. Der Grat zwischen freundschaftlichem Geplänkel und dem Muster des komödiantischen Vampirismus ist jedoch nur äußerst schmal.

Es gibt viele andere Formen von Humor, und nicht jeder Witzbold ist ein Energie-Vampir. Der frühere US-Senator Mo Udall nutzte den Humor, um Prozesse in Gang zu bringen und Überleitungen herzustellen. Er setzte Humor auf seine eigenen Kosten ein, Selbstironie also, die andere dazu ermutigte, über ihn zu lachen. Außerdem half er uns, gemeinsam über uns selbst zu lachen. Der komödiantische Energie-Vampir hingegen setzt Humor grundsätzlich nur für seinen eigenen Energiegewinn und auf Kosten anderer ein. Blondinen-, Manta- und Ostfriesenwitze sind Beispiele für einen Humor, der wehrlose Abwesende zur Zielscheibe macht.

Als Frau in einem männlich dominierten Industriezweig waren diese Witze für mich eine Herausforderung, und ich erlitt jedes Mal einen Energieverlust, wenn jemand die Gelegenheit ergriff, um einen Witz auf meine Kosten zu reißen. Doch wie die folgenden Beispiele zeigen, lernte ich es, mich zu behaupten:

»Ich wollte Ihr Nickerchen nicht unterbrechen.« – »Dann haben Sie also nichts dagegen, dass ich schlafe.«

»Hat Ihnen heute Morgen Ihre Mutter die Klamotten rausgelegt?« – »Das nicht, aber mir gefällt jedenfalls, was Ihre Frau für Sie ausgesucht hat.«

»Wann kommen Sie mich denn mal in meinem Hotelzimmer besuchen?« – »Es ist mir schleierhaft, warum Sie immer noch hoffen. Schließlich hat sich seit dem letzten Mal nicht wirklich etwas geändert.«

Jedes dieser Geplänkel macht den Versuch deutlich, den energetischen Punktestand auszugleichen. Jegliche Reaktion wird in der Regel als Ermutigung gewertet, das begonnene Vampirspiel fortzusetzen. Solche Wortgefechte sollen dafür sorgen, dass wir geistig präsent bleiben, doch sie tun dies nicht auf angenehme Weise. Es besteht immer die Möglichkeit, dass uns keine gute bissige Erwiderung einfällt. Spaß macht dieses Spiel vor allem denjenigen, die gut darin sind. Sie schreiben sich mit Bemerkungen wie »Eins zu null für mich« ihre Punkte selbst gut und achten genau darauf, energetisch besser wegzukommen als der andere.

Der Distanzierte oder der gleichgültige Energie-Vampir

Wer sich dieser Vampirismusmethoden bedient, interessiert sich nicht für andere Kontroll- oder Manipulationsstrategien des Energie-Vampirismus. Der Distanzierte zieht sich zurück und bringt andere dazu, zu ihm zu kommen. Er fürchtet sich davor, von anderen dominiert zu werden. Er meint, nicht in die Gruppe zu passen, und fürchtet, ein bisschen verrückt zu sein. Indem er sich distanziert, entgeht er der Kontrolle durch andere und kann dennoch deren Aufmerksamkeit auf sich ziehen.

Mike schaffte am Freitag bei der Arbeit eine Krise aus der Welt, spielte am Abend in einem Fußballspiel, das in eine Balgerei ausartet, und kam entsprechend erschöpft nach Hause. Am Sonntag hatte er Muskelkater und war schlecht gelaunt. Seine Frau Pam hatte gehofft, er würde den tropfenden Wasserhahn in der Küche reparieren und eine Wanderung mit ihr machen; es war ein wunderschönes Herbstwochenende. Pam sah ein, dass Mike Zeit brauchte, um sich zu entspannen und zu erholen. Also ignorierte sie seine Übellaunigkeit und sagte auch nichts, als er sich vor dem Fernseher in den Sessel lümmelte. Sie versuchte mit ihm über seine Woche zu reden und bat ihn, ihr mit dem tropfenden Hahn zu helfen. Sie erwähnte die gemeinsame Wanderung. Mike versprach, später zu helfen, und achtete dann nicht mehr groß auf sie. Sie versuchte, seine Aufmerksamkeit zu erringen, indem sie ihm Popcorn und später dann sein Mittagessen ins Wohnzimmer brachte. Am späten Sonntagnachmittag war Mike endlich zufrieden, Pam aber war am Ende.

Am Montagmorgen fühlte Mike sich erfrischt und bereit, sich einer neuen Arbeitswoche zu stellen. Pam war übellaunig und müde und auf ihre Arbeit schlecht vorbereitet. Mike erkannte nicht, dass er Pam geschwächt hatte. Pam durchschaute erst später, dass sie Angst vor Zurückweisungen hatte. Wenn er sich distanzierte, empfand sie das als Zurückweisung und tat alles, um gegenzusteuern. Mike hatte nicht vorgehabt, seine Laune an Pam auszulassen, doch er hatte sich auch nicht dagegen gewehrt, vor dem Fernseher bedient zu werden.

Wer sich distanziert, tut vielleicht so, als brauche er nichts und niemanden. Vielleicht zieht er sich zurück, um sich zu beobachten und abzulösen. Er gibt sich mit minimalen Anforderungen zufrieden, damit er niemanden um etwas bitten muss. Er kontrolliert uns, indem er nicht für uns da ist, sich unkooperativ und unzugänglich gibt. Möglicherweise versuchen wir zu irgendetwas seine Meinung zu hören und sind dann frustriert, weil er keinen Anteil nimmt und nichts beitragen will.

Familienmitglieder versuchen für gewöhnlich, die Distanz suchende Person zu verändern, zu verbessern und allgemein zu manipulieren. Das bedeutet, dass diese Energie in Form der Aufmerksamkeit von wohlmeinenden Mitmenschen erhält. Wenn man aber dem Distanzierten zu viel Interesse entgegenbringt, dann veranlasst man ihn sogar, sich noch weiter zurückzuziehen.

Wer den Distanzierten spielt, denkt, dass er mehr über das Leben wisse als andere Leute, und ist sich zugleich unsicher darüber, was er eigentlich selbst vom Leben will. Er sagt sich, dass es ihm egal sei, was andere denken, und doch fühlt er sich einsam. Er meint, über anderen zu stehen, und fürchtet zugleich, dass er anders ist als alle anderen. Was er will, bekommt er, indem er andere mit seiner Distanz und Gleichgültigkeit fesselt. Vielleicht ist er sogar davon überzeugt, dass ihm ihre Aufmerksamkeit zuwider ist, doch kaum zieht er sich zurück, lockt er sie automatisch an.

James Redfield bezeichnet diesen Persönlichkeitstyp als unnahbar. Wer sich dieses auf Unnahbarkeit basierende Kontrolldrama zu Eigen gemacht hat, schreibt Redfield, der umgibt sich mit einer Aura vager Rätselhaftigkeit und zwingt uns, Energie zu investieren, um an Informationen heranzukommen, die normalerweise leicht und ohne großen Krafteinsatz zugänglich sein sollten. Es ist eine Manipulationsart, die uns zugleich anzieht und auf Distanz hält.

Viele Teenager durchlaufen eine Phase, in der sie sich distanzieren. Sie sind mit ihrer Identitätsfindung beschäftigt und schützen sich mit Desinteresse vor ihren Eltern, die sich noch nicht an die gewachsene Unabhängigkeit ihrer Kinder gewöhnt haben. Sobald die Eltern jedoch aufhören, das Verhalten ihres Kindes im Teenageralter kontrollieren und verbessern zu wollen, hat die Distanz für gewöhnlich ein Ende. Manche Menschen entwickeln ein schwarzes Loch der Angst aus dem, was in ihren Familien für »verrückt« gehalten wird. Sie bedienen sich dieser energetischen Strategie, um sich einer manipulativen Situation zu entziehen.

Die energetischen Strategien des distanzierten oder gleichgültigen Energie-Vampirs vertuschen drei grundlegende Ängste: die Angst davor, anders, nicht liebesfähig oder verrückt zu sein. Solange jemand versucht, einen Kontakt zu der betreffenden Person herzustellen, kann diese sich vor ihren Ängsten schützen. Wer sich dieser Methoden bedient, der saugt Energie aus denjenigen, in deren Natur es liegt, auf andere zuzugehen. Dass andere sich für den Distanzierten interessieren, gibt ihm ein Gefühl von Sicherheit, und er fühlt sich besser.

Energie-Vampire wie wir

Wir sind sicherlich versucht, mit dem Finger auf andere zu deuten und sie als Energie-Vampire abzustempeln. Menschen neigen nun einmal zu Schubladendenken. Wenn zum Beispiel zwei Personen eine wortgewaltige Auseinandersetzung haben, dann könnten sie einander als Einschüchterer oder selbstgerechte Energie-Vampire beschimpfen. Ich habe mir diese Kategorien einfallen lassen, um bestimmte Muster menschlicher Interaktion aufzuzeigen und nicht um Schubladendenken zu fördern. Andere Menschen abzustempeln errichtet nur unnötig Barrieren und führt letztlich zu einem Verlust an gegenseitigem Verständnis und von Energie.

Stattdessen könnten Sie sich fragen, ob einige der genannten Kategorien vielleicht auf Sie zutreffen. Im Prinzip kann jeder auf alle Vampirismusmuster zurückgreifen, doch hat natürlich jeder Mensch seine Vorlieben. Zum Glück haben wir mehr Einfluss auf unser eigenes Verhalten als auf das anderer. Doch es ist schwierig, die Muster an sich selbst zu entdecken, und daher kann es nützlich sein, sie zuerst bei anderen festzustellen, um dann sorgsam sich selbst zu überprüfen. Es ist mir leichter gefallen, die Vampirismusmuster an meinen

Kindern, meinem Vater, meinem Chef und meinem Partner zu erkennen als an mir selbst. Ich wollte mich auch gar nicht so gern mit ihnen beschäftigen, denn dann hätte ich ja bei mir ein schwarzes Loch aktivieren können. Sobald dies jedoch erst einmal geschehen ist, haben wir grundsätzlich die Wahl, die Existenz des schwarzen Lochs anzuerkennen und es zu erforschen – oder aber es weiterhin mit Vampirismusmustern zu überdecken und seinem Griff zu entkommen, indem wir auch weiter Energie von anderen stehlen. Welche Entscheidung wir auch treffen, sie hat Konsequenzen.

Um unsere kreative Energie nutzbar zu machen, müssen wir die schwarzen Löcher erforschen und auflösen – doch dieser Weg scheint den meisten Menschen weniger zu liegen. Wahrscheinlicher ist es, dass wir auf ein unbewusstes, aber dafür umso vertrauteres Vampirismusmuster zurückgreifen. So können wir halbwegs sicher sein, dass andere auf die gewohnte Weise reagieren. Weil uns die Muster so vertraut sind, wird uns die Wahl, die wir treffen, normalerweise nicht einmal bewusst. Ähnlich ist es vermutlich, wenn man während des Heranwachsens nie genug zu essen hat; irgendwann fängt man an, Hungergefühle für normal zu halten. Die meisten Menschen ziehen es vor, die Energie anderer zu stehlen, statt die eigenen schwarzen Löcher zu erforschen. Doch zugleich wünschen wir uns, dass die anderen gefälligst ihre schwarzen Löcher erforschen und aufhören sollen, uns unsere Energie abzuziehen.

Im Allgemeinen versucht jeder, mit seinen schwarzen Löchern so gut wie eben möglich zurechtzukommen. In der Mehrheit sind wir uns dessen nicht bewusst, dass unsere verborgenen Annahmen, Erwartungen, Überzeugungen und Gefühle bei anderen die Reaktionen auslösen, die wir in unserem Energiefeld spüren. Unsere schwarzen Löcher laden Energie-Vampire geradezu ein. Auf Personen, die nicht ganz so viele Ängste und falsche Überzeugungen in schwarzen Löchern verborgen haben, reagieren Energie-Vampire ganz anders.

Wir selbst haben schwarze Löcher und sind umgeben von Menschen, die gleichfalls schwarze Löcher haben. Um uns selbst zu schützen, geben wir anderen die Schuld, gehen zum Gegenangriff über, verteidigen unsere Reaktionen oder lenken uns ab, um unsere schwarzen Löcher nur ja nicht wahrnehmen zu müssen. Leider kann uns keine dieser Schutzmaßnahmen vor dem Energieverlust bewahren. Sie lenken uns lediglich von unseren schwarzen Löchern ab. Niemand hat es gern, wenn ein Energie-Vampir die eigenen schwarzen Löcher aktiviert, also verteidigen wir uns eben mit den Maßnahmen, die wir kennen.

Als Menschen sind wir immer verletzbar. Wir verfügen über eine ganze Bandbreite verletzbarer Gefühle, die zum Vorschein kommen, sobald wir uns bedroht sehen. Verletzbar fühlen wir uns insbesondere dann, wenn wir andere an unseren tiefsten Gefühlen teilhaben lassen. Verletzlichkeit für sich genommen ist kein so schreckliches Gefühl, dass man ihm um jeden Preis aus dem Weg gehen müsste, auch wenn es sich mitunter so anfühlt. Vielmehr ist Verletzlichkeit eine kostbare und wertvolle Qualität, die uns anderen Menschen näher bringt. Denken Sie daran, wie sehr wir uns von kleinen Kindern angezogen fühlen. Die von ihnen ausgehende Energie kommt uns verletzlich und offen vor. Kinder errichten keine Barrieren zu ihrer Verteidigung, kennen keine Süchte und keine Lügen. Sie kennen nur die Wahrheit ihres augenblicklichen Soseins: hungrig, bekümmert, glücklich, zufrieden. Kleine Kinder verstecken ihre Wünsche und Gefühle nicht.

Bei uns hingegen nehmen die Strategien des Energie-Vampirismus und unsere Verletzlichkeit zu. Kinder, die

Vorsicht, Misstrauen und Skepsis noch nicht entwickelt haben, sind besonders anfällig für die Strategien der Energie-Vampire. Wir hingegen haben in früheren Phasen unseres Lebens bereits gelernt, unsere Verletzlichkeit vor den Energie-Vampiren, denen wir im Alltag begegnen, zu schützen.

Verletzlichkeiten schreien förmlich nach Bestätigung und Verständnis. Wenn wir stattdessen aber auf Energie-Vampirismus stoßen, dann verstecken wir unsere verletzlichen Gefühle und Wünsche lieber. Wir versenken unsere Verletzlichkeiten in unseren schwarzen Löchern. Unser Ziel ist es, uns zu schützen, doch indem wir verstecken, was uns verletzlich und menschlich macht, schmälern wir unsere Kreativität und verhindern Bindung zu anderen Menschen.

Als Kinder wussten wir noch nicht, welchen Stellenwert unsere verletzlichen Erfahrungen im Gesamtzusammenhang unseres Lebens haben. Der Beobachter in uns, der seine kleine Stimme manchmal in stillen Augenblicken erhebt, vermag unsere Verletzlichkeiten und unsere Stärken zugleich anzuerkennen. Statt uns selbst mit Vampirismusmustern zu schützen, sollten wir uns lieber auf die Energie unseres vollständigen Seins verlassen. Unser innerer Beobachter weiß, dass wir verletzlich und zugleich stark sind, dass wir uns gleichzeitig ängstlich und mutig, bedroht und listig fühlen können. Indem wir den Beobachter in uns stärken, können wir andere aus einem Gefühl der Stärke und des Einfallsreichtums heraus an unseren Verletzlichkeiten teilhaben lassen.

Wir nehmen Vampirismusmuster in Anspruch, um uns zu verteidigen und die Energie zu erlangen, die mit der Erfüllung von Wünschen einhergeht. Unsere Wünsche werden beeinflusst durch unseren Energiezustand. In einem ausgeglichenen und ausgewogenen Energiezustand haben wir nur wenige persönliche Wünsche. Vielleicht möchten wir jemandem dienen oder einen Beitrag zu etwas leisten. Dieser Zustand der Freude ist unser natürlicher Energiezustand. Unbeeinflusst durch schwarze Löcher empfinden wir uns als liebenswert, fähig, einfallsreich und kraftvoll. Wir werden geliebt und lieben selbst. Das Leben befindet sich in einem angenehmen Fluss.

Die meisten von uns befinden sich jedoch in einem Energiezustand, der eine Mischung aus diesem natürlichen, ausgeglichenen, von Liebe erfüllten Energiezustand und dem Einfluss von schwarzen Löchern ist. Unsere Energie wird beeinträchtigt, wenn wir unsere emotionalen Erinnerungen verstecken. In unserem alltäglichen Energiezustand wünschen wir uns viele Dinge: mehr Geld, mehr Zeit für uns, einen besseren Job, andere Freunde. Wir wollen, dass andere unser Leben angenehmer machen. In diesem Zustand sind wir anfällig für Energie-Vampirismus.

Wer seine schwarzen Löcher leugnet, wird stärker von seinen verdrängten Emotionen und Überzeugungen beeinflusst als Menschen, die die Existenz ihrer schwarzen Löcher anerkennen und spüren, wenn sich eines von ihnen auf sie auswirkt. Wer seine schwarzen Löcher akzeptiert und geöffnet hat, der verfügt über größere energetische Ausgewogenheit. Dieser Mensch wird weniger leicht auf Energie-Vampirismus hereinfallen, weil der Inhalt seiner schwarzen Löcher nur selten aktiviert wird. Wenn es Energie-Vampiren nicht gelingt, die schwarzen Löcher bei ihren Opfern zu aktivieren, dann kommt es nicht zu Energie-Vampirismus. Wer seine kreative Energie ins Gleichgewicht gebracht und nutzbar gemacht hat, der ist vor Energie-Vampirismus sicher.

Viertes Kapitel

Wie erkennt man schwarze Löcher?

Kathy war die Leiterin der Abteilung für Neukunden in einer Bank. Als ihr Chef Ed mit ihr über die Leistungssteigerung ihrer Abteilung sprechen wollte, wies Kathy seine Ideen zurück und ärgerte sich über seine Einmischung. Sie empfand ihn als herrschsüchtig und machte sich nicht die Mühe, seine Vorschläge zu durchdenken. Sie fühlte sich vorgeführt und allein gelassen. Ed andererseits fühlte sich nicht wohl mit Kathy, auch wenn er ihre Leistungen zu schätzen wusste. Sie war fleißig, doch ihre Einstellung zu Ed stand ihr im Wege. Als Ed zum Zweigstellenleiter befördert wurde, bewarb sich Kathy um seinen alten Job. Sie arbeitete länger in dieser Filiale der Bank als irgendjemand sonst und kannte sich im Bankwesen aus. Mehrere andere Kollegen aus der gleichen Zweigstelle bewarben sich ebenfalls um den Posten. Ein Gremium, zu dem auch Ed gehörte, führte mit allen Bewerbern Vorstellungsgespräche. Schließlich wurde Skip, der erst seit ein paar Monaten in der Zweigstelle war, zu Kathys neuem Vorgesetzten bestimmt. Kathy rief ihren Mann an und teilte ihm mit, dass sie über eine Kündigung nachdenke. Ihr Mann riet ihr, zuerst einmal mit mir zu sprechen.

Sie fühlte sich zurückgestoßen und unfähig, und während wir noch darüber sprachen, fiel ihr ein, dass sie sich als junges Mädchen von ihrer Mutter kontrolliert gefühlt hatte. Sie untersuchte die Gefühle, die sie als Teenager gehabt hatte, sowie ihre für sich getroffenen Entscheidungen. Kathy hatte gelernt, dass sie den Versuchen anderer, sie kontrollieren zu wollen, einen Riegel vorschieben musste, wenn sie ihre eigenen Vorstellungen durchsetzen wollte. Sie spürte noch einmal, wie machtlos und wie wütend sie sich als junge Frau gefühlt hatte. Ihr Magen krampfte sich zusammen, und ihr war ein wenig schlecht, als sie dieses schwarze Loch näher untersuchte. Kathy erkannte, dass sie auf Ed mit derselben emotionalen Intensität reagiert hatte wie auf ihre Mutter und dass ihr Groll und ihre Verweigerungshaltung sich auf ihre Beziehung zu Ed ausgewirkt hatten. Sie übernahm die Verantwortung für ihre Urteile und Handlungen, und das half ihr zu durchschauen, welchen Einfluss sie selbst auf Eds Entscheidung gehabt hatte.

Reaktionen, die von unseren schwarzen Löchern herrühren, sehen aus wie normale Lebensmuster, und deshalb erkennen wir sie nicht. Ihre Aufgabe ist es, das zu verbergen, was wir nicht durchleben wollen. Schwarze Löcher sind so heimlich am Werk, dass wir uns ihrer oft nicht bewusst werden, bis ein schwerer Unfall, eine Krankheit oder der Verlust einer wichtigen Beziehung unsere Aufmerksamkeit auf die verborgenen Ängste und den Schmerz in unserem Leben lenkt.

Wir alle haben starke Emotionen, die wir lieber unter Verschluss halten. Es ist nur natürlich, dass wir uns vor Verletzungen schützen wollen. Doch wenn wir unsere schwarzen Löcher finden, untersuchen und schließen, dann müssen wir uns nicht länger auf den Energie-Vampirismus verlassen und uns auch nicht mehr verstellen. Wenn Sie meinen, dass Sie schwarze Löcher haben und darin starke Emotionen, die Sie aufdecken möchten, dann kann Ihnen geholfen werden.

Bevor Sie sich auf die Suche nach Ihren schwarzen Löchern machen, denken Sie darüber nach, wie Sie damit umgehen wollen, wenn eines von ihnen aktiviert wird, damit es Sie nicht aus der Bahn wirft. Ihr Plan könnte zum Beispiel einfach darin bestehen, Ihre Erfahrungen aufzuschreiben und über sie nachzudenken. Möglicherweise wollen Sie Freunde um Unterstützung bitten (siehe hierzu das folgende Kapitel). Sobald Sie sich überlegt haben, wie Sie mit der Erfahrung umgehen wollen, können Sie sich auf die Suche nach Ihren schwarzen Löchern machen. Leichter fällt Ihnen diese Aufgabe, wenn Sie bereits wissen, wonach Sie suchen. Es gibt vier Hinweise, die Ihnen helfen, ein schwarzes Loch zu erkennen: emotionale Intensität, negative Kritik, körperliche Symptome und spirituelle Isolation.

Kathy wies Eds Vorschläge zurück (emotionale Intensität). Sie verurteilte Ed als herrschsüchtig (negative Kritik). Ihr Magen schmerzte, während sie sich mit Eds Vorschlägen auseinander setzte (körperliche Symptome), und sie fühlte sich in ihrem Widerstand allein gelassen (spirituelle Isolation). Auf manche schwarze Löcher deuten nur ein oder zwei Hinweise hin; bei anderen sind es drei. Bei Kathy waren es gleich alle vier.

Emotionale Intensität als Hinweis auf schwarze Löcher

Auf ein schwarzes Loch sind Sie dann gestoßen, wenn Sie auf eine Situation mit größerer emotionaler Intensität reagieren als erforderlich. Hier einige gängige Beispiele, die über schwarze Löcher Aufschluss geben: über kleine Dinge wütend oder ärgerlich zu werden; in harmlosen zwischenmenschlichen Situationen in Panik zu geraten; verletzt zu sein, wenn Freunde sich ohne Sie verabreden; sich entsetzlich fühlen, weil man einen kleinen Fehler gemacht hat. Depression kann ein Hinweis auf das Vorhandensein mehrerer schwarzer Löcher sein. Anhand der eigenen Reaktionen lässt sich die Existenz von schwarzen Löchern am besten feststellen. Falls Ihre Reaktion erheblich aus Ihrem normalen Gefühlsspektrum ausbricht, dann lässt sie sich mit großer Wahrscheinlichkeit bis zu einem schwarzen Loch zurückverfolgen.

Denken Sie an Ihren normalen Gefühlszustand, etwa wenn Sie sich mit Freunden unterhalten, bei der Arbeit sind, Lebensmittel einkaufen – eben wenn Sie Ihren normalen Alltag absolvieren. Die Erfahrung dieser Aktivitäten stellt Ihre normale emotionale Grundlinie dar. Alles, was diese Grundlinie verlässt, ist ein Hinweis auf ein schwarzes Loch. Intensive Gefühle sind unter anderem Feindschaft, Trauer, Entsetzen, Wut, Demütigung, Scham und Schuld. Schuld hängt zusammen mit etwas, das Sie getan oder nicht getan haben. Scham hingegen empfinden Sie im Hinblick auf Ihre Person.

Unverhältnismäßige Aufregung vor einer Verabredung könnte ein Hinweis auf ein schwarzes Loch sein. Gleiches gilt für Gefühle der Hoffnungslosigkeit, Hilflosigkeit und Wertlosigkeit. Der Schlüssel ist die Intensität Ihrer Reaktion verglichen mit der Bedeutung des Auslösers. Wenn ich Sie frage, wie es Ihnen geht, und Sie brechen in Tränen aus, dann steht Ihre Reaktion nicht im normalen Verhältnis zum Auslöser – nämlich zu meiner Frage nach Ihrem Befinden. Wenn Sie Vorschläge machen, wie ich meinen Stil beim Skifahren verbessern könnte, und ich mich frage, ob ich das Skifahren jemals richtig lernen werde, dann ist meine Reaktion größer, als Ihre Bemerkungen es rechtfertigen. Derartige intensive emotionale Reaktionen lassen auf das Vorhandensein eines schwarzen Lochs schließen. Ein schwarzes Loch wird offensichtlich, wenn etwas in uns in Aufregung gerät und im Begriff ist, hochzugehen wie ein Dampfkochtopf. Bei meiner Mutter explodierte einmal ein überhitzter Dampfkochtopf; dabei verteilte sich das Kartoffelpüree in der gesamten Küche. Dieser Vorfall war ein Spiegelbild ihrer Gefühle an jenem Tag.

Stellen Sie fest, wo ihre emotionale Grundlinie verläuft, und achten Sie auf Ihre Reaktionen. Eine emotionale Spitze kann Ihnen helfen, schwarze Löcher zu lokalisieren. Nachfolgend eine Geschichte über eine emotional intensive Reaktion, die auf ein schwarzes Loch hinweist.

―――― ••••• ――――

Im Verlauf eines Workshops hatte Dave mit Debras Hilfe eben eines seiner schwarzen Löcher geschlossen. Sie teilte ihm mit, was sie anhand der Situation gelernt hatte. Ich fragte ihn, ob er ein wenig Zeit benötigte, um die Erfahrung zu verinnerlichen. Er nahm meinen Vorschlag dankbar an. Als Debra plötzlich verstummte, wollte ich wissen, was los sei.

»Sie haben bei mir gerade ein schwarzes Loch aktiviert«, erklärte sie. »Als Sie Dave fragten, ob er Zeit brauche, löste das bei mir eine viel zu große Reaktion aus. Ich fühlte mich wie geohrfeigt. Meine Reaktion stand in keinem vernünftigen Verhältnis zu dem, was Sie gesagt haben, folglich muss da ein schwarzes Loch sein.«

Ich wollte wissen, ob sie sich an eine Zeit in ihrer Kindheit erinnerte, als sie sich so gefühlt hatte. »Ich habe das Gefühl, es niemandem recht machen zu können«, antwortete sie. »Trotz der jahrelangen Ausbildung weiß ich noch immer nicht, wann ich den Mund halten soll. Ich plappere und plappere und weiß nicht, wann Schluss sein muss. Bei meinem Vater habe ich mich ähnlich gefühlt. Ich konnte ihn nie zufrieden stellen. Er hatte an allem, was ich tat, etwas auszusetzen.«

Hatte sie ein Bild oder eine Szene im Kopf, in dem oder in der sie ihn mit ihr sprechen sah? »Nicht wirklich. Die einzige Szene, die ich sehen kann, ist am Strand, und da spricht er nicht mit mir. Er stößt mich nur weg.«

Dave fragte, wie alt sie damals war und was genau sich ereignet hatte. »Ich war damals eine lebhafte, gesprächige Vierjährige. Mein Vater liest in der Zeitung. Ich singe und versuche, ihn dazu zu bringen, mit mir zu spielen. Er schiebt mich fort und sagt: ›Sei still. Du redest zu viel.‹«

Wie hat sie sich in diesem Augenblick gefühlt? »Ich war fassungslos. So war er noch nie zu mir gewesen. Ich musste irgendetwas falsch gemacht haben. Ich redete zu viel. Ich war lästig.«

Ob sie sich so gefühlt habe, als ich Dave fragte, ob er Zeit zum Nachdenken brauche? »Ich habe zu viel geredet. Ich hätte merken sollen, dass Dave Zeit für sich braucht.«

Dave wollte wissen, inwieweit sich die Erfahrung am Strand von der heutigen unterscheide. »Mein Vater ist längst gestorben, aber ich fühle mich noch immer verletzt.«

Ob sie ihren Schmerz lokalisieren könne? »Meine Brust schmerzt«, antwortete Debra und legte eine Hand auf ihr Herz. Wir ermutigten sie, in ihr Herz zu atmen, und saßen bei ihr, während sie es tat. Dave und ich stellten noch ein paar Fragen, um ihr bei der Erforschung ihres schwarzen Lochs zu helfen. Wir akzeptierten ihre Erfahrung und blieben bei ihr, bis sie sich besser fühlte.

Wenn Debra die emotionale Intensität ihrer Reaktion nicht aufgefallen wäre, hätte sie ihr schwarzes Loch vermutlich nicht erkannt. Ihre intensive Emotion führte sie zu dem versteckten Schmerz. Indem sie ihr schwarzes Loch erforschte, konnte sie es endlich schließen.

────── ••••• ──────

Negative Kritik als Hinweis auf schwarze Löcher

Kritisieren ist ein mentaler Prozess. Wenn Sie merken, dass Sie Kritik üben, dann kann das für Sie ein Hinweis auf ein schwarzes Loch sein und wichtige Einsichten auslösen. Es ist leicht zu glauben, dass man selbst Recht hat, während man andere im Unrecht sieht. Anderen die Schuld zu geben, sie zu verurteilen, abzustempeln, zu übergehen oder verändern zu wollen gehört ebenfalls in die Sparte des Kritisierens, eine im Wesentlichen defensive Strategie. Verurteilung und Schuldzuweisung bewahren uns davor, unsere eigenen Schwachstellen zu spüren, und lenken die Aufmerksamkeit von unseren schwarzen Löchern ab. Sie könnten beispielsweise einen Kollegen dafür verantwortlich machen, dass Sie beruflich nicht vorankommen, oder Ihrem Partner die Schuld dafür geben, dass Sie nicht tun können, was Sie wirklich wollen. Diese Einstellung hält Sie davon ab zu erkennen, dass Sie von Ihren schwarzen Löchern blockiert werden.

Wenn wir unsere ganze Aufmerksamkeit auf andere richten, dann können wir unsere eigenen Mängel nicht mehr deutlich genug wahrnehmen. Wir schützen uns davor, den Anteil zu erkennen, den wir selbst an unserer Situation haben. Einzusehen, dass wir selbst etwas falsch gemacht oder etwas Unfreundliches gesagt haben, setzt in uns jedoch die Befürchtung frei, damit möglicherweise eines unserer schwarzen Löcher zu aktivieren. Indem wir anderen die Schuld geben, grenzen wir sie aus, und indem wir meinen, dass sie sich ändern müssen, umgehen wir nur die Auslöser unserer eigenen schwarzen Löcher.

Menschen, die zum Kritisieren neigen, erkennen meist nicht, dass sie sich mit ihrer Kritik an anderen vor ihren eigenen schwarzen Löchern schützen. Anfangs fiel es mir schwer, Kritik und Schuldzuweisung aufzugeben und mich meinem eigenen Schmerz und meiner Verwirrung zuzuwenden. Sobald ich auf ein schwarzes Loch stieß, bekam ich Angst und fühlte mich verletzlich. Kritisieren war leichter. Den Leuten vorzuschlagen, dass sie ihre Verurteilungen lassen und sich lieber mit ihren eigenen emotionalen Erinnerungen beschäftigen sollen, ist so ähnlich, als legte man einem Buchhalter nahe, in einer Rockband zu spielen. Manche können es, andere nicht. Viele erkennen nicht den Wert, der darin liegt, die eigene Verletzlichkeit zu spüren. Sie haben zu viel Angst vor den eigenen emotionalen Reaktionen, um in Betracht zu ziehen, dass sie ihre Urteile in Wahrheit gar nicht über andere Leute, sondern über sich selbst fällen. Negative Kritik ist ein Spiegel. Wenn es in Ihrem Leben jemanden gibt, den Sie verändern wollen, dann kann Ihnen diese Person helfen, Ihre eigenen schwarzen Löcher zu finden.

Energetisch ausgeglichene Menschen akzeptieren andere in der Regel so, wie sie sind. Wenn wir im Frieden mit uns leben, dann haben wir Mitgefühl für andere. Je mehr wir uns selbst akzeptieren, desto besser gelingt uns das auch bei anderen. Unser Kritisieren ist ein wertvoller Führer zu den Dingen, die wir an uns selbst nicht akzeptieren. Sogar scheinbar belanglose Urteile können Hinweise auf ein schwarzes Loch sein.

———— ••••• ————

In unserem Beispiel für negative Kritik geht es wieder um Debra und Dave aus der vorangegangenen Geschichte und außerdem auch noch um Phil, der gleichfalls an dem Workshop teilnahm. Dave gingen die Konferenzen in seiner Firma auf die Nerven, weil sie nie rechtzeitig begannen. Er war ein pünktlicher Mensch – für sich genommen eine bewundernswerte Eigenschaft. Doch Dave verurteilte andere, die nicht pünktlich waren. »Es ist unhöflich, zu spät zu kommen. Man verschwendet damit anderer Leute Zeit, doch ich scheine mich als Einziger darüber aufzuregen. Wenn wir nicht rechtzeitig anfangen, dann erfasst mich Anspannung und Angst, und ich brauche dann eine Weile, bis ich warm werde und anderen bei der Lösung ihrer Probleme helfen kann.«

Phil und Debra waren bereit, in einer gestellten Szene Daves schwarzes Loch zu aktivieren. Dave verließ den Raum, damit Phil und Debra die Szene planen konnten. Als Dave in den Raum zurückkehrte, war Debra verschwunden. Phil brachte ein Gespräch in Gang. »Wir können mit der Konferenz nicht beginnen, bis Debra zurück ist. Mir ist klar, dass du in fünf Minuten ein Gespräch mit dem stellvertretenden Direktor hast, doch Debra holt wichtige Informationen ein, die der stellvertretende Direktor braucht. Ich bin sicher, sie ist gleich zurück.«

Phil unterhielt sich dann mit mir über das Wetter und seine Urlaubspläne. Als Dave schließlich unruhig wurde und immer wieder auf seine Uhr schaute, betrat Debra den Raum. »Habt ihr auf mich gewartet? Ihr werdet es nicht glauben, was ich eben auf dem Gang gehört habe«, und dann machte sie sich daran, den neuesten Firmenklatsch zum Besten zu geben. Phil tat so, als sei er völlig von Debras Bericht gefangen genommen. Es dauerte nur wenige Augenblicke, und Daves schwarzes Loch war aktiviert.

»Ich sitze hier, stehe unter Hochspannung und mache mir Gedanken. Ich möchte, dass ihr jetzt aufhört mit der Tratscherei. Gebt mir die Informationen, die ich für den stellvertretenden Direktor brauche, und lasst mich zu meinem Termin mit ihm gehen. Ich kann es nicht glauben, dass ihr an nichts als an Klatsch denkt, während ich doch etwas Wichtiges zu erledigen habe. Das finde ich ganz und gar nicht in Ordnung!«

Ich fragte ihn, ob er sich an eine Situation in seinem Leben, vielleicht aus der Kindheit, entsinnen könne, die ähnliche Gefühle in ihm ausgelöst hatte. »Nein, nicht wirklich. Nur, wenn die Leute bei der Arbeit zu spät kommen, geht es mir so.«

Wo er aufgewachsen sei, wollte Phil von Dave wissen. »In Utah, in der Wüste.«

Was er dort so getrieben habe. »Ich bin in die Wüste gegangen. Am liebsten den ganzen Tag lang, wenn sie mich gelassen haben.«

Debra fragte, ob er solche Gefühle je draußen in der Wüste gehabt habe. »Nein, nie. Ich mochte es, da draußen zu sein. Doch wenn mein Vater mich rief, dann war es gesünder, in Hörweite zu sein, denn sonst schlug er mich.«

Ich wollte wissen, ob es ihm gefallen habe, sich in der Nähe seines Vaters aufhalten zu müssen. »Ich konnte es nicht ausstehen. Doch mir war klar, dass es mir nicht bekommen würde, ihn warten zu lassen.«

Phil fragte, ob Dave die gegenwärtige Situation an seine Kindheit erinnerte. Dave schossen die Tränen in die Augen. Er bedeckte sein Gesicht mit den Händen. Was los sei, fragte Debra. »Mein Dad schlug Ray, meinen älteren Bruder, bis er blutete; er hörte einfach nicht auf. Ray schrie und schrie. Da war Blut. Ich hatte solche Angst. Ich stand einfach nur da. Dad sah mich an und sagte: ›Ich will nicht, dass ihr unpünktlich seid. Ist das klar?‹ Die Angst war entsetzlich. Ich wollte zu Ray, doch Dad sagte: ›Nein, lass ihn.‹« Wir saßen still da und hörten Dave zu, ohne seinen Bericht zu werten.

Phil fragte Dave, ob sein Vater ihn je geschlagen habe. »Nein, das war gar nicht nötig. Ich bin nie so weit in die Wüste hinausgelaufen, wie ich es wirklich wollte. Ich begrenzte meine Wanderungen immer auf den Bereich, der sich noch in Hörweite befand, und ich war immer zur Stelle, wenn er rief. Ich habe meine Freiheit aufgegeben. Ich habe auf das verzichtet, was ich wirklich wollte, nur um es meinem Dad recht zu machen.«

Ich wollte wissen, ob sich die Situation damals von der heute unterschied. »Na ja, mein Vater ist vor ein paar Jahren gestorben, aber ich setze meiner Freiheit noch immer Grenzen. Ich wünsche mir ein schnelles Auto, stattdessen fahre ich wegen der Familie einen praktischen Kombi. Ich wollte in den Ferien in die Wüste fahren, stattdessen waren wir schließlich wegen der Kinder in Disneyland. Ich erfülle mir meine Wünsche nicht.«

Ob er Pünktlichkeit noch immer so wichtig finde, fragte Phil. »Ja, es ist mir noch immer wichtig, pünktlich zu sein. Aber ich wäre dabei gern nicht so angespannt, wenn andere sich verspäten ... ach, ich weiß auch nicht.«

»Weißt du, Dave«, gab Debra zu, »ich komme fast immer zu spät zu Konferenzen. Ich verhalte mich nicht so, weil es mir an Respekt vor dir oder den anderen mangelt, sondern weil ich so zwanghaft versuche, noch dies oder das vorher zu erledigen. Ich versuche, eine Menge Leute zufrieden zu stellen, aber es gelingt mir nicht bei allen. Ich weiß, dass dir Pünktlichkeit wichtig ist, und ich will dir auch bestimmt keinen Ärger machen, aber manchmal schaffe ich es einfach nicht. Wenn ich gerade unter Druck stehe, dann hätte ich, was die Pünktlichkeit angeht, gern etwas mehr Spielraum.«

»Ich glaube, das verstehe ich«, entgegnete Dave. »Ich selbst würde mir auch gelegentlich gern ein wenig die lange Leine lassen.«

Wie er sich jetzt fühle, wollte ich wissen. »Ein Teil der Anspannung ist von mir abgefallen, ich fühle mich ein wenig befreit. Ich finde es erstaunlich, dass so eine kleine Sache einen solchen Rattenschwanz nach sich ziehen kann. Vielleicht rede ich sogar mit meiner Frau über ein neues Auto.«

Dave nutzte seine Kritik am Zuspätkommen anderer, um eines seiner schwarzen Löcher zu finden und zu erforschen. Der Vorgang machte ihm seine Verhaltensmuster bewusster, und das Spektrum seiner Wahlmöglichkeiten vergrößerte sich. Er legt noch immer Wert auf Pünktlichkeit, aber sein Umgang damit ist nicht mehr so zwanghaft. Wichtiger noch ist seine Erkenntnis, dass er selbst seiner Freiheit Grenzen gesetzt hat.

───── ••••• ─────

Wir fällen Urteile über andere auf der Basis dessen, was wir an uns selbst nicht mögen. Wenn etwa Kollegen bei der Arbeit ihren Ärger zeigen, dann verurteilen wir sie, weil sie ihre Gefühle nicht unter Kontrolle haben, obwohl wir uns daheim manchmal nicht anders verhalten. Menschen mit einem großen Kontrollbedürfnis kritisieren häufig ihren Chef oder überhaupt Leute, die die Kontrolle über andere haben. Angeberei bei anderen zu verachten ist nicht ungewöhnlich, da wir uns selbst meist nicht besonders mögen, wenn wir mit unseren Leistungen prahlen.

Die Kritik, mit der wir uns selbst begegnen, beschwichtigen wir häufig mit Schuldgefühlen. Indem wir uns schuldig fühlen, bestrafen wir uns selbst ein wenig für etwas, das wir getan haben. Schuldgefühle schmälern die Enttäuschung, die unser Handeln in uns auslöst. Mit anderen verfahren wir nicht unbedingt genauso großzügig. Wenn wir zum Beispiel die Kontrolle abgeben und Dinge tun, die wir sonst eigentlich nicht tun würden, mit denen wir jedoch in dieser Situation die Zuneigung einer Person erringen wollen, dann kritisieren wir andere, sobald sie sich ebenso verhalten. Vielleicht wollen wir nicht mit ihnen in Verbindung gebracht werden, weil sie etwas tun, das wir an uns selbst nicht mögen.

Wenn wir merken, dass wir andere kritisieren, dann gibt uns das die Gelegenheit zu fragen: »Was hat das mit mir zu tun? Neige ich zu ähnlichem Verhalten, und sei es auch nur ein bisschen? Fühle ich mich schlecht, wenn ich mich so verhalte?« Mit einer solchen Situation eröffnet sich uns die Chance, den Ursprung unserer Beschränkungen zu erforschen. Auch wenn wir uns danach weiterhin wie zuvor verhalten, so sind uns unsere Möglichkeiten doch bewusster.

Wir verurteilen andere für Dinge, die wir uns selbst nicht gestatten. Vielleicht stecken unsere Eltern dahinter, die uns, wie in Daves Fall, zur Pünktlichkeit erzogen haben; vielleicht verurteilen wir die Verspätung bei anderen, weil wir uns davor fürchten, die Neigung zu diesem Verhalten in uns selbst zu entdecken. Wir geben weder anderen noch uns selbst Spielraum, wenn es um die uns aufgezwungenen und verinnerlichten Regeln geht. Falls wir befürchten, so wie sie zu sein, aber davor zurückschrecken, in uns selbst nach der Wahrheit zu suchen, dann kann sich unsere Furcht in Wut und Kritik verwandeln.

Ich zum Beispiel hatte früher Vorurteile gegen Homosexuelle. Dann fand ich heraus, dass eine meiner guten Freundinnen lesbisch ist. Ihre Offenbarung erschütterte mich, und ich sah mich zu einer Gewissensprüfung gezwungen. Bestandteil dieser Prüfung war die Beschäftigung mit der Frage, wo denn meine eigenen sexuellen Präferenzen lagen. Anfangs hatte ich Angst, auch nur daran zu denken, was ich vielleicht herausfinden würde. Doch wenn ich auf die Auseinandersetzung damit verzichtete, würde ich meine Freundin nur ablehnen können und sie damit verlieren. Ich beschäftigte mich mit der Frage, ob ich mich möglicherweise selbst von Frauen angezogen fühlte. Indem ich meiner Angst Raum gab, konnte ich erkennen, dass mich zwar tiefe Gefühle mit meinen Freundinnen verbinden, ich mich aber sexuell zu Männern hingezogen fühle. Als ich mir so Gewissheit über meine sexuelle Orientierung verschafft hatte, konnte ich die von meiner Freundin getroffene Wahl akzeptieren und mich weiterhin ihrer Freundschaft erfreuen. Hätte ich nicht den Mut aufgebracht, meine eigenen Vorlieben zu ergründen, dann wären meine Ängste sicherlich unter meinen Vorurteilen und der Verurteilung meiner Freundin begraben und in ein schwarzes Loch gedrängt worden. Ich hätte mich auch weiterhin vor Homosexuellen gefürchtet und vielleicht unbewusst alle, die sich von mir unterschieden, abgelehnt. Im Extremfall kann eine solche Angst von Hass zugedeckt werden.

Wir verurteilen diejenigen, die das tun, was wir auch gerne tun würden. Oder wir verurteilen sie, weil wir gern wie sie wären. Vielleicht wären wir gern reich und berühmt, verfügten gern über die Macht von Politikern, hätten gern das Ansehen von Ärzten und Rechtsanwälten. Wenn uns Geld, Macht, Respekt, Anerkennung oder Prestige fehlt, dann verurteilen wir andere, denen es nicht so geht. Möglicherweise trösten wir uns damit, dass die Reichen dafür nicht glücklich sind, und stellen uns vor, dass ihr von Gier bestimmtes Leben sie daran hindert, Zeit mit ihrer Familie zu verbringen. Möglicherweise machen wir Witze über Ärzte, Rechtsanwälte und Politiker. Indem wir sie verurteilen, fühlen wir uns besser mit dem, was wir nicht erreicht haben, brauchen uns unseren Neid nicht einzugestehen, können den Teil von uns ignorieren, der gern ebenso reich und mächtig wäre, und müssen uns der Tatsache nicht stellen, dass wir uns manchmal wie Versager fühlen. Unsere Angst vor dem Versagen ist ein schwarzes Loch. Die Konfrontation mit unseren Urteilen führt uns zu unseren schwarzen Löchern und schließlich zum Annehmen unserer selbst und der Menschen, die wir verurteilt haben.

Wir verurteilen die Menschen, die wir nicht verstehen. Der Unterschied zwischen uns und den Angehörigen anderer Kulturen, Religionen oder Völker kann bedrohlich sein, weil die Kommunikation zwischen uns erschwert ist. Die meisten Menschen haben schwarze Löcher, deren Ursprung in Religion, Schule und unmittelbarem Lebensumfeld verankert ist. Wenn Sie solche schwarzen Löcher erforschen, dann verschaffen Sie sich einen neuen Blick auf den größeren Zusammenhang Ihres Lebens. Sie haben vielleicht Entscheidungen zu Ihrem Wohnort und Ihrer Arbeit auf der Basis der Erwartungen und Einschränkungen getroffen, mit denen Sie aufgewachsen sind. Die Erforschung Ihrer schwarzen Löcher gibt Ihnen nun die Möglichkeit, die von Ihnen getroffenen Entscheidungen besser zu verstehen. Dieses tiefere Verständnis ermöglicht es Ihnen, sich für oder gegen eine Veränderung zu entscheiden oder andere Optionen in Betracht zu ziehen.

Wenn wir im Frieden mit unserer kulturellen Herkunft und unserem spirituellen Weg leben, dann müssen wir uns von abweichenden Praktiken und Glaubensvorstellungen nicht bedroht fühlen. Solche Unterschiede bereichern das Leben. Die freiwillige Konfrontation mit unseren schwarzen Löchern macht uns zu neugierigen Beobachtern der Lebensentscheidungen, die andere treffen und aus denen wir bereitwillig für unser eigenes spirituelles Vorankommen lernen. Ertappen Sie sich dabei, dass Sie andere Leute kritisieren, so nehmen Sie dies als Aufforderung, den Blick auf sich selbst zu richten. Stellen Sie fest, ob Sie manchmal so handeln wie die kritisierten Personen, ob Sie sich wünschen oder sich fürchten, es ihnen gleichzutun, oder ob Sie vielleicht nicht verstehen, warum andere so handeln, wie Sie es wahrnehmen.

Emotionale Intensität oder negative Kritik können Sie sich auch anhand von extremen Sprüngen in Ihrem Erleben bewusst machen. Damit sind Situationen gemeint, in denen Sie zunächst andere beschuldigen und dann mit einem Mal den Zeigefinger auf sich selbst richten. Eine solche Situation bezeichne ich als polaren Sprung. Ich habe festgestellt, dass mein eigenes Denken innerhalb von Minuten von »Das ist alles eure Schuld« zu »Das ist alles meine Schuld« und wieder zurück und damit von einem Extrem zum nächsten springen kann. Nicht jeder erlebt die Auswirkungen des Energie-Vampirismus polar; doch Sie sollten diese Möglichkeit zur Kenntnis nehmen, um sie, falls sie Ihnen begegnet, als Hinweis auf ein schwarzes Loch erkennen zu können. Hier einige weitere Beispiele für die polare Ausdrucksform von Energie-Vampirismus:

- von sich selbst begeistert sein, unmittelbar gefolgt von der Verzweiflung über das eigene Sosein
- Forderungen an andere richten und sich dann später schrecklich fühlen, weil man so fordernd war
- jemanden erst mit Liebe und Aufmerksamkeit überschütten und dann ausgrenzen

- jemandem ein Geschenk versprechen und sich dann wünschen, man hätte es nicht getan
- den Partner körperlich misshandeln und sich dann später Vorwürfe machen.

Wenn Sie an sich selbst polaren Energie-Vampirismus feststellen, dann beobachten Sie genau, was geschieht, wenn Sie Ihren Vampirtanz von Pol zu Pol absolvieren. Machen Sie sich beide Extreme bewusst. Das ist nicht leicht und kann Sie ganz schön durcheinander bringen. Vielleicht bemerken Sie auch, dass Ihr Körper zittert. Beides genau wahrzunehmen hilft Ihnen, sich emotional zu sammeln; Ihre Empfindungen und Emotionen werden Sie dann schließlich zu einem schwarzen Loch führen. Mit der Hilfe eines der im folgenden Kapitel geschilderten Freisetzungsprozesse können Sie Ihr schwarzes Loch jedoch wieder schließen.

Körperliche Symptome als Hinweis auf schwarze Löcher

Die zwischen Körper und Geist bestehende Verbindung sorgt dafür, dass sich schwarze Löcher auch körperlich manifestieren. Geist, Emotionen, Wünsche und physischer Körper sind Bestandteile eines gemeinsamen energetischen Systems. Unsere emotionalen Erinnerungen sind physisch im Energiefeld vorhanden. In Gestalt schwarzer Löcher verstecken sie sich nicht selten in Muskeln, Geweben und inneren Organen. Zu den Symptomen, die im Zusammenhang mit schwarzen Löchern stehen, gehören körperliches Unbehagen, Kopfschmerzen, Schwindel, Anspannung, diffuse Schmerzen, Leere, Druck, Gewichtsprobleme, unmotivierte Erschöpfungszustände, Schlafstörungen und Hitzewallungen oder plötzliches Frieren. All diese Symptome können natürlich auch Hinweise auf medizinische Störungen sein; das macht es manchmal schwierig, sie davon zu unterscheiden. Falls Sie bereits beim Arzt waren und sich die Ursache für Ihre Symptome nicht finden ließ, dann ziehen Sie die Möglichkeit in Betracht, dass ein schwarzes Loch Ihr Energiefeld stört und Ihre Symptome hervorruft.

Wenn Sie regelmäßig unter Kopfschmerzen leiden, unter einem nervösen Magen und Verdauungsbeschwerden, dann könnte Ihre Anspannung mit einem schwarzen Loch zusammenhängen. Auch bei Herz- oder Lendenwirbelsäulenproblemen ist die mögliche Beteiligung eines schwarzen Lochs nicht auszuschließen. Diese Körperbereiche sind von schwarzen Löchern in ihrem Energiesystem häufig betroffen. Handelt es sich tatsächlich um ein schwarzes Loch, das Ihre Symptome verursacht, so verschlimmern diese sich, sobald das schwarze Loch aktiviert wird. Andererseits verschwinden die Symptome oder nehmen ab, sobald es Ihnen gelingt, das betreffende schwarze Loch zu schließen.

Zwar können einige Symptome wie Verspannungen im Schulterbereich oder Schlafstörungen chronisch werden, die meisten von ihnen jedoch kommen und gehen. Sie können während bestimmter Tageszeiten zunehmen, wie es häufig bei Kopfschmerzen der Fall ist. Sie können mit monatlicher Regelmäßigkeit (Menstruationsbeschwerden) auftreten oder jahreszeitlich variieren (Winterdepression). Manche stehen vielleicht in Zusammenhang mit einem Ort wie etwa dem eigenen Zuhause oder der Zahnarztpraxis. Möglicherweise lassen große Höhen oder enge Räume Ihre Symptome kurz aufblitzen. Solche und ähnliche Zusammenhänge können Hinweise auf Ihre versteckten starken Emotionen und auf Ihre schwarzen Löcher geben.

Schwarze Löcher, die körperliche Symptome verursachen, lassen sich leichter ermitteln. Wenn Sie körperliches Unbehagen empfinden, dann fragen Sie sich, was Ihnen diese Symptom vielleicht sagen will. Ihr Geist wird versuchen, jede auftauchende Frage zu beantworten. Beobachten Sie Ihre Gedanken und Emotionen. Falls Sie Wut, Trauer oder Angst empfinden, sind Sie vermutlich auf ein schwarzes Loch gestoßen. Indem Sie die aufsteigenden Emotionen zulassen, können Sie dazu beitragen, sie freizusetzen. Einfache Maßnahmen wie Meditation und Atemübungen helfen bei der Auflösung schwarzer Löcher. Wut, Trauer und Angst sind normale, gesunde Emotionen. Sie zuzulassen wird Sie davon abhalten, Ihre Gefühle in ein schwarzes Loch abzuschieben. Sobald Sie ein schwarzes Loch aufgelöst haben, achten Sie darauf, ob sich die Symptome verändern. Wenn Sie sich besser fühlen – wohler, leichter, freier, lebendiger –, dann ist das ein Hinweis darauf, dass die Auflösung tatsächlich stattgefunden hat. Die nachfolgende Geschichte führt einige der körperlichen Symptome auf, die auf ein schwarzes Loch hinweisen.

――― ••••• ―――

Maggie war der Meinung, dass sich ihr Stress im Schulterbereich sammelte und die Ursache für ihren ständig schmerzhaft verkrampften Nacken war. Ihre Freundin Tanya ermutigte sie, ihre körperlichen Beschwerden näher zu untersuchen. Maggie richtete ihre Aufmerksamkeit nach innen und konzentrierte sich auf den Druck in ihrem Nacken- und Schulterbereich. Sie saß still da und ließ den Schmerz zu, indem sie sich nicht gegen ihn wehrte, ihn nicht ignorierte und ihn auch nicht fortwünschte. Während Maggie ihre ganze Aufmerksamkeit auf die Spannungen in ihren Schultern richtete, lief ihr Gesicht plötzlich rot an, und auch auf ihrem Nacken machten sich rote Flecken breit.

Tanya wollte wissen, wann Maggie schon einmal ähnliche Gefühle hatte. »Ich erinnere mich an etwas. Es muss gewesen sein, als ich noch sehr jung war. Ich weiß nicht mehr, was genau geschah, doch ich erinnere mich, dass meine Mutter, schrie: ›Hör auf zu heulen!‹ Sie ist wütend. Ich fühle mich klein und habe Angst. Meine Mutter sagt: ›Mach das bloß nie wieder. Und hör endlich auf zu weinen.‹«

Ob Maggie sich in dieser Situation sehen könne, fragt Tanya. »Ja, ich stehe da in meiner rosa gestreiften Bluse und mit meiner rosafarbenen Hose. Meine Schultern sind nach oben gezogen. Ich versuche, die Tränen zurückzuhalten.«

Maggies Stirn legte sich in Falten, sie kniff die Augen zusammen, aber die Tränen purzelten trotzdem zwischen den Lidern hervor. Sie beugte sich vor, legte die Hände aufs Gesicht und weinte. Tanya saß still bei ihr.

Als Maggie wieder ruhiger atmen konnte, sagte sie: »Ich habe seit meinem dritten Lebensjahr nicht mehr geweint. Ich habe weder meine Mutter noch deren Mutter jemals weinen sehen. Ich schäme mich, als hätte ich ein Versprechen gebrochen.«

Tanya fragte, wie sich Maggies Nacken- und Schulterbereich jetzt anfühlte. »Es tut noch immer weh, aber nicht mehr so stark.«

Maggie und Tanya sprachen noch eine Zeit lang über Maggies Erfahrung. Tanya hörte offen zu und machte sich Gedanken über alles, was Maggie sagte. Eine halbe Stunde später fühlte sich Maggie weniger unter Druck. Sie hatte Ihre Tränen zugelassen. Die Anspannung in ihrem Nacken- und Schulterbereich war noch immer da, doch hatte sie deutlich nachgelassen. Später entdeckte Maggie noch andere Erinnerungen, die mit den Schmerzen in ihrem Nacken- und Schulterbereich zusammenhingen.

Die körperlichen Beschwerden, mit denen Maggie sich bereits abgefunden hatte, hatten ihr den Zugang zu den in ihren schwarzen Löchern versteckten Erinnerungen und Emotionen eröffnet. Die Erforschung ihrer Erinnerungen und das liebevolle Annehmen ihrer Emotionen ermöglichten es Maggie, einen Teil ihrer körperlichen Anspannung abzubauen. Nicht alle körperlichen Probleme lassen sich so leicht auf ihre Ursache zurückführen, doch physische Symptome können uns helfen, die Verbindung zu schmerzhaften emotionalen Erfahrungen herzustellen und schwarze Löcher aufzulösen.

─── • • • • • ───

Spirituelle Isolation als Hinweis auf schwarze Löcher

Falls Sie sich allein gelassen fühlen mit der Aufgabe, Ihrem Leben die gewünschte Richtung zu geben, dann könnte es sein, dass Sie vom universellen Fluss spiritueller Energie abgeschnitten sind. Schwarze Löcher verringern unsere spirituelle Energie, indem sie uns den Blick auf unsere spirituellen Überzeugungen verstellen und damit unsere Verbindung zu einer ausgewogenen spirituellen Energie extrem einschränken. Vielleicht mussten wir uns von unseren spirituellen Überzeugungen verabschieden, weil sie scheinbar ihren Sinn verloren hatten oder weil wir zu religiösen Praktiken veranlasst wurden, hinter denen wir nicht standen. Starke emotionale Erinnerungen können unsere spirituelle Anbindung blockieren. Wenn Sie meinen, den Kontakt zum universellen Fluss spiritueller Energie verloren zu haben, dann müssen Sie sich mit Ihren Ängsten vor Gott und allgemein vor der Spiritualität beschäftigen, um herauszufinden, auf welche Weise Sie selbst Ihrer spirituellen Energie Fesseln anlegen.

———— • • • • • ————

Stacey hatte eine Praxis für Craniosakraltherapie eröffnet, doch sie verdiente damit nicht genug Geld, um davon leben zu können. Als sie kam, um bei mir Rat zu suchen, fühlte sie sich allein gelassen und von Ängsten gequält. Sie ging ihrem neuen Beruf ohne die Hilfe oder Unterstützung seitens ihrer Freunde nach, und niemand in ihrer Familie begriff wirklich, was sie da auf die Beine zu stellen versuchte. Sie war zutiefst davon überzeugt, dass es ihre Mission war, Menschen zu helfen, doch sie hatte Angst, dass es ihr vielleicht nicht gelingen würde, ihren Traum zu verwirklichen. Sie war versucht, in das Maklerbüro zurückzukehren, in das sie bisher ihre ganze Energie investiert hatte. Ihr Chef dort wollte sie gern wieder einstellen, doch sie hatte mehrere Jahre in die Ausbildung als Craniosakraltherapeutin investiert und wollte nun keinen Rückzieher machen.

Ich forderte sie auf, ihre Gefühle der Verletzlichkeit und Isolation zuzulassen und ihnen nachzuspüren. Dann wollte ich von ihr wissen, wo in ihrem Körper sie die Angst wahrnahm, dass ihr Unternehmen vielleicht zum Scheitern verurteilt war.

»Sie scheint in der linken Seite meines Körpers zu stecken«, sagte Stacey und legte die Hand auf ihre linke Gesichtshälfte. »Diese Seite meines Gesichts, meine linke Schulter und mein Arm und die ganze linke Seite bis hinunter zum linken Fuß.«

Wie es sich anfühle, fragte ich sie. »Irgendwie tot, so als sei kein Leben darin. Ich weiß nicht. Es ist schwer zu beschreiben.«

Ich bat sie, die Augen zu schließen und ihren Atem in die linke Seite ihres Körpers zu schicken. Es dauerte nicht lange, und Stacey liefen die Tränen über die Wangen. Ich saß still bei ihr. »Ich fühle mich verloren und allein. Ich befinde mich an einem sehr dunklen Ort«, sagte sie nach ein paar Minuten.

Ich sagte ihr, sie solle die Augen weiterhin geschlossen halten und darauf achten, ob sich vor ihrem inneren Auge irgendwelche Bilder einstellten. »Die Dunkelheit weicht ein wenig. Was ich jetzt sehe, ist grau.« Nach einer Weile fügte sie hinzu: »Da drüben bricht ein sehr dünner Lichtstrahl durch.«

Ich ermutigte sie, hinüberzugehen und den Lichtstrahl näher zu untersuchen. Stacey verbrauchte ein paar Taschentücher, da ihr erneut die Tränen kamen. Nach einer Weile bat ich sie, mich an ihrem inneren Erleben teilhaben zu lassen. »Der Lichtstrahl ist meine Verbindung zu Gott. Sie war schon immer da, ich habe sie vorher nur nicht wahrgenommen. Ich bin mit Gott verbunden. Wir alle sind mit Gott verbunden. Ich muss nur bereit sein, diese Verbindung auch wahrzunehmen.«

Ich wollte wissen, wie sie sich jetzt fühlte. »Ich bin sehr traurig, aber auch hoffnungsvoll. Ich bin traurig, weil ich nicht wusste, dass ich mit Gott verbunden bin. In Wahrheit, glaube ich, wusste ich es schon, aber ich hatte einfach Angst und zweifelte außerdem, ob es wirklich einen Gott gibt. Ich wollte mir selbst treu sein, aber nun weiß ich, dass ich tatsächlich eine spirituelle Verbindung habe. Wie kann ich mir dieses Gefühl bewahren, damit ich nicht wieder in den Zweifel zurückfalle?«

Wie denn ihre bisherige Verbindung mit Gott ausgesehen habe. »Ich hatte nur Angst, dass es gar keinen Gott gibt.«

Woran sie denn jetzt glauben wolle. »Ich würde gern daran glauben, dass Gott immer an meiner Seite ist«, antwortete Stacey.

»Wir wollen uns einen Satz ausdenken«, schlug ich vor, »damit du dich, wenn du es mit der Angst zu tun bekommst, an die Wahrheit erinnern kannst.« Ich forderte sie auf, den folgenden Satz zu wiederholen: »Obwohl ich Angst habe, dass es Gott gar nicht gibt, ist Gott immer bei mir.«

»Obwohl ich Angst habe, dass es Gott gar nicht gibt, ist Gott immer bei mir«, wiederholte Stacey. »Das ist ein guter Satz.«

»Folge meiner Hand mit den Augen«, bat ich sie nun, »während du den Satz eine Minute lang wiederholst. Das wird dein Denken davon abhalten, dich abzulenken, und dich zugleich befähigen, deinen Geist für die beiden Teile des Satzes, die beide wahr sind, zu öffnen.« Mit der Hand beschrieb ich vor Stacey eine liegende Acht, das Zeichen für Unendlichkeit. Es ist bekannt, dass Augenbewegungen die Freisetzung von Emotionen unterstützen. Nachdem Stacey ihren Satz eine Minute lang wiederholt hatte und dabei mit den Augen der Bewegung meiner Hand gefolgt war, wollte ich von ihr wissen, wie sie sich nun fühle. »Ich fühle mich jetzt viel mehr im Frieden mit mir. Meine linke Seite kribbelt und kommt mir lebendiger vor. Ich möchte mein Leben nicht ohne die Gegenwart Gottes führen. Ich hoffe, dass ich sie mir jederzeit, wenn ich sie brauche, wieder erschließen kann«, sagte sie.

Nachdem Stacey mehrere Monate lang noch an anderen schwarzen Löchern gearbeitet hatte, fand sie nun all die Kunden, die sie brauchte, um ihren Lebensunterhalt mit ihrer Arbeit zu verdienen. Ihr schwarzes Loch hatte ihr den Blick auf ihre spirituelle Anbindung verstellt. Die Energie, zu der sie nun Zugang hatte, bezeichnete sie als Gott. Ich glaube, dass unsere spirituelle Energiequelle vielerlei Namen hat. Wenn wir es zulassen, dass die spirituelle Energie uns unterstützt, dann fühlen wir uns weniger isoliert und mit unseren Träumen enger verbunden. Spirituelle Isolation kann der Hinweis auf ein schwarzes Loch sein, das uns den Zugang zur Energie verwehrt. In dem Maß, in dem Sie die Zahl Ihrer schwarzen Löcher verringern, gelangt erneuerte spirituelle Energie in Ihr Energiefeld. Das angenehme Gefühl von Leichtigkeit, das Sie erfüllt, wenn Sie ein schwarzes Loch auflösen, ist nichts anderes als Ihre neuerliche Ausrichtung auf die spirituelle Energie.

Schwarze Löcher anhand von Krisen aufdecken

Schwarze Löcher verursachen in unserem Leben persönliche Krisen. Zum Beispiel reduzierte Kathys Reaktion auf ihren Chef, die erste der Geschichten in diesem Kapitel, ihre Aussichten auf Erfolg und Beförderung. Sie versuchte die Existenz ihres schwarzen Lochs zu leugnen, indem sie sich über ihren Chef Ed ärgerte und ihn verurteilte. Die Folge ihres Verhaltens war, dass sie die Position, die sie anstrebte, nicht erhielt. Oftmals beeinflusst unser eigenes, von unseren schwarzen Löchern gesteuertes Verhalten die Reaktion anderer auf uns. Die in unserem Energiefeld gespeicherten Informationen ziehen Erfahrungen an, die zu den in unseren schwarzen Löchern verborgenen Überzeugungen passen. Gut möglich, dass uns diese Tatsache ganz und gar unbewusst ist, dennoch sind wir zu einem Gutteil an solchen Prozessen beteiligt.

Unser persönliches Drama gibt uns die Gelegenheit, übertriebene emotionale Intensität, negative Kritik, körperliche Symptome und spirituelle Isolation zu ermitteln. Wenn wir in eine gefährliche Situation geraten, dann schützt uns unser Körper zunächst, indem er uns in einen Schockzustand versetzt. Dieser körperliche Schock schaltet unsere emotionalen Reaktionen ab und bewahrt uns davor, von einer augenblicklichen Situation überwältigt zu werden. Gewöhnlich ergreift uns für ein paar Stunden ein Gefühl der Dumpfheit. Manchmal kann dieses Gefühl auch Tage oder sogar Monate anhalten. Auf unmittelbare Anforderungen reagieren wir unter Schock automatisch.

Sobald der Schock nachlässt, bilden sich von neuem die normalen physischen, mentalen und emotionalen Reaktionen heraus. In diesem Moment ist die Versuchung am größten, ein neues schwarzes Loch zu erschaffen, um darin die Intensität unserer Reaktionen verschwinden zu lassen. Es ist möglich, verletzliche Gefühle durch Groll und Schuldzuweisungen zu schützen, doch auf diese Weise vergrößern wir nur das, was wir verarbeiten und wovon wir uns erholen müssen. Lassen wir stattdessen intensive emotionale Reaktionen zu, dann finden wir möglicherweise sogar alte schwarze Löcher, die zu der gegenwärtigen Tragödie in Beziehung stehen. Es ist normal, dass man am liebsten andere für ihren Anteil an unserer Tragödie verdammen möchte, doch wir haben immer die Wahl, wie wir reagieren. Es steht uns frei, unseren Schmerz unter Groll und Schuldzuweisungen zu begraben oder aber unsere Reaktion zu nutzen, um versteckte emotionale Erinnerungen aufzuspüren. Wir können aufrichtig über das Ereignis sprechen und darüber, was andere dazu beigetragen haben. Als Menschen empfinden wir nun einmal Groll und neigen zu Schuldzuweisungen. Diese Gefühle zu akzeptieren und mit anderen aufrichtig über sie zu sprechen hilft uns, einen Zugang zu unseren versteckten emotionalen Erinnerungen zu finden.

Das Annehmen des Ereignisses und unserer körperlichen sowie emotionalen Reaktion gestattet es uns, eine Tragödie zu verarbeiten, ohne für sie ein neues schwarzes Loch zu schaffen. Um den Vorfall zu akzeptieren, müssen wir außerdem die Verantwortung für jede Schuldzuweisung und Verurteilung übernehmen, egal ob wir sie gegen uns selbst oder gegen Dritte richten. Während dieses Prozesses des Erkennens und Zulassens unserer Reaktionen können andere, bereits vorhandene schwarze Löcher aktiviert werden. Indem wir mit den Beteiligten sprechen, fällt es uns leichter, unseren Anteil an der Tragödie zu ermitteln, und wir helfen obendrein den anderen, auch ihren Anteil an der Situation zu erkennen. Ein aufrichtiges Gespräch über unsere Emotionen kann von Angst begleitet und schwierig sein, doch indem wir es tun, geben wir unseren Gefühlen Raum zur Veränderung und uns die Möglichkeit, Abstand von dem Ereignis zu gewinnen.

Persönliche Krisen können Katalysatoren der Transformation, Heilung und Akzeptanz sein. Albert Einstein sagte einmal sinngemäß, dass die großen Probleme, vor die wir gestellt sind, niemals auf der Ebene des Denkens, die sie hervorgebracht hat, zu lösen sind. Unsere Erfahrungen abseits der eingefahrenen Bahnen mitzuteilen, zu empfinden und zu durchdenken verschafft uns Zugang zu versteckten Informationen, die möglicherweise bereits Teil der Lösung unseres Problems sind. Unseren Erfahrungen mit einer neuen Art der Akzeptanz zu begegnen eröffnet uns Möglichkeiten, die wir zuvor nicht sehen konnten.

Sich dafür zu entscheiden, lieber die eigenen Reaktionen zu erforschen statt anderen die Schuld in die Schuhe zu schieben, kann zutiefst schmerzhaft und schwierig sein. Eine der schmerzhaftesten Erfahrungen meines Lebens war die Kündigung bei den Stadtwerken, von der ich zu Beginn des Buches bereits berichtete. Ich will diese Geschichte noch vertiefen, um Sie an meiner persönlichen Erfahrung teilhaben zu lassen und Ihnen zu zeigen, wie schwierig es sein kann, Kritik und emotionale Intensität zur Ermittlung von weiteren schwarzen Löchern zu benutzen. Ich hoffe, dass meine Geschichte Sie vielleicht dazu veranlasst, sich mir auf dieser äußerst schmerzhaften, aber unendlich lohnenden Reise zur spirituellen Freiheit anzuschließen.

Ich saß allein in meinem Wohnzimmer, umgeben von den Blumen und Solidaritätsbekundungen meiner Freunde und Verbündeten. Das Telefon klingelte schon nicht mehr so oft wie zu Beginn. Seit drei Tagen war ich nun zu Hause. An diesem Nachmittag um halb drei rief einer der Manager aus den Stadtwerken an. Mat war Techniker und nicht gewohnt, persönliche Gedanken und Gefühle mitzuteilen. Seine Stimme klang sanft, als er mich nach meinem Befinden fragte. »Die Leute aus meiner Abteilung haben mich gebeten, Sie anzurufen und Ihnen zu sagen, dass Sie uns fehlen. Wir haben es wohl als zu selbstverständlich hingenommen, wie sehr Sie uns unterstützt haben, und uns zu wenig Gedanken darüber gemacht, welchen Preis Sie wohl für diese Unterstützung würden zahlen müssen. Ich rufe Sie vor allem an, um Ihnen zu danken für die Gelegenheit, das zu tun, was ich jetzt tue. Danke für alles, was ich von Ihnen lernen durfte. Sie werden mir sehr fehlen.«

Ich hatte einen Kloß im Hals, murmelte etwas und legte auf. Ich hatte das Gefühl, dass mein Leben auseinander brach. In meinem Kopf hämmerte es, meine Gedanken bewegten sich endlos im Kreis. Ich hielt mich an der Küchentheke fest und sehnte mich nach den

Menschen, von deren Mitarbeit ich bei der Führung der Stadtwerke abhängig gewesen war. Mein Team fehlte mir entsetzlich. Ich sah mich selbst, wie ich über den malvenfarbenen Teppich ging, wie meine Sekretärin mich von ihrem Tisch aus anlächelte. Ich stellte mir vor, wie ich auf dem Balkon stand und auf den Fluss hinabblickte; dort hatte ich die Ideen durchdacht, die mich schließlich meinen Posten gekostet hatten. In diesem Augenblick traf mich die Erkenntnis zum ersten Mal mit voller Wucht, dass ich zu der Arbeit, die ich liebte und die die Erfüllung meiner beruflichen Träume gewesen war, nicht zurückkehren würde.

Zitternd stolperte ich nach oben in mein Schlafzimmer und rollte mich auf meinem Bett zusammen. Ich bekam keine Luft, und mein Körper kam mir vor wie von einer Dampfwalze überfahren. Ich fühlte mich verloren, allein, isoliert von den Kollegen, deren Träume ich geteilt hatte, von dem Team, für das ich in den Ring gestiegen war, von den Menschen, die ich gerne hatte. Ich rang um Atem und brachte nur ein ersticktes Schluchzen hervor. Es kam mir so vor, als hätte ich all meine Freunde in dieser Schlacht verloren. Das Ende meiner beruflichen Träume, Beziehungen und Macht wurde mir als eiskalte Realität bewusst und schien mir zugleich das Ende des Lebens, wie ich es kannte, zu bedeuten. Auf meinem Bett eingerollt, zutiefst bekümmert, zitternd und schmerzerfüllt tränkte ich mein Kopfkissen mit Tränen und starrte schließlich, als ich nicht mehr weinen konnte, vollkommen mutlos an die Decke meines Schlafzimmers, in dem es langsam dunkel wurde.

An diesem Nachmittag stürzte ich in ein tiefes schwarzes Loch. Damals wusste ich noch nichts von schwarzen Löchern. Ich hasse es, verletzlich und mutlos zu sein, doch ich wurde von genau den Gefühlen überfallen, vor denen ich am liebsten davongelaufen wäre. Meine große

Trauer hielt mich umklammert, und ich hatte mich der Tatsache zu stellen, dass ich nicht an mich selbst glaubte. Ich hatte mich an die Spitze der Stadtwerke hochgearbeitet, um meine Fähigkeiten unter Beweis zu stellen. Die Angst davor, nicht qualifiziert genug zu sein, hatte meinen Aufstieg motiviert. Als ich schließlich mein schwarzes Loch untersuchte, stieß ich auf Vorurteile gegen Frauen in meiner Familie und auf meine Auflehnung dagegen. »Ich bin genauso gut wie meine Brüder, und ich werde es beweisen«, versicherte ich mir in der Zeit meines Heranwachsens, ohne recht daran zu glauben. Unter der Führung meines Egos machte ich mich auf den Weg, doch egal, wie viel ich auch erreichte, nie stellte sich das Gefühl ein, dass meine Leistungen wirklich ausreichend waren. Ich erkannte nicht, dass ich zunächst an mich selbst glauben musste. Erst, wenn mir das gelang, würde ich nichts mehr beweisen müssen. Doch diese Erkenntnis hatte ich erst viel später.

Innerhalb von vier Monaten wurden die drei Vorstandsmitglieder, die mich gefeuert hatten, ersetzt, und ich erhielt die Gelegenheit, mich neu um meinen Posten zu bewerben. Diese Situation stellte mich vor eine schwierige Entscheidung. Die Vorstellung, an meinen alten Platz zurückzukehren, faszinierte mich. Mir waren meine Arbeit und Kollegen so wichtig gewesen. Doch mein Wunsch, Zeit für mich zu haben und mehr über mich herauszufinden, war letztlich stärker. Im Laufe der nächsten Jahre fand ich heraus, dass jeder einzelne Mensch liebenswert und auf seine ganz eigene Weise begabt ist. Ich bin der Überzeugung, dass wir alle über genau die richtige Kombination von Fähigkeiten verfügen, um unseren Zweck im Leben zu erfüllen. Und wenn unsere Seele nur stark genug ist, dann wissen wir das und können uns darauf beschränken, einfach zu sein, ohne irgendetwas beweisen zu müssen.

Gelegentlich überfällt mich noch immer Angst, oder ich spüre plötzlich den Drang, mich zu beweisen. Solche Vorstellungen existieren auch weiterhin in mir. Sie haben in meinem Leben einmal eine zentrale Rolle gespielt, aber das ist nun immer seltener der Fall. Wenn ich mich dabei erwische, dass ich in diese alten Muster zurückfalle, dann beruhige ich mich mit dem Satz: »Was soll's, das passiert eben manchmal.« Heute stehen mir Möglichkeiten offen, die weit über meine schwarzen Löcher hinausgehen.

Wir alle werden hin und wieder mit Schicksalsschlägen konfrontiert – das gehört zum Leben nun einmal dazu. Doch in jeder Angst, in jeder Trauer und in jedem Verlust gibt es eine sensible Stelle, die, wenn wir sie entdecken, unsere Seele stärkt und uns ein tieferes Verständnis für den Sinn unseres Lebens erschließt. Dieser Lichtblick entgeht uns jedoch, wenn wir uns ablenken, indem wir mit dem Finger auf andere zeigen und ihnen die Schuld zuschieben. Er geht verloren, wenn wir uns auf Schamgefühle und Ängste reduzieren. Persönliche Tragödien sind schon schlimm genug; wir müssen nicht auch noch auf das einzige Gute verzichten, das sie mit sich bringen.

Wer sich seinen schwarzen Löchern zuwendet, dem offenbaren sich wichtige emotionale Erinnerungen und in der Vergangenheit unbewusst getroffene Entscheidungen – Augenblicke, in denen wir uns aus gutem Grund davor fürchteten, ganz und gar wir selbst zu sein. Wir empfanden die Notwendigkeit, uns Schranken aufzuerlegen – uns in unseren Möglichkeiten zu beschneiden, weil wir uns verletzt fühlten oder ein uns nahe stehender Mensch zu Schaden gekommen war. Solche unter widrigen Umständen getroffenen Entscheidungen und die mit ihnen einhergehenden Überzeugungen veranlassten uns, automatisierte Muster zu entwickeln. Indem wir jetzt die Situation erforschen, die für die Entstehung der hemmenden Überzeugungen verantwortlich ist, erhalten wir die Möglichkeit, das Muster zu verändern. Dieser Prozess kann schmerzhaft sein und uns Angst einflößen, doch sobald wir uns unserem Schmerz und unserer Angst erst einmal gestellt haben, verlieren schwarze Löcher ihre Macht über uns. Wir haben die Wahl, ob wir an unseren hemmenden Überzeugungen und Entscheidungen festhalten oder sie verändern wollen.

Das Kind, das wir einmal waren, und all unsere in der Kindheit gemachten Erfahrungen existieren in uns fort. Unser Unbewusstes konserviert umfangreiche Details unserer persönlichen Geschichte. Alles, was wir je erfahren, getan, gesehen, gehört, geschmeckt oder gespürt haben, ist noch immer ein Teil von uns. Auch dann, wenn wir unsere schwarzen Löcher abarbeiten, gehören unsere Emotionen und Erinnerungen auch weiterhin zu uns, doch sie beherrschen aus dem Unbewussten heraus nicht länger unser Leben. Wenn ein schwarzes Loch aktiviert wird, dann verlangt es von uns, wie früher automatisch zu reagieren, doch es steht uns immer auch frei, eine andere Wahl zu treffen.

Ich möchte Sie einladen, mit mir gemeinsam Ihre emotionale Intensität, Ihre negative Kritik, Ihre körperlichen Symptome und Ihre spirituelle Isolation zu erkennen, um Ihre schwarzen Löcher zu lokalisieren und dann zu schließen. Wenn man weiß, wie versteckte emotionale Erinnerungen aufzuspüren sind, dann erlangt man die Freiheit, über das zwanghafte Leugnen der schwarzen Löcher hinauszugehen. Sie können sich Ihren schwarzen Löchern stellen und sie schließen oder sie behalten und weiterhin automatisch reagieren. Die Wahl liegt bei Ihnen.

Fünftes Kapitel

Schwarze Löcher erforschen und schließen

•••••••••••••••••••••

Gena war Nachrichtenmoderatorin bei einem privaten Radiosender in Portland, Oregon, gewesen. Sie verlor ihren Posten, nachdem sie wegen einer Krebsoperation längere Zeit nicht hatte arbeiten können. Für den Verlust ihres Arbeitsplatzes machte Gena Rick den Senderchef verantwortlich, denn er hatte ihr den Rücken nicht freigehalten, während sie sich von ihrer Krankheit erholte. Sie aber hatte sich, um ihn zufrieden zu stellen, mit ganzer Kraft in die Arbeit geworfen und erwartet, dass Rick ihr, als sie ins Krankenhaus musste, ihren Job sicherte.

——— ••••• ———

Ich lernte Gena drei Monate nach ihrer Kündigung auf einem meiner Workshops kennen. Ich bat sie und zwei andere Teilnehmer, Casey und Vince, an jemanden zu denken, mit dem sie Schwierigkeiten hatten. Ich nahm an, Gena würde Rick, ihren früheren Chef, nennen. Doch stattdessen legte sie ihre Hand auf den Mund. Vince fragte, an wen sie denn denke. Sie schüttelte den Kopf. Ihre Augen füllten sich mit Tränen, und sie flüsterte: »Von allen Menschen habe ich mit mir am meisten Schwierigkeiten. Ich bin mein größtes Problem.«

Vince wollte von ihr wissen, ob sie bereit sei, mit sich selbst ein Gespräch zu führen. »Ich weiß nicht, wie«, antwortete Gena. »Ich möchte schon daran arbeiten, aber ich weiß nicht, was ich machen soll.« Als Casey fragte, ob sie sich von uns helfen lassen würde, nickte Gena.

Wer in der Gruppe ihr am ähnlichsten sei, wollte ich wissen. Gena zögerte und bat dann mich, die Rolle zu übernehmen. »Ich fühle mich geehrt, du sein zu dürfen«, antwortete ich. »Erklär mir, was du in mir siehst, das mich dir ähnlich macht – nenn mir all die Dinge, die du an dir selbst nicht magst.«

»Ich weiß nicht«, Gina zog eine Grimasse, »da ist so viel, was ich nicht mag.«

Ermutigt von Vince und Casey machte sie schließlich weiter. »Du bist nett zu den Leuten, nur damit sie dich mögen. Du bist nur deshalb da, wo du heute bist, weil du gut aussiehst und dich anbiederst. Du hast deinen Abschluss nicht gemacht, bist nicht drangeblieben, vielleicht weil du nicht gescheit genug bist, um überhaupt einen Abschluss zu schaffen.«

Ich antwortete ihr, indem ich in meine Rolle schlüpfte: »Ich brauchte gar keinen Abschluss, weil ich auch ohne ihn bekommen habe, was ich will.«

»Das stimmt, aber da ist noch etwas. Du bist geradezu süchtig nach Anerkennung. Du bist eine Schleimerin. Du verkaufst dich, nur damit die anderen zufrieden sind mit dir. Du weißt doch gar nicht, was du willst. Du arbeitest nur deshalb so hart, damit die anderen dich annehmen.«

»Ich kann beruflich nur überleben, wenn sie mit meiner Arbeit zufrieden sind«, verteidigte ich mich, wie Gena es getan hätte.

»Mag schon sein, aber du kannst doch schon gar nicht mehr anders.«

»Aber ich weiß nicht, was ich sonst machen soll«, jammerte ich.

Gena fuchtelte mit dem Finger vor meiner Nase herum: »Steh für dich ein. Sag die Wahrheit. Fordere das, was du für dich willst.«

»Das kann ich nicht«, klagte ich.

»Lass das«, befahl Gena mit erhobener Stimme. »Ich kann es nicht ausstehen, wenn du das Opferlamm spielst.«

»Ich mache, was du willst«, versuchte ich sie zu besänftigen.

»Jesse«, lachte Gena, »hör auf damit! Du spielst meine Rolle viel zu gut.«

»Ich möchte nur, dass du mich magst.«

»Ich mag dich ja«, sagte Gena und berührte mein Knie.

»Obwohl ich mich verkaufe?«

»Ich will, dass du das in Zukunft nicht mehr tust«, befahl Gena.

»Bist du bereit«, fragte Vince, »jetzt wieder du selbst zu sein?«

»Diese Person will ich nicht mehr sein«, sagte Gena zögernd. »Also gut, ich tue es«, flüsterte sie und verbarg weinend ihr Gesicht in den Händen. Als sie die Hände senkte, war ein neuer Ausdruck in ihrem Gesicht.

»Könntest du jemanden wie dich oder mich gern haben?«, fragte ich sie.

»Wenn du es bist, fällt es mir leichter«, antwortete sie mit einem schiefen Lächeln.

»Welchen Rat kannst du Menschen wie uns geben?«, fragte ich sie weiter.

»Macht euch nicht so viele Gedanken darüber, was andere denken«, antwortete Gena. »Steht einfach auf und sagt, was ihr wirklich meint.«

»Gena, was tust du da gerade?«, wollte Vince wissen.
»Ich spreche meine ganz persönliche Wahrheit aus.«
Wie sie sich dabei fühle, fragte ich. »Ausgezeichnet.«
»Wie steht es mit deiner Energie?«, erkundigte sich Vince.
»Im Augenblick ist mein Energiepegel hoch. Mein Kopf ist klar.«
»Ich finde, du bist ganz schön hart mit Jesse«, witzelte Vince. »Sie ist doch eigentlich ein recht netter Mensch. Aber diese klare, kraftvolle, weise Frau da drüben gefällt mir sogar noch besser.« Vince berührte Genas Arm, als er ihr dieses Kompliment machte. »Sie ist großartig.«

»Ich bin wirklich beeindruckt«, fügte Casey hinzu, »wo hast du bisher bloß dieses Kraftwerk versteckt? Dein wirkliches Ich würde ich gern besser kennen lernen.«

»Das fühlt sich ganz anders an«, sagte Gena. »Ich fühle mich wirklich gut. Ich hätte nicht gedacht, dass es funktioniert. Ich hatte mir vorgenommen, einfach nur mitzuspielen, aber nun bin ich tatsächlich an einem neuen Punkt angelangt. Das gefällt mir. Kann ich das so konservieren?«

»Wahrscheinlich nicht«, antwortete Vince. »Aber du kannst dir jederzeit neuerlich Zugang zu diesem Gefühl verschaffen. Ich glaube, du hast gerade ein schwarzes Loch zugekleistert.«

Genas Vampirismusmuster war begründet in dem Wunsch, alles zu kontrollieren. Weil sie ihr schwarzes Loch erforschte, seine Funktionsweise durchschaute und es akzeptierte, konnte sie es auflösen. Da sie seine Muster ein Leben lang eingeübt und beibehalten hatte, war damit zu rechnen, dass sie wieder auf dieses schwarze Loch treffen würde; aber nun würde sie es erkennen und die Wahl haben, ob sie sich ihm unterwerfen wollte oder nicht. Sie konnte sich in das altvertraute schwarze Loch fallen lassen oder ihr Verhalten verändern.

Das durch die offene, tolerante Aufmerksamkeit von Vince und Casey erzeugte Energiefeld gestattete es Gena, sich selbst von einem neuen Blickwinkel aus in Augenschein zu nehmen. Ohne dieses Energiefeld wäre Gena nicht fähig gewesen, sich selbst mit Mitgefühl und liebevoller Annahme entgegenzutreten.

Gena schloss ihr schwarzes Loch, indem sie akzeptierte, was ihr an ihr selbst nicht gefiel. Geschlossene schwarze Löcher können neuerlich aktiviert werden, doch kommt dies seltener vor und geschieht dann meist weniger intensiv. Sobald wir unsere Energie aus einem schwarzen Loch abgezogen haben, sind wir fähig, unsere automatisierten Reaktionen zu verändern.

——— ••••• ———

Ich möchte Ihnen zwei Verfahren vorstellen, derer Sie sich bei der Erforschung und Auflösung Ihrer schwarzen Löcher bedienen können. Die Arbeit mit meinen Klienten und Kollegen hat mir geholfen, diese Verfahrensweisen zu entwickeln, doch die gründlichsten Erfahrungen habe ich mit meinen eigenen schwarzen Löchern gemacht. Wir stehen erst am Anfang der Erforschung dieser Art von schwarzen Löchern. Den Aktivierungsprozess zu durchschauen und dieses Wissen an andere weiterzugeben, ist einfach verglichen damit, die eigenen schwarzen Löcher tatsächlich zu schließen.

Manchmal scheint ein geschlossenes schwarzes Loch wie für alle Zeiten ausradiert und wird niemals wieder aktiviert. Viel häufiger jedoch kehren meine vermeintlich ausgeschalteten schwarzen Löcher zurück, jedenfalls noch eine Zeit lang. Die Erforschung eines neu ermittelten schwarzen Lochs ist für mich meist eine verblüffende und intensive Erfahrung. Beim zweiten Mal fällt mir der Prozess bereits erheblich leichter. Indem ich jedem bedeutenden schwarzen Loch einen eigenen Namen wie etwa »Verlassenheitsgefühl«, »Angst vor Zurückweisung« oder »Unzulänglichkeitsgefühl« gebe, kann ich es beim nächsten Mal besser erkennen. Einige meiner schwarzen Löcher werden mich mein Leben lang begleiten. Meine beste Chance ist die, dass ich sie rechtzeitig als das erkenne, was sie sind, und meine Reaktion verändere.

Wenn wir uns dabei erwischen, wie wir in ein schwarzes Loch abgleiten, dann haben wir Wahlmöglichkeiten, obwohl wir uns fühlen, als steckten wir darin fest. Es steht uns frei, genau auf unsere Reaktion zu achten, uns seinen Aktivierungsmechanismus zu merken oder es zu erforschen und zu schließen, sobald es aktiviert wird. Einige von uns sind bereit, sofort die Zeit und die Mittel zu investieren, um ihre schwarzen Löcher zu finden und aufzulösen. Andere brauchen mehr Unterstützung, bevor sie sich einem schwarzen Loch zu stellen wagen. Wieder andere wenden sich an Therapeuten, die mit ihnen arbeiten. Entscheiden Sie für sich, was und wie Sie die Aufgabe in Angriff nehmen möchten und welche Unterstützung Sie dafür brauchen. Auch wenn Sie keine Zeit haben und Ihnen keine Freunde zur Verfügung stehen, dieses Buch kann Ihnen zumindest den Prozess ins Bewusstsein rufen.

Es stehen Ihnen noch andere Wege offen. Sie können das gewohnte Muster durchbrechen, indem Sie in dem Augenblick, in dem ein schwarzes Loch bei Ihnen aktiviert wird, zwar nicht mit der sofortigen Aufarbeitung seines Inhalts beginnen, aber eben doch anders reagieren als sonst. Wenn Sie sich in dieser Situation normalerweise innerlich von Ihrem Gegenüber zurückziehen, dann sprechen Sie nun weiter und bitten um Hilfe. Wenn Sie sonst Ihre Stimme wütend erheben, erbitten Sie nun ein wenig Zeit für sich. Wenn Sie für gewöhnlich Ihre durch das schwarze Loch bedingte Reaktion rechtfertigen und erklären, dann sprechen Sie diesmal über Ihre Gefühle. Achten Sie darauf, was geschieht, wenn Sie Ihre Reaktionsweise verändern. Diese Herangehensweise unterscheidet sich erheblich von dem sonst vorherrschenden Leugnen und Vermeiden. Wenn wir unsere Reaktion verändern, dann erkennen wir das schwarze Loch in seiner Existenz an, nehmen es als das unsere an und entscheiden uns bewusst für einen anderen Umgang damit. Gar nicht erst in schwarze Löcher hineinzutappen fällt viel leichter, nachdem man sie ein erstes Mal erforscht und aufgelöst hat. Indem wir die Existenz von schwarzen Löchern leugnen, erkennen wir gar nicht erst, wie sorgsam wir sie umschiffen und in automatische Reaktionen verfallen. Leugnen ist für gewöhnlich eng mit einem Vampirismusmuster verknüpft.

Das wichtigste Hilfsmittel für die Auflösung eines schwarzen Lochs ist ein mit liebevoller Annahme aufgeladenes Energiefeld. Falls es Ihnen gelingt, in Ihrem Bewusstsein zwei Wirklichkeiten nebeneinander zu stellen, dann ist es Ihnen auch möglich, diese liebevolle Annahme selbst bereitzustellen. Wer regelmäßig meditiert und den entsprechenden Geisteszustand aufrechterhalten kann auch während er zugleich Angst und Schmerz empfindet, kann seine schwarzen Löcher ohne Hilfe auflösen. Sollten Sie jedoch Gebet und Meditation nicht regelmäßig praktizieren, dann rate ich Ihnen, sich ein paar Freunde zu suchen, die Ihnen ein mit liebevoller Annahme aufgeladenes Energiefeld bieten, während Sie Ihre empfindlichen Erinnerungen und hemmenden Überzeugungen erforschen.

Suchen Sie sich zwei Freunde, die Sie akzeptieren und mögen, wie Sie sind. Dieser erste Schritt kann bereits eine Herausforderung sein: Vergessen Sie dabei aber nicht, dass wir alle gemeinsam lernen, wie wir unser Leben verändern können. Wenn wir uns verletzlich fühlen, dann brauchen wir Freunde, die zuhören können und unsere schmerzhaften Erfahrungen anerkennen. Schlagen Sie stattdessen in die gleiche Kerbe der Beschämung, Schuldzuweisung und des Abscheus, wie wir selbst es mit uns ja bereits tun, dann sind wir mit unserem schwarzen Loch allein und stehen vor einer schwierigen, vielleicht einer zu schwierigen Aufgabe. Ich kann gar nicht genug hervorheben, wie wirkungsvoll die liebevolle Energie von Freunden in einem solchen Prozess ist. Sobald wir in den verletzlichen Zustand eintreten, in dem wir schwarze Löcher erleben, dominieren die Emotionen, Überzeugungen und Intentionen unserer anwesenden Freunde unser gemeinsames Energiefeld.

Suchen Sie nur Freunde aus, bei denen Sie darauf vertrauen können, dass sie für die Dauer Ihrer »Sitzung« auf die Mobilisierung ihrer eigenen Vampirismusstrategien verzichten. Indem wir unsere schwarzen Löcher erforschen und auflösen, erschließen wir schmerzhafte Erinnerungen. Es ist gefährlich, uns intensiv mit ihnen zu beschäftigen, wenn wir uns nicht sicher fühlen können. Liebevolle Energie ist entscheidend, um den Prozess erfolgreich zum Abschluss zu bringen.

Freunde lassen uns liebevolle Energie zuteil werden, wenn sie uns zuhören und akzeptieren, was wir zu sagen haben. Liebe kann zum Ausdruck kommen, indem man still dasitzt und geduldig darauf wartet, was als Nächstes geschieht. Liebe kennt keine vorgefassten Meinungen; sie führt nicht und dirigiert nicht. Liebe ist geduldig und freundlich; sie urteilt und beschuldigt nicht. Liebe überlässt die Kontrolle einem ausgedehnten spirituellen Energiefeld. Liebevolle Energie trägt allem, was geschieht, Rechnung, indem sie es annimmt. Anders als die Energie schwarzer Löcher braucht sie keinen Schutz. Liebe verbindet; sie trennt nicht und verschließt sich nicht, auch nicht unter Schmerzen. Liebe akzeptiert immer. Akzeptanz ergründet mit ehrfürchtiger Neugier. Liebevolle Akzeptanz ist manchmal still, manchmal neugierig, aber immer offen und im Fluss. Liebevolle Freunde akzeptieren uns, was immer wir auch falsch gemacht haben, und erkennen von einer höheren Warte aus, dass wir kein Unrecht tun. Es fällt uns leichter, selbst liebevolle Akzeptanz aufzubringen, sobald wir unsere schwarzen Löcher erforscht und aufgelöst haben. Schwarze Löcher blockieren den Fluss von liebevoller Energie.

Fragen Sie Freunde, die selbst schon an der Auflösung ihrer schwarzen Löcher gearbeitet haben. Freunde unterstützen Sie für gewöhnlich besser, als Ihre Familienangehörigen es könnten. In Familien ballen sich häufig schwarze Löcher und unbewusste Vampirismusmuster zusammen. Die Reaktion auf den Inhalt eines schwarzen Lochs kann leicht eine Reaktion auf den Inhalt eines zweiten schwarzen Lochs auslösen. Jemand, der Sie beim Abbau Ihrer schwarzen Löcher unterstützen soll und dabei mit den eigenen Schuldgefühlen und Ängsten kämpft, wird es schwer haben, ein von liebevoller Annahme getragenes Energiefeld aufrechtzuerhalten. In einer sehr engagierten Partnerschaft ist es jedoch möglich, sich gegenseitig bei der Auflösung schwarzer Löcher zu helfen.

Ich habe zwei Prozesse zur Auflösung von schwarzen Löchern entwickelt; im Zentrum des einen steht der Verstand, der andere beruht auf Körpererfahrungen.

Die Voraussetzung für beide sind ein ruhiger Ort, an dem Sie ungestört über Ihre Erfahrungen nachdenken und aus ihnen lernen können, ein spiritueller Führer, an den Sie sich wenden dürfen, und eine Gruppe von Freunden, die dazu in der Lage sind, gut zuzuhören und mitzufühlen. Schwarze Löcher werden für gewöhnlich unbeabsichtigt beziehungsweise automatisch aktiviert, doch es ist auch möglich, dies willentlich herbeizuführen. In beiden Fällen ist es entscheidend, zunächst ein von liebevoller Annahme erfülltes Energiefeld zu schaffen.

Im Mittelpunkt des ersten Prozesses steht, wie gesagt, der Verstand. Es ist möglich, mit dem Verstand schmerzhafte emotionale Erfahrungen zu erforschen und zu akzeptieren. Gute Therapeuten stützen sich auf Abwandlungen des verstandeszentrierten Prozesses. Indem wir uns dem schmerzhaften Inhalt unserer schwarzen Löcher stellen – unseren Ängsten und Gefühlen der Scham oder Unzulänglichkeit –, erschließen wir uns neue Perspektiven, aus denen heraus wir mit den Ereignissen, die zu ihrer Entstehung geführt haben, neu umgehen können. Damit erhalten wir die Möglichkeit, von einem Gefühl der Verletztheit zu größerem Verständnis zu kommen. Neue Informationen werden zugänglich und helfen uns, unsere Überzeugungen zu verändern und heikle emotionale Erinnerungen zum Abschluss zu bringen.

Der zweite Prozess ist körperzentriert. Körperliche Empfindungen wie Spannungen und Unbehagen helfen uns, schwarze Löcher zu erkennen und festzustellen, wo im Körper sie sich manifestiert haben. Wir haben die Möglichkeit, unsere versteckten Verletzlichkeiten körperlich zu erfahren. Konzentrierte Atmung und bestimmte Bewegungen können emotionale Energie aus unseren schwarzen Löchern befreien. Die in schwarzen

Löchern gespeicherten Gefühle lassen sich körperlich und emotional freisetzen, auch wenn wir sie mental nicht durchschauen.

Wenn man das Leben mit einem Fluss vergleicht, dann sind schwarze Löcher die Stromschnellen. Wer ein Kajak oder Boot durch Stromschnellen steuert, der hat anfangs vielleicht schreckliche Angst, doch sie kann sich schon bald in einen aufregenden und belebenden Nervenkitzel verwandeln, wenn es gelingt, die Herausforderung zu meistern. Die Begegnung mit unseren schwarzen Löchern kann eine ähnliche Erfahrung sein, weil wir in ihnen gleichfalls fremdes Terrain betreten, das uns vor große Herausforderungen stellt. Doch nicht jeder hat Spaß am Kajakfahren, und es ist auch nicht jeder erpicht auf die Konfrontation mit seinen schwarzen Löchern.

Wenn meine Freunde und ich eine Kajakfahrt unternehmen, dann lassen wir bei stürmischem oder wechselhaftem Wetter lieber die Finger davon, und wir tun uns auch nicht mit unzuverlässigen Leuten zusammen. Wir warten auf einen warmen, sonnigen Tag, an dem wir reichlich Zeit haben. So sollten auch Sie, wenn Sie sich die Erforschung eines Ihrer schwarzen Löcher vornehmen, die Gefährten für Ihre »Reise« sorgfältig auswählen und genug Zeit einplanen, damit Sie Ihre versteckten emotionalen Erinnerungen auch wirklich in dem Maße ergründen können, das Ihnen vorschwebt. Seien Sie darauf vorbereitet, dass Ihnen die erste Begegnung mit einem Ihrer schwarzen Löcher zunächst einmal Angst macht. Wenn wir mit unserem Kajak mitten in einer Stromschnelle herumwirbeln, dann brauchen wir mehr Zeit und Unterstützung. Wer sich in einem schwarzen Loch verliert, dem geht es nicht anders.

Verantwortungsbewusste Kajakfahrer wählen Flüsse mit interessanten, aber nicht mit lebensbedrohlichen

Stromschnellen. Machen auch Sie den Anfang mit einem »einfachen« schwarzen Loch, an dem Sie Ihre Fähigkeiten und das Vertrauen in Ihre Freunde erproben können. Wenn wir nicht richtig vorbereitet sind, dann können uns schwarze Löcher wie Stromschnellen gewaltig durchschütteln und in Gefahr bringen. Meine Freunde und ich bereiten uns gezielt darauf vor, den Colorado im Kajak durch den Grand Canyon zu befahren. Die Beschäftigung mit dem Fluss, das genaue Studium der Stromschnellen und die Festlegung der sichersten Route ließ uns einen Plan fassen, der unsere Vorgehensweise festlegte und uns für Gefahren sensibilisierte. Dieses Kapitel soll Ihnen gleichfalls als mentaler Plan für die Erforschung Ihrer schwarzen Löcher dienen. Sobald es Ihnen gelungen ist, die ersten kleineren schwarzen Löcher zu schließen, können Sie sich schon bald den größeren, anspruchsvolleren zuwenden.

Wählen Sie das Gewässer, das Sie befahren wollen, sorgfältig aus, und bereiten Sie die Freunde, die Ihnen auf Ihrer Fahrt beistehen sollen, gut vor. Sobald Sie die Stromschnellen erfolgreich passiert haben und in ruhigere Wasser geraten, wird Sie ein belebendes und berauschendes Hochgefühl erfassen. Hochstimmung gehört ebenfalls zu den Belohnungen, die die Freisetzung von schwarzen Löchern verspricht.

Sobald Sie bereit sind, wählen Sie zunächst ein für die Erforschung geeignetes schwarzes Loch. Gut möglich, dass Sie bereits mehrere ermittelt haben. Es ist jedoch etwas anderes, ob Sie von der Existenz eines schwarzen Lochs lediglich wissen oder ob Sie die darin versteckten geheimen Erinnerungen auch tatsächlich durchleben. Der Unterschied ist etwa so, wie wenn Sie ein Drama nur lesen oder auf der Bühne die Hauptrolle darin spielen. Vielleicht wissen wir, dass Kritik uns in die Defensive treibt. Wir können uns frühere Reaktionen ins Gedächtnis rufen und ihren Ablauf nachvollziehen. Das allein hindert diese automatisierten Reaktionen jedoch noch nicht daran, sich immer wieder neu abzuspulen. Wenn wir ein schwarzes Loch auflösen, dann durchleben wir die darin gespeicherten schmerzhaften Emotionen und körperlichen Empfindungen. Ein schwarzes Loch schließt sich erst, wenn wir seinen Inhalt neuerlich durchleben und annehmen.

Wir erleben schwarze Löcher auf vier Ebenen: der mentalen, emotionalen, physischen und spirituellen. Wir stoßen vor zu mentalen Einsichten und zu tief verankerten Entscheidungen und Überzeugungen. Wir durchleben schmerzhafte Emotionen wie Entsetzen, Beschämung, Zurückweisung und Verwirrung, vor denen wir uns bisher geschützt haben. Wir haben Empfindungen wie Unbehagen, Spannung, Herzklopfen, Erröten und Schwindel. Möglicherweise finden wir sogar zu einer Form von spiritueller Gnade oder Akzeptanz und können unsere menschlichen Fehler und Schwächen annehmen. Wenn sich ein schwarzes Loch schließt, dann sind wenigstens drei der vier Ebenen direkt beteiligt. Das gleichzeitige Erleben von mentalem Verstehen, körperlichem Empfinden, verletzlichem Fühlen und spirituellem Akzeptieren konzentriert unser Energiefeld und richtet es auf die Auflösung des betreffenden schwarzen Lochs aus.

Es reicht nicht aus, bestimmte Bewegungen zu machen oder Massagetechniken anzuwenden. Es reicht nicht aus, sich verletzlich zu fühlen und zu weinen. Es reicht nicht aus, die Zusammenhänge zu verstehen. Es reicht nicht aus, zu meditieren und zu beten. Schwarze Löcher lösen sich erst dann auf, wenn möglichst alle vier Ebenen zugleich erfahren werden.

Zunächst einmal müssen Sie das Schlüsselsignal Ihres schwarzen Lochs suchen – emotionale Intensität, negative Kritik, körperliches Unbehagen oder spirituelle Isolation. Möglicherweise löst ein trivialer Vorfall in Ihnen übertriebene Schuld- und Schamgefühle aus. Sich furchtbar schlecht zu fühlen, weil man jemanden unbeabsichtigt verletzt hat, kann der Hinweis auf ein schwarzes Loch sein. Möglicherweise nehmen Sie Ihre Vorurteile wahr oder den Wunsch, jemanden zu verändern. Vielleicht wird Ihnen bewusst, dass Sie einem anderen die Schuld in die Schuhe schieben. Energie-Vampirismus und Vampirismusmuster fungieren gleichfalls als Schlüsselsignale und zeigen Ihnen, wo Ihre schwarzen Löcher versteckt sind. Wenn Sie feststellen, dass Sie irgendeinem Menschen aus dem Weg gehen, dann fragen Sie sich, warum Sie das tun. Unbegründete Furcht und Besorgnis stellen ausgezeichnete Wegweiser zu schwarzen Löchern dar. Jedes dieser Schlüsselsignale kann Sie zu einem schwarzen Loch führen.

Der verstandeszentrierte Abbau schwarzer Löcher

Wie bereits erwähnt, bringen schwarze Löcher vier Ebenen unseres Daseins durcheinander: unsere körperliche Empfindung, unsere mentale Einsicht, unsere emotionalen Reaktionen und unseren spirituellen Kern. Im verstandeszentrierten Abbauprozess hat unsere mentale Einsicht die Führung, doch die anderen drei sind ebenfalls beteiligt. Der Prozess beginnt in dem Moment, da ein schwarzes Loch aktiviert wird. Dabei ist es egal, ob dies automatisch oder willentlich geschieht. Der Prozess hilft uns, ein Ereignis in unserer Lebensgeschichte aufzuspüren, das wir von einer verletzlicheren und kindlicheren Perspektive aus begreifen lernen. Er stellt Fragen, die uns darin unterstützen, dieses Ereignis und unsere emotionalen Erinnerungen zu erforschen und mit unseren Erfahrungen als erwachsener Mensch zu vergleichen. Unsere Erwachsenenperspektive liefert neue Informationen, die es uns gestatten, unsere Einsicht zu erweitern und unsere emotionalen und körperlichen Empfindungen zu akzeptieren. Sobald wir unsere persönlichen Erfahrungen annehmend nachvollziehen, werden schwarze Löcher aufgelöst.

Die willentliche Aktivierung eines schwarzen Lochs kann einen verstandeszentrierten Abbauprozess in Gang setzen. Laden Sie die Freunde ein, die Sie ausgewählt haben, damit sie Ihnen helfen, in einem Rollenspiel Ihr schwarzes Loch zu aktivieren. Wenn beispielsweise das Gefühl, unter der Kontrolle eines anderen Menschen zu stehen, bei Ihnen ein schwarzes Loch aktiviert, dann könnten Ihre Freunde so tun, als wollten sie Sie dominieren. Wenn Ausgeschlossensein bei Ihnen ein schwarzes Loch auslöst, dann könnten Ihre Freunde sie ignorieren und miteinander über Sie reden, als wären Sie gar nicht anwesend.

Entscheiden Sie sich für eines Ihrer schwarzen Löcher, und beschreiben Sie in allen Einzelheiten, wie es aktiviert wird. Vielleicht möchten Ihre Freunde Fragen stellen, um genau zu verstehen, wie sie Ihr schwarzes Loch aktivieren sollen. Sobald Ihre Freunde das getan haben, müssen sie ihr Rollenspiel beenden und Ihnen die entscheidende liebevolle Unterstützung gewähren.

Sobald alle in den Prozess eingeweiht sind und ihm zugestimmt haben, verlassen Sie den Raum, damit Ihre Freunde sich über ihre Vorgehensweise abstimmen können. Einer von ihnen wird Sie rufen, sobald alle Vorbereitungen abgeschlossen sind. Überlassen Sie es Ihren Freunden, wie sie anfangen, und teilen Sie es ihnen mit, sobald Ihr schwarzes Loch aktiviert ist, damit sie zu liebevoller Unterstützung übergehen können.

Lassen Sie sich nach der Aktivierung des schwarzen Lochs von Ihren versteckten Emotionen, Empfindungen und Überzeugungen mitreißen. Überlassen Sie sich Ihren Reaktionen, und nehmen Sie sie bewusst wahr. In dieser Situation werden Sie an sich zwei Wahrnehmungsebenen beobachten: eine, auf der Sie Ihre körperlichen Empfindungen und Ihre Emotionen erleben, und eine zweite, auf der Sie beobachten und begreifen, was mit Ihnen geschieht. Der Beobachter ist Ihr spirituelles Ich, das alles, was geschieht, wahrnimmt und annimmt. Ihr physisches Ich hingegen setzt sich mutig dem durch Ihr schwarzes Loch erzeugten Unbehagen aus. Ihr Beobachter-Ich ist wie der Ausleger an einem Boot: Ohne den Ausleger, der das Boot in rauer See stabilisiert, könnte dieses umschlagen und in den Wellen versinken. Unser spirituelles Beobachter-Ich stabilisiert uns während beunruhigender Erfahrungen.

Die gleichzeitige Wahrnehmung auf zwei Ebenen ist eine hoch differenzierte Fertigkeit. Möglicherweise bedarf sie einiger Übung. Meditation stärkt Ihr Beobachter-Ich und Ihre Fähigkeit, Ihre emotionalen und physischen Empfindungen wahrzunehmen. Ihr Beobachter-Ich hilft Ihnen, indem es Sie durch den Abbauprozess geleitet. Öffnen Sie sich für Ihr Erleben, während Sie es zugleich wahrnehmen und erforschen. Sollten Sie sich in Ihren Emotionen verlieren und sich durch sie geängstigt fühlen, dann konzentrieren Sie sich auf Ihren Atem. Nehmen Sie bewusst wahr, wie Sie ein- und ausatmen. Es ist Ihr Beobachter-Ich, das Ihre Atmung begleitet.

Falls Sie Freunde eingeladen haben, damit sie Ihnen bei der Erforschung und beim Abbau Ihrer schwarzen Löcher helfen, dann gehen Sie mit ihnen das nachfolgende 7-Schritte-Programm durch und bitten sie, bevor Sie beginnen, das siebente Kapitel zu lesen.

Spirituelle Unterstützung während des Prozesses erhalten Sie durch die liebevolle Annahme Ihrer Freunde. Oder aber Ihr Beobachter-Ich unterstützt Sie spirituell, indem es die Vorgänge registriert und liebevoll annimmt. Eine dritte Vorgehensweise besteht darin, Unterstützung direkt von der spirituellen Quelle zu erbitten. Sprechen Sie, bevor Sie mit der Erforschung eines schwarzen Lochs beginnen, ein kurzes Gebet, in dem Sie erklären, dass Sie ein schwarzes Loch schließen wollen und um Unterstützung durch Ihre spirituelle Quelle bitten. Ich glaube daran, dass jeder Mensch Schutzengel und Geistführer hat, die ihm helfen, die Schwierigkeiten des Lebens zu meistern. Falls Sie mit Ihren Geistführern bereits in Verbindung stehen und sie kennen, dann wenden Sie sich direkt an sie. Die Bitte um spirituelle Unterstützung kennt man in vielen verschiedenen religiösen und spirituellen Traditionen. Wählen Sie Worte aus Ihrer eigenen religiösen Praxis, die Ihnen etwas bedeuten. Sollten Sie keiner spirituellen Tradition nahe stehen, dann helfen Ihnen vielleicht die nachfolgenden Worte, um spirituelle Hilfe zu bitten.

Tiefste Weisheit, höchste Führung, ich lade meine Lebenskraft und die Energien der Quelle ein, mir dabei zu helfen, ein liebevolles, annehmendes Energiefeld zu schaffen, damit ich meine schwarzen Löcher erforschen und auflösen kann. Ich erbitte die Unterstützung durch die Kräfte meiner Schutzengel und Geistführer, damit ich Zugang zu allen Ebenen der Weisheit erhalte. Ich tue dies im Dienst der Heilung, meiner persönlichen Entwicklung, echten Lernens und des höchsten Gottes, der über allen Dingen steht.

Die Bitte um spirituelle Unterstützung trägt zur Aufrechterhaltung eines von Liebe und Annahme getragenen Energiefelds bei. Tun Sie, was Sie am meisten beruhigt.

Die sieben Schritte des verstandeszentrierten Abbauprozesses
Die nachfolgenden sieben Schritte dienen Ihnen als Richtlinien für die verstandeszentrierte Auflösung von schwarzen Löchern. Es ist nicht ausgeschlossen, dass Sie entweder nur einige der genannten Schritte benötigen oder aber den Prozess nach eigenem Ermessen noch um Zwischenstufen ergänzen. Die Schritte selbst verfügen über keinerlei magische Fähigkeiten. Die Magie liegt vielmehr in der freiwilligen Konfrontation mit schmerzenden, versteckten Emotionen und darin, dass Sie in dieser Erfahrung, die Sie in einem Feld aus liebevollem Annehmen machen, Ihr eigener Zeuge sind. Sobald Sie Ihr schwarzes Loch aktiviert haben, folgen Sie den Schritten, die Ihnen zweckdienlich erscheinen.

1. Stellen Sie fest, dass Sie sich in einem schwarzen Loch befinden.
2. Beanspruchen Sie es als Ihr schwarzes Loch, und erkennen Sie diese vertraute Erfahrung als Ihre eigene an.
3. Erforschen Sie die Emotionen, Überzeugungen und Empfindungen, die sich in Ihrem schwarzen Loch verbergen.
4. Erweitern Sie Ihr Verständnis, indem Sie Ihr damaliges mit Ihrem heutigen Erleben vergleichen.
5. Stellen Sie fest, welche Ziele Sie infolge Ihrer neuen Einsichten erreichen wollen.
6. Testen Sie den Auslösemechanismus, um herauszufinden, ob Sie Ihr schwarzes Loch wirklich geschlossen haben.

7. Geben Sie dem schwarzen Loch einen Namen, damit Sie es leichter erkennen, falls es wieder einmal aktiviert wird.

Schritt 1: Stellen Sie fest, dass Sie sich in einem schwarzen Loch befinden
Atmen Sie langsam und tief, sobald Sie verletzte Gefühle und schmerzhafte Empfindungen wahrnehmen. Machen Sie sich klar, dass der Atmen Ihr Bewusstsein in Ihr Beobachter-Ich verschiebt. Teilen Sie es Ihren Freunden mit, sobald das schwarze Loch aktiviert ist, damit sie von ihrem Rollenspiel zu liebevoller Annahme wechseln können. Freunde, die allem, was Ihnen in diesem Prozess zustößt, mit Offenheit begegnen und Ihre Erfahrung annehmen, sind die größte Hilfe für Sie. Freunde, die Sie in Ihren Schuldzuweisungen und Ihrem Zorn unterstützen, verhindern die Auflösung Ihres schwarzen Lochs.

Schritt 2: Beanspruchen Sie es als Ihr schwarzes Loch, und erkennen Sie diese vertraute Erfahrung als Ihre eigene an
Machen Sie sich bewusst, dass Ihre verletzten Gefühle Ihrem schwarzen Loch entstammen. Es ist angebracht, dass Ihre Freunde Ihnen nun Fragen stellen, um Ihnen bei einer genauen Beschreibung Ihrer inneren Erfahrung zu helfen. Auf der Basis ihrer eigenen Einschätzung können sie Ihnen auch andere nützliche Fragen stellen, wie etwa: Befindest du dich jetzt in einem schwarzen Loch? Welche Erfahrungen machst du dort? Wo in deinem Körper verursachen deine Gefühle eine Reaktion? Wie fühlt sich das an?

Schließen Sie die Augen, und denken Sie gründlich nach, bevor Sie jede Frage beantworten. Nehmen Sie sich genug Zeit, um Ihre Gedanken und Gefühle zu beobachten. Stellen Sie fest, ob die auftauchenden Empfindungen und Emotionen Ihnen vertraut sind. Nehmen Sie auch weiterhin Ihren Atem bewusst wahr. Indem Sie in die schmerzhaften Emotionen hineinatmen, setzen Sie Energie in Bewegung. Atmen Sie mit bewusster Aufmerksamkeit ein und aus.

Schritt 3: Erforschen Sie die Emotionen, Überzeugungen und Empfindungen, die sich in Ihrem schwarzen Loch verbergen
Gestatten Sie es Ihrem Geist, zu früheren Ereignissen, die sich ähnlich wie das anfühlen, was Sie jetzt empfinden, zurückzukehren. Lassen Sie zu, dass Ihre Neugier Sie zu Ihren verletzlichsten Emotionen führt. Dann öffnen Sie sich für das Sie umgebende, von Liebe und liebevoller Annahme durchdrungene Energiefeld. Ihre Freunde stellen Ihnen vielleicht Fragen, anhand derer Sie mehr über Ihr schwarzes Loch und seinen Ursprung herausfinden können: Wann hast du dich schon einmal so gefühlt? Welche früheste Erinnerung verbindest du mit diesen Emotionen? Was geschah damals? Wie alt warst du? Wo warst du? Wer sonst war anwesend? Was hast du getan? Was siehst du jetzt? Was hörst du die Leute sagen? Wie fühlst du dich dabei?

Beantworten Sie die Fragen Ihrer Freunde und denken Sie über Ihre Entdeckungen nach. Anfangs durchschauen Sie die Zusammenhänge vielleicht noch nicht vollständig. Haben Sie Geduld mit sich, und gestatten Sie es Ihrem Geist, auf jede Frage zu reagieren. Antworten Sie das, was Ihnen als Erstes in den Sinn kommt. Dann wird Ihre Geschichte nach und nach Form annehmen und Ihre Emotion an Stärke zulegen. Vergessen Sie nicht zu atmen. Möglicherweise empfinden Sie Schmerz, Kummer, Scham oder Wut. Vielleicht wollen Sie auch weinen. Tränen können die Auflösung von schwarzen Löchern wirkungsvoll vorantreiben. Gestatten Sie es Ihren Gefühlen und Ihren Tränen zu fließen. Versuchen Sie nicht, sie zu bremsen oder zu beeinflussen.

Schritt 4: Erweitern Sie Ihr Verständnis, indem Sie Ihr damaliges mit Ihrem heutigen Erleben vergleichen
Für diesen Schritt sind zwei Perspektiven erforderlich – die der Vergangenheit und die der Gegenwart. Beide Perspektiven nebeneinander zu stellen ermöglicht es Ihnen, die vergangene mit der gegenwärtigen zu verschmelzen und so Ihr schwarzes Loch zu schließen. Die Fragen, die Ihre Freunde in diesem Schritt stellen, richten sich an Ihr Beobachter-Ich: Wie lässt sich das Heute mit dem Gestern vergleichen? Wie unterscheidet sich das Heute vom Gestern? Wie unterscheidest du dich von der Person, die du damals warst?

Versuchen Sie gleichzeitig wahrzunehmen, wie Ihr Beobachter-Ich Sie heute sieht und welche Erfahrungen Ihr schwarzes Loch Ihnen aufzwingt. Vergleichen Sie die beiden Aspekte miteinander, indem Sie die Fragen Ihrer Freunde beantworten. Während Sie dies – aufgefangen von der liebevollen Annahme Ihrer Freunde – tun, verändern sich die Emotionen und Überzeugungen, die Ihr schwarzes Loch bisher für Sie versteckt gehalten hat. Vermutlich entwickeln Sie ein neues Verständnis für Ihre persönliche Geschichte. Sie können davon ausgehen, dass Ihre Emotionen und Empfindungen an Intensität abnehmen und sich auflösen, während Sie die beiden Perspektiven einander gegenüberstellen. Aus zwei Perspektiven, die bisher miteinander nicht in Berührung gekommen sind, erschaffen Sie ein neu ausgerichtetes Energiefeld.

Schritt 5: Stellen Sie fest, welche Ziele Sie infolge Ihrer neuen Einsichten erreichen wollen
Indem Sie nun von Ihren schmerzhaften Erfahrungen zu den Zielen wechseln, die Sie in Zukunft verfolgen wollen, verlassen Sie Ihr schwarzes Loch. Ihre Freunde können Ihnen helfen, einen Plan dafür zu entwickeln, was Sie mit dem neu Gelernten anfangen wollen. Ein Plan hilft Ihnen, Ihrem schwarzen Loch in Zukunft nicht mehr so leicht in die Falle zu gehen. Ihre Freunde unterstützen Sie, indem Sie Fragen zu diesem Plan stellen: Was willst du in der gegenwärtigen Situation erreichen? Was kannst du dazu tun, dass das gewünschte Ergebnis eintritt? Wie können wir dir dabei helfen? Was willst du in Zukunft anders machen?

Schritt 6: Testen Sie den Auslösemechanismus, um herauszufinden, ob Sie Ihr schwarzes Loch wirklich geschlossen haben
Wenn Sie sich nun im Frieden mit sich und ausgeglichen fühlen und Ihre Energie zu Ihnen zurückgekehrt ist, dann ist es an der Zeit, den Auslöser Ihres schwarzen Lochs erneut zu testen. Lassen Sie sich eine neue Reaktionsweise auf Ihr schwarzes Loch einfallen. Bitten Sie Ihre Freunde, das Auslöseszenario zu wiederholen. Reagieren Sie neu auf das schwarze Loch, so wie Sie es sich vorgenommen haben. Stellen Sie den Unterschied fest.

Schritt 7: Geben Sie dem schwarzen Loch einen Namen, damit Sie es leichter erkennen, falls es wieder einmal aktiviert wird
Im letzten Schritt des verstandeszentrierten Auflösungsprozesses geben Sie Ihrem schwarzen Loch einen Namen. Ein Name ist eine Art Kürzel, das Ihnen das Erkennen des schwarzen Lochs erleichtert. Nun endlich

werden Sie besser spüren als zuvor, wann es ausgelöst wird, und können sich sagen: »Ach ja, in diesem schwarzen Loch wohnt mein ›Hunger nach Zustimmung‹« oder »Hier sind meine ›Unzulänglichkeitsgefühle‹ zu Hause« oder »Dieses schwarze Loch beherbergt meine ›Unfähigkeit, Kritik einzustecken‹«. Indem Sie das Anhängsel »Was soll's, das passiert eben manchmal« anfügen, machen Sie es sich leichter, Ihr schwarzes Loch gar nicht erst zu aktivieren. Sein Name wird zu einer Formel, die das schwarze Loch entschärft. Mit ein wenig Übung können Sie sich in Zukunft Ihre bisherige Reaktion auf das schwarze Loch ersparen. Die nachfolgenden Fallbeispiele illustrieren den verstandeszentrierten Auflösungsprozess für schwarze Löcher und helfen Ihnen, ihn besser zu verstehen.

——— • • • • ———

Meine Kollegen Chris und Les besuchten mich an einem Samstag im April zu Hause. Wir saßen auf Holzstühlen um meinen Esstisch herum. Ich bat sie, mir zu helfen, meine Angst vor Ablehnung abzubauen.

Chris und Les stellten mir Fragen, um herauszufinden, was genau es war, das mein schwarzes Loch aktivierte. Sie versprachen, sich ein Szenario einfallen zu lassen, in dem sie mich mit Ablehnung konfrontieren würden. Ich verließ den Raum, und Chris und Les dachten sich unterdessen einen Gesprächsverlauf aus, der mein schwarzes Loch aktivieren würde. Sie kamen im Zuge des Rollespiels überein, mich gar nicht erst wieder hereinzurufen.

Nach einer Weile rief ich zu ihnen hinüber: »Was ist denn nun, seid ihr so weit?« Chris und Les ignorierten mich. »Also, ich komme jetzt«, sagte ich und setzte mich wieder zu ihnen.

Nun unterhielten sich Chris und Les über ein Trainingsprogramm, das sie für meinen Lieblingsklienten planten. Als sie sich einig wurden, dass sie dafür niemand anderen gebrauchen konnten, hing ich am Haken. Mein schwarzes Loch war aktiviert. Ich war verletzt, unruhig, wütend und beschämt. (*Schritt 1*)

Ich atmete in das einsetzende Gefühl hinein und stellte mir vor, dass jeder Atemzug in meinen Bauch floss. Ich fühlte mich zurückgewiesen, unfähig und unerwünscht.

Chris wollte wissen: »Hast du dein schwarzes Loch schon gefunden?«

»Ja«, antwortete ich. (*Schritt 2*)

Chris und Les stellten ihr Rollenspiel ein und wechselten zu liebevoller Annahme. »Wo in deinem Körper spürst du eine Reaktion?«, fragte Les.

»Hier in meinem Bauch«, antwortete ich und legte die Hände auf den Bauch.

»Wie fühlst du dich?«, erkundigte sich Les.

»Nervös, und außerdem ist mir ein wenig schlecht«, sagte ich und drückte die Hände noch etwas fester gegen meinen Bauch.

»Wann hast du dich zum ersten Mal so gefühlt?«, wollte Chris wissen.

»Ich weiß es nicht.«

»Siehst du vielleicht irgendwelche Bilder?« Les ließ nicht locker.

Ich schloss die Augen. »Da ist eine Tür ... Es ist die Tür zum Zimmer meines Bruders ... Sie ist verschlossen!« (*Schritt 3*)

»Was findet auf der anderen Seite der Tür statt?«, fragte Chris.

»Als ich ein Kind war, versperrten meine Brüder ihre Schlafzimmertür und taten so, als würden sie sich – ohne mich, versteht sich – prächtig amüsieren. Ich stehe vor der Tür und rufe, sie sollen mich hereinlassen, aber sie denken nicht daran.«

»Wie alt bist du?«, will Les wissen.

»Ich bin sieben. Wir waren gerade aus dem Kinderzimmer oben ausgezogen, weil meine kleine Schwester zur Welt gekommen war. Dort waren wir alle im gleichen Zimmer gewesen, doch nun hatten meine Brüder ein eigenes Zimmer und schlossen mich aus.«

»Was hat die heutige Situation mit dieser vergangenen gemeinsam?«, erkundigte sich Chris.

»Ihr beide habt mich genauso ausgeschlossen wie meine Brüder«, murmelte ich.

»Und wie unterscheiden sie sich?«, fragte Les.

»Ihr helft mir, indem ihr die richtigen Fragen stellt«, flüsterte ich.

»Wie unterscheidest du dich von dem Kind, das du damals warst?«, wollte Les wissen.

Ich richtete mich in meinem Stuhl auf. »Ich bin erwachsen. Ich kann für mich selbst sorgen. Ich habe andere Freunde«, antwortete ich ein wenig defensiv. (*Schritt 4*)

»Und was willst du jetzt erreichen?«, erkundigte sich Chris.

Ich öffnete meine Augen. »Ich möchte dazugehören. Ich will, dass man mich mag. Und ich will, dass man meinen Beitrag schätzt.«

»Was kannst du tun, um diese Ziele zu erreichen?«, fragte Chris.

»Ich kann euch fragen, ob ihr mich mögt«, sagte ich.

»Aber natürlich mögen wir dich«, echote Chris mit einem Augenzwinkern, und Les stimmte ein: »Ja, ich mag dich auch sehr.«

»Erinnerst du dich an den Tag, als ich so krank war und du meinen Kurs übernommen hast? Was würde ich bloß ohne so eine gute Freundin wie dich machen?«

»Es ist ganz erstaunlich«, erwiderte ich, »ich höre, was ihr sagt, auf eine ganz andere Weise. Es kommt in mir an einem anderen Ort an. Ich glaube euch. Ich fühle mich innerlich warm und angenehm.« (*Schritt 5*)

»Was könntest du noch tun?«, fragte Chris.

»Ich könnte euch fragen, wie ihr euch denn dieses Programm für meinen Klienten ohne mich vorstellt«, antwortete ich lachend. »Ihr wisst doch, dass es ohne mich gar nicht geht.«

»Das wissen wir schon, aber wir wollen dich auf die Probe stellen«, sagte Chris.

»Bist du bereit für diesen Test?«, erkundigte sich Les.

»Ich glaube schon. Etwas in mir ist in Bewegung geraten. Ich habe meine Energie zurückgewonnen. Wir wollen es probieren.« (*Schritt 6*)

Chris und Les begannen, wieder über das Trainingsprogramm zu sprechen und darüber, wie sie die Arbeit unter sich aufteilen würden.

»Ihr Jungs habt gar keine Chance, dieses Programm ohne mich durchzuziehen«, unterbrach ich sie lachend. »Ich weiß gar nicht, wie ihr überhaupt auf den Gedanken kommtet, es ohne mich zu versuchen.«

»Ja, diese Reaktion ist neu«, bemerkte Chris.

»Das gefällt mir schon besser. Wie fühlst du dich damit?«, wollte Les wissen.

»Es ist weg. Ich fühle mich anders. Irgendetwas hat sich bewegt. Beim ersten Mal habt ihr mich wirklich voll erwischt. Aber diesmal ist es anders. Das Entscheidende war, eure Liebe zu spüren.«

»Möchtest du diesem schwarzen Loch einen Namen geben?«, fragte Les.

»Es ist mein schwarzes Loch der Zurückweisung«, sagte ich. (*Schritt 7*)

Meine Brüder und ich waren uns sehr nahe gestanden; als sich das änderte, versäumte ich es, den Verlust zu betrauern. Stattdessen entsorgte ich meine Trauer in ein schwarzes Loch. Nachdem ich das innere Heiligtum meines schwarzen Lochs erst einmal freigelegt hatte, konnte sich die liebevolle Energie von Les und Chris darin ausbreiten. Mein schwarzes Loch war aufgelöst, meine Überzeugung im Kern verändert und meine Energie wieder ins Gleichgewicht gebracht. Mein schwarzes Loch der Zurückweisung ließ sich leicht auflösen. Der ganze Prozess dauerte nicht mehr als eine Stunde. Die meisten schwarzen Löcher können innerhalb weniger Minuten geschlossen werden; es kostet jedoch Zeit, die frühere mit der gegenwärtigen Perspektive zu vergleichen, einen Plan für die Verarbeitung des neu Gelernten zu entwickeln (*Schritt 5*) und das Energiefeld neu auszurichten. Ich habe mein schwarzes Loch der Zurückweisung seither mehrmals aufgesucht und andere schmerzliche Situationen des Ausgeschlossenseins darin entdeckt, doch keine von ihnen war so schmerzhaft wie die ursprüngliche.

Die Emotionen in Ihrem schwarzen Loch verursachen Ihnen vielleicht solche Schmerzen, dass Sie es nicht wagen, sich mit ihnen zu befassen. Möglicherweise hilft Ihnen das Wissen, dass es niemals nur eine gültige Version von einer Geschichte gibt. Wenn Zeugen vor Gericht aussagen, dann gibt jeder von ihnen eine neue Version der Wahrheit zum Besten. Gehen Sie davon aus, dass auch in Ihrer Geschichte mehr steckt, als Sie im Augenblick denken. Sobald Sie den schmerzhaften Mittelpunkt Ihres schwarzen Lochs erreicht haben, erzählen Sie sich selbst eine neue Version Ihrer Geschichte. Lassen Sie sich die Version einfallen, die Ihnen am liebsten gewesen wäre. Erzählen Sie beide Geschichten, die alte und die neue. Öffnen Sie sich für die Möglichkeiten, die sonst noch denkbar gewesen wären. Die alte Geschichte können Sie natürlich nicht ungeschehen machen, doch die emotionale Energie, mit der sie aufgeladen ist, kann dadurch freigesetzt werden, dass Sie einem anderen Ausgang eine Existenzberechtigung einräumen.

Zum Beispiel hätte ich meine Geschichte erweitern können, indem ich mir neue Gründe für das Handeln meiner Brüder hätte einfallen lassen. Es könnte doch sein, dass sie sich mit mir einen Spaß erlaubten, weil sie mich mochten. Vielleicht war auch mein älterer Bruder eifersüchtig, weil zwischen meinem jüngeren Bruder und mir eine besondere Nähe war. Oder aber ich hatte meine Brüder irgendwie geärgert, und sie rächten sich nun an mir. Jede dieser Geschichten war plausibel. Der Schlüssel zur Bewältigung eines schwarzen Lochs liegt darin, Ihre Wahrnehmung – die in der Vergangenheit in jenem Augenblick stecken geblieben ist, als Sie die mit ihr verbundenen schmerzhaften Emotionen und Empfindungen mit voller Wucht trafen –, über die eigentliche Geschichte hinaus zu erweitern. Nachfolgend noch einmal ein verstandeszentrierter Auflösungsprozess.

———— ••••• ————

Jon, ein Arzt, strahlt große Ruhe aus – eine Eigenschaft, die in der Notaufnahme des Krankenhauses, in der er arbeitet, entscheidend ist. Jon und Sharon, seine Frau, kamen zu mir, um gemeinsam an ihren schwarzen Löchern zu arbeiten. Sie hatten zwei Freunde, Carol und Peter, mitgebracht.

Jon erklärte sich als Erster bereit, eines seiner schwarzen Löcher zu erforschen. Er nannte Kritik als einen seiner Auslöser. Sharon und Carol wollten Jons schwarzes Loch für ihn aktivieren, während Peter Jon unterstützen würde. Jon verließ den Raum.

Die Gruppe kam überein, dass Sharon sich selbst und dass Carol eine unzufriedene Patientin spielen würde. Nachdem sie den Ablauf besprochen hatten, ging Peter, um Jon zu holen. Als Jon sich gesetzt hatte, machte Sharon ihm Vorhaltungen, weil er seine Bohrmaschine und anderes Werkzeug bei ihnen daheim vor der Haustür hatte liegen lassen. Außerdem beklagte sie sich, dass er den vollkommen verdreckten Hund ins Haus gelassen hatte und zu spät von der Arbeit nach Hause gekommen war. Carol jammerte, dass sie unter ständigen Schmerzen litt, weil die verabreichten Medikamente nicht wirkten. Viel mehr brauchte Jon nicht, um sich am Rande seines schwarzen Lochs wiederzufinden.

»Kennst du diese Gefühle aus einer früheren Situation?«, fragte Carol.

»Ich habe sie jedes Mal, wenn mich jemand kritisiert«, antwortete Jon. (*Schritt 2*)

»Kennst du solche Gefühle auch schon aus deiner Kindheit?«, erkundigte sich Sharon.

»Ja«, gab Jon zu.

»Was geschah damals?«, erkundigte sich Sharon.

»Meine Mutter hatte ständig etwas an mir auszusetzen«, gab Jon zurück. (*Schritt 3*)

»Es muss dir sehr wehgetan haben, dass deine Mutter mit dir nicht zufrieden war«, bemerkte Sharon.

Jon nickte. »Meine Mutter hat außerdem ständig meinen Vater kritisiert und sagte mir andauernd, ich solle nur ja nicht so wie er werden.«

»Sie wollte also nicht, dass du deinem Vater ähnelst«, überlegte Carol.

»Ja. Sie war der Meinung, dass er zu nichts taugte, und nörgelte ständig an ihm herum«, erklärte Jon.

»Folglich wolltest du auch nicht sein wie er«, schloss Sharon.

»Nein, und jedes Mal, wenn ich kritisiert werde, dann habe ich Angst, dass ich vielleicht auch nicht liebenswert bin«, gestand Jon.

»Wie fühlst du dich dabei?«, wollte Carol wissen.

Jon verschränkte die Arme vor der Brust, senkte den Kopf und murmelte: »Es ist schlimm ... ich bin wie verloren ... ich habe große Angst ... ich bin so allein.«

»Kannst du das jetzt spüren?«, fragte Sharon.

Jon ließ den Kopf noch tiefer fallen und bejahte.

»Wo spürst du es?«, erkundigte sich Sharon.

Jon rieb seine Brust. »Hier, in meinem Herzen.«

Sie waren eine Zeit lang still, um Jon die Gelegenheit zu geben, in den Schmerz in seiner Brust hineinzuatmen.

»Welcher Unterschied besteht zwischen dir heute und dir als Kind?«, forschte Carol.

Jon schüttelte den Kopf. »Ich habe keine Ahnung.«

»Liebt Sharon dich?«, fragte Carol.

Jon hob langsam den Kopf. »Ich hoffe es.« (*Schritt 4*)

Sharon beugte sich vor. »Jon, du sollst wissen, dass ich dich von ganzem Herzen liebe.«

»Auch dann, wenn ich meine Bohrmaschine und mein Werkzeug vor der Haustür vergesse?«

»Ja, auch wenn du dein Werkzeug aufzuräumen vergisst, liebe ich dich.«

»Wie unterscheidet sich die gegenwärtige Situation von der in der Vergangenheit?«, nahm Carol den Faden wieder auf.

»Sharon liebt mich.« Um Jons Augen machten sich kleine Fältchen breit, als er lächelte. (*Schritt 5*)

»Das tue ich, und du bist auch nicht dein Vater«, stimmte Sharon zu und sah ihm direkt in die Augen.

»Nein, ich bin nicht mein Vater, und du liebst mich auch dann, wenn ich nicht vollkommen bin.«

»Jon, was willst du jetzt mit deinen neuen Erkenntnissen anfangen?«, fragte Peter.

»Ich möchte mir sicher sein, dass ich geliebt werde.« Sharon nahm Jons Hände, zog ihn hoch und drückte ihn liebevoll an sich.

»Und wie fühlst du dich jetzt?«, erkundigte sich Carol.

»Ich fühle mich viel besser«, antwortete Jon grinsend.

»Wie steht's mit deiner Energie?«, wollte Peter wissen.

»Gut, ich fühle mich wirklich großartig.« Er hielt Sharon in den Armen und wiegte sie leicht hin und her.

»Bist du bereit für den Test?«, fragte Carol.

»Ja, ich bin bereit«, sagte Jon, während er und Sharon sich wieder hinsetzten.

»Jon, warum hast du den Hund ins Haus gelassen, obwohl er so dreckig war? Ich habe ewig gewartet, dass du endlich nach Hause kommst, und nun muss ich erst einmal das Haus putzen«, beklagte sich Sharon.

Jon grinste. (*Schritt 6*)

»Mir geht es wirklich schlecht«, fiel Carol ein. »Die Medikamente, die Sie mir verabreicht haben, wirken überhaupt nicht. Offenbar sind Sie kein besonders guter Arzt.«

»Erklären Sie mir genau, wie Sie sich fühlen«, entgegnete Jon ruhig.

»Ich muss mich ständig übergeben, seit ich diese Tabletten nehme«, jammerte Carol.

»Kein Problem, wir werden dann eben ein Medikament aussuchen, das Sie besser vertragen«, antwortete Jon.

»Wie geht es dir damit, Jon?«, erkundigte sich Peter.

»Ich fühle mich anders. Ich glaube, das schwarze Loch ist weg. Ich fürchtete schon, so wie mein Vater zu sein und deshalb auch so behandelt zu werden, wie es meine Mutter tat. So wollte ich mich nie behandeln lassen. Mir war das nicht klar ... was für eine Erleichterung. Ihr habt mir wirklich zu einer wichtigen und großen Veränderung verholfen.«

Schwarze Löcher lösen sich für gewöhnlich nicht unmittelbar in Rauch auf, sondern verblassen langsam. Jedes Mal, wenn wir sie als die unseren erkennen und unsere Reaktion auf sie verändern, haben sie weniger Macht über uns. Jon lässt sich noch immer nicht gern Vorhaltungen machen, doch nun findet er in einer solchen Situation früher oder später zu sich und nimmt Einfluss auf seine Reaktion. Wenn man ihn heute kritisiert, dann kann er sagen: »Ich fühle mich kritisiert und habe dieses altvertraute Gefühl, dass ich am liebsten zumachen und mich zurückziehen möchte. Aber ich weiß, dass du mich liebst, auch wenn ich etwas verkehrt gemacht habe. Also lass uns darüber reden.« Als Jon sein Verhalten änderte, nahm er damit auch Einfluss auf Sharons Muster. Es fällt ihnen jetzt leichter, miteinander über Probleme zu sprechen.

——— • • • • • ———

Der körperzentrierte Abbau schwarzer Löcher

Im körperzentrierten Abbau schwarzer Löcher geht es um das Finden und Auflösen von Energieblockaden mit Hilfe von Bewegungen und der Wahrnehmung Ihrer körperlichen Empfindungen. Emotionales Erleben, mentale Einsichten und spirituelle Akzeptanz spielen allesamt eine Rolle, doch im Prozess selbst haben körperliche Empfindungen Priorität. Manche schwarze Löcher lassen sich durch den körperzentrierten Abbauprozess leichter auflösen; außerdem kommen einige

Menschen besser damit zurecht, wenn sie sich auf ihr körperliches statt auf ihr mentales Bewusstsein konzentrieren dürfen.

Der körperzentrierte Abbau schwarzer Löcher funktioniert am besten mit Ängsten, die wir körperlich als Übelkeit, Anspannung, Herzklopfen oder ähnliche Äußerung spüren. In diesem Prozess erforschen wir auf der Ebene des Körpers die Empfindungen, die von unseren Ängsten hervorgerufen werden, sowie die Scham und Frustration, die mit ihnen einhergehen. Sobald es uns gelingt, einige unserer Ängste aufzulösen, können vielleicht andere, tiefer liegende zu Tage treten. Der körperzentrierte Abbauprozess bearbeitet jede einzelne Schicht, bis keine weiteren Ängste mehr an die Oberfläche treten. Für gewöhnlich findet sich ein positiver Zweck an der Wurzel unserer Ängste: Unsere Ängste haben uns schließlich ein Leben lang beschützt. Ein wichtiger Bestandteil des Prozesses ist es, den ursprünglichen, positiven Zweck unserer Ängste zu ermitteln.

Wie im verstandeszentrierten Abbauprozess können schwarze Löcher entweder automatisch oder willentlich aktiviert werden. Sobald sich Ihr schwarzes Loch bemerkbar macht, werden Sie Anspannung oder Unbehagen in Ihrem Körper wahrnehmen. Indem Sie sich auf Ihre körperlichen Empfindungen konzentrieren, können Sie zum verletzlichen inneren Heiligtum Ihres schwarzen Lochs vordringen. Körperliche Bewegungen liefern die Energie, um schwarze Löcher aufzulösen. Allein schon bewusstes Atmen kann körperliche Empfindungen und Emotionen freisetzen.

Während man sich im verstandeszentrierten Abbauprozess auf die Erweiterung der mit dem schwarzen Loch verbundenen Geschichte konzentriert, verstärkt der körperzentrierte Abbauprozess die mit dem ursprünglichen Ereignis assoziierten körperlichen Empfindungen. Beide Prozesse befassen sich mit den verletzten Emotionen, die Sie in Ihrem schwarzen Loch schützen, und beide nutzen bewusstes Atmen zur Energiefreisetzung. Der verstandeszentrierte Prozess konzentriert sich darauf, Ihr Verständnis zu fördern, während es im körperzentrierten Prozess darum geht, Einfluss auf Ihre körperlichen Empfindungen zu nehmen.

Die fünf Schritte
des körperzentrierten Abbauprozesses
Die folgenden fünf Schritte dienen als Richtlinie für den körperzentrierten Abbauprozess. Sie können entweder alle Schritte für sich übernehmen oder neue hinzufügen, die Ihnen hilfreicher erscheinen. Den Augenblick des Loslassens haben Sie erreicht, wenn Sie das verletzliche innere Heiligtum Ihres schwarzen Lochs in einem Feld liebevollen Annehmens erleben.

1. Gestatten Sie es Ihrer Angst, Sie ins Zentrum des schwarzen Lochs zu führen.
2. Erforschen und beschreiben Sie Ihre körperlichen Empfindungen.
3. Benennen Sie andere versteckte Emotionen.
4. Erweitern Sie Ihre körperlichen Empfindungen durch bewusstes Atmen und körperliche Bewegungen.
5. Suchen Sie die gelernte Lektion.

Mit körperzentrierten Abbauprozessen können Sie entweder auf eigene Faust arbeiten oder sich dabei von Freunden helfen lassen. Falls Sie allein arbeiten, muss Ihr Beobachter-Ich ein von liebevoller Annahme durchdrungenes Energiefeld herstellen. Falls Sie Freunde eingeladen haben, gehen Sie mit ihnen das nachfolgende 5-Schritte-Programm durch und bitten sie, als Vorbereitung Kapitel sieben zu lesen. Ich rate Ihnen außerdem, spirituelle Führung und Unterstützung zu erbitten.

Schritt 1: Gestatten Sie es Ihrer Angst, Sie ins Zentrum des schwarzen Lochs zu führen
Sie haben zwei Möglichkeiten, Ihre Ängste beim körperzentrierten Abbauprozess aufzuspüren. Am leichtesten fällt der Anfang, wenn Sie etwas bezeichnen können, wovor Sie Angst haben – etwa Krankheit, Versagen, öffentliche Auftritte, Einsamkeit, ein einsamer Tod, Kontrollverlust. Fragen Sie sich, wo in Ihrem Körper Sie diese Angst spüren. Nehmen Sie Verspannungen, körperliches Unbehagen, Prickeln oder andere Empfindungen bewusst wahr. Oder aber Sie beobachten ein anhaltendes Muster – eine Krankheit, eine Abhängigkeit oder Sucht, ein sich wiederholendes Gedankenmuster, ein Vampirismusmechanismus. Suchen Sie etwas in Ihrem Leben, das nicht funktioniert, das ein eigenes Muster hat oder ein Eigenleben zu führen scheint. Stellen Sie fest, wie dieses Muster Ihnen nutzt, wie es Sie begrenzt und worauf es Ihnen so verzweifelt den Blick verbaut. Beantworten Sie jede Frage so umfassend wie möglich. Stellen Sie fest, wo in Ihrem Körper Sie die Angst spüren. Hier sind einige der Fragen, die Ihnen helfen werden, Ihre Ängste zu lokalisieren:

- Wovor haben Sie Angst? (Falls Sie diese Frage unumwunden beantworten können, gehen Sie gleich zu Schritt 2 über.)
- Womit kämpfen Sie?
- Wie schränkt Sie dieses Muster ein?
- Worauf will das Muster Ihnen den Blick verstellen?

Schritt 2: Erforschen und beschreiben Sie Ihre körperlichen Empfindungen
Sobald Angst ein schwarzes Loch aktiviert hat, müssen Sie sich auf Ihre körperliche Reaktion konzentrieren. Begeben Sie sich vollständig in die Reaktion hinein. Sie müssen nicht sprechen, während Sie sich den dazugehörigen Gefühlen stellen. Achten Sie auf Ihre Reaktionen, und atmen Sie bewusst in die körperlichen Empfindungen hinein. Stellen Sie sich vor, wie Ihr Atem in Ihre Verspannungen und in Ihr körperliches Unbehagen hineinfließt. Überlassen Sie sich, während Sie atmen, ganz Ihren körperlichen Empfindungen und Emotionen.

Beschreiben Sie, wo in Ihrem Körper Sie die Reaktion spüren. Am häufigsten werden Herz, Bauch, Kopf und Hals genannt, doch können Sie Verspannungen und Unbehagen auch in jedem anderen Bereich empfinden. Beschreiben Sie Ihren Freunden Ihre Empfindung so, als könnten Sie sie sehen. Welche Farbe hat sie, ist sie schwarz, grau oder gelb? Welche ist ihre Konsistenz, ist sie hart wie Eisen oder weich und klebrig wie Schleim? Woran erinnert sie Sie – an Watte, Holz, Stahl, zerknittertes Papier? Die genaue Beschreibung sorgt dafür, dass Sie die Blockierung Ihrer Energie anerkennen. Die folgenden Fragen helfen Ihnen vielleicht bei der Beschreibung Ihrer körperlichen Reaktion:

- Wo in Ihrem Körper spüren Sie die Angst?
- Wie fühlt sie sich an?
- Wie sieht sie aus?
- Welche Farbe hat sie?
- Woran erinnert sie Sie?

Schritt 3: Benennen Sie andere versteckte Emotionen
Möglicherweise haben Sie einen Knoten im Bauch, oder Ihr Lendenwirbelbereich ist verspannt, oder Ihr Herz fühlt sich schwer an. Benennen Sie jede erwähnenswerte Empfindung, und atmen Sie bewusst in sie hinein, bis sie nachlässt. Stellen Sie sich selbst Fragen wie etwa die folgenden, oder bitten Sie Ihre Freunde darum:

- Was wäre noch schlimmer als die ursprüngliche Angst, noch beängstigender, noch beschämender, noch besorgniserregender?
- Wo in Ihrem Körper ist das neue Gefühl lokalisiert?
- Sind Scham, Wut oder Frustration mit Ihrer Angst verbunden?
- Auf wen sind Sie wütend, wer frustriert Sie?
- Gibt es noch andere Personen, auf die Sie ebenfalls wütend sind oder die Sie frustrieren?
- Wo in Ihrem Körper ist diese Frustration oder Wut angesiedelt?
- Wie sieht das Gefühl aus, und wie fühlt es sich an?
- Gibt es etwas, das noch schlimmer wäre?

Gehen Sie diese Liste von Fragen so lange durch, bis Ihnen nichts Schlimmeres mehr einfällt.

Schritt 4: Erweitern Sie Ihre körperlichen Empfindungen durch bewusstes Atmen und körperliche Bewegungen
Konzentrieren Sie sich auf Ihre Atmung, während Sie Ihr schwarzes Loch untersuchen. Ihre Atmung vermag Energie in Bewegung zu setzen. Indem Sie in Ihre körperliche Empfindung hineinatmen, können Sie mit Ihrem Atem Energie freilassen. Stellen Sie sich Ihren Atem wie einen Blasebalg vor, den Sie auf ein emotionales Feuer richten. Ihr Atem facht die Flammen Ihrer Emo-

tionen an und gestattet es Ihnen, Ihr schwarzes Loch vollständig auszuloten. Betrachten Sie Ihre Emotion als Treibkraft. Zuletzt, wenn der Kraftstoff verbraucht ist, erlischt das emotionale Feuer. Überlassen Sie sich Ihrem Schmerz. Akzeptieren Sie Ihre Angst. Begeben Sie sich bereitwillig in Ihre Verletzlichkeit und Emotionalität. Sie werden das, was Sie versteckt haben, auf jeden Fall überleben. Aus einem schwarzen Loch herauszukommen kann wenige Minuten oder mehrere Stunden dauern, je nachdem, wie viel emotionalen Kraftstoff Sie zu verbrennen haben. Noch während sich Ihr Feuer abkühlt, wird Ihr Energiepegel ansteigen.

Sobald nichts mehr da ist, wovor Sie sich ängstigen könnten, stellen Sie sich vor, dass Sie all die energetischen Empfindungen, die Sie beschrieben haben, entfernen. Halten Sie an Ihrem erklärten Ziel fest, sich von jeglicher blockierter Energie zu befreien. Sie können die blockierte Energie mit den Händen von Ihrem Körper abstreifen oder sich vorstellen, dass Sie sie aus Ihrem Körper ziehen. Malen Sie sich aus, wie Sie unsichtbare Energie von Ihrem Körper »schälen« und auf dem Boden ablegen. Beschreiben Sie den entstandenen Energiehaufen. Welche Farbe hat er, welche Konsistenz?

Statt solche Bilder zu erzeugen, können Sie die blockierte Energie auch abschütteln, indem Sie gehen, tanzen, laufen, sich sportlich betätigen oder Ihren Körper rhythmisch bewegen. Wählen Sie ausschließlich Bewegungen, bei denen Sie sich wohl und sicher fühlen. Jede derartige Bewegung hilft Ihnen weiter. Wenn Sie daran glauben, dass Ihr Tun blockierte Energie freisetzt, dann wird es auch geschehen.

Sobald Sie Ihr schwarzes Loch aufgelöst haben, werden die unangenehmen körperlichen Empfindungen abnehmen. Sie verschwinden vielleicht nicht sofort und nicht auf Anhieb vollständig, doch Sie werden sich mit ihnen besser fühlen als im Übergang von Schritt 2 und 3. Manchmal braucht man ein paar Wochen, um körperliche Empfindungen vollständig aufzulösen, so wie es ja auch ein paar Wochen dauern kann, bis eine physische Verletzung verheilt. Schwarze Löcher benötigen möglicherweise zusätzliche Zeit, um ganz und gar aufgelöst zu werden und zu heilen.

Schritt 5: Suchen Sie die gelernte Lektion
Sobald Ihre körperlichen Empfindungen nachlassen, werden Sie sicher wissen wollen, welche Lektion Ihnen dieser Abbauprozess erteilt hat. Fragen Sie den imaginären Haufen blockierter Energie, welche Botschaft er für Sie hat, oder einfach sich selbst, was Sie gelernt haben. Schenken Sie allem Beachtung, was Ihnen in den Sinn kommt, und schreiben Sie es entweder auf, oder teilen Sie es Ihren Freunden mit. Falls Ihnen nichts dazu einfällt, dann ist das ebenfalls in Ordnung. Die Frage kann nützlich sein, um dieses schwarze Loch für die Zukunft zu schließen, muss dies aber nicht unbedingt tun.

Der körperzentrierte Abbauprozess läuft langsamer ab als der verstandeszentrierte. Sie brauchen eine Zeit lang, um in jede der ausgelösten Empfindungen hineinzuatmen. Während Sie über jede Empfindung genau nachdenken und Ihren Atem an die entsprechende Stelle in Ihrem Körper schicken, wird sie sich zunächst ausdehnen und dann auflösen. Schließlich wird es nichts mehr geben, dessen Sie sich schämen oder vor dem Sie sich fürchten müssen. Die in dem schwarzen Loch versteckten Empfindungen und Emotionen werden abgenommen haben.

Machen Sie sich bei dieser Arbeit keine Gedanken darüber, welches für Sie das beste Ergebnis ist. Erkennen Sie, dass, was immer Sie auch finden, das Richtige für Sie ist. Wenn Sie meinen, vom Weg abgekommen zu sein, dann machen Sie genau an der Stelle weiter. Entwickeln Sie keine Bilder davon, was als Nächstes kommen sollte oder was Sie fühlen müssen. Folgen Sie Ihrem Körper, und vertrauen Sie Ihren menschlichen und Ihren Geistführern. Wann immer Sie meinen, in einer Emotion stecken geblieben zu sein, und nicht wissen, was Sie als Nächstes tun sollen, atmen Sie in dieses Gefühl hinein und erforschen Sie die dazugehörigen körperlichen Empfindungen. Manche Menschen gewinnen Einsichten, indem sie ihre Geistführer um den Zugang zu tieferer Weisheit bitten.

Wie der verstandeszentrierte Prozess funktioniert auch der körperzentrierte am besten in der Gegenwart liebevoller Akzeptanz. Sobald Sie sich erst einmal auf die Reise zu einem Ihrer schwarzen Löcher begeben, wird es Ihnen schwer fallen umzukehren. Den Prozess abzubrechen kann Ihre Ängste verstärken und vermehren, so als würden Sie mitten in einem gefährlichen Fluss in den Stromschnellen herumgewirbelt. Erst wenn Sie das schwarze Loch vollständig erforschen, bauen Sie es ab. Falls Sie meinen, stecken geblieben zu sein, dann hilft Ihnen nahezu jede Bewegung aus diesem Gefühl heraus. Das ist einer der Gründe, warum frustrierte oder wütende Menschen manchmal einen großen Bewegungsdrang verspüren. Sie laufen fort, werfen mit Gegenständen oder knallen mit Türen. Solche Handlungen kann ich nicht empfehlen, doch wer unter Druck steht, greift manchmal eben instinktiv auf sie zurück, um Energie abzubauen.

Vielleicht möchten Sie für sich ein paar Übungen zum Energieabbau entwickeln. Zum Beispiel genießen viele Menschen den sportlichen Wettkampf um der körperlichen Bewegung und um des »Dampfablassens« willen. Frauen scheinen insbesondere Spaß an tänzerischen Bewegungen oder an Aerobic zu haben. Für mich ist Laufen am besten geeignet. Da ich nun seit fünfundzwanzig Jahren jogge, überrascht es mich nicht mehr, dass ich nach dem Laufen mehr Energie habe als vorher.

Außer durch körperliche Bewegung können schwarze Löcher auch durch die therapeutische Behandlung Ihres Körpers aufgelöst werden. Beispiele sind Krankengymnastik, Chiropraktik, Akupunktur, Massage, Craniosakraltherapie und Atemarbeit. Es gibt außerdem energetisch arbeitende Heiler, die Einfluss auf emotionale Energien nehmen können. Solche therapeutischen Behandlungen sind denkbar, wenn Sie das Gefühl haben, beim Abbau eines Ihrer schwarzen Löcher nicht weiterzukommen.

——— ·····———

Mein Kollege Jerry bat mich, ihm beim Abbau eines schwarzen Lochs zu helfen, das er in Bezug auf seine Arbeit hatte. Jerry berät Firmen und arbeitet manchmal mit mehr als hundert Personen auf einmal. Ich saß in seinem Büro, als wir über seine Ängste sprachen.

»Ich weiß, dass ich meine Arbeit gut mache«, sagte Jerry. »Ich bin seit Jahren damit erfolgreich. Alle sagen mir, dass sie mit mir zufrieden sind, und ich begreife einfach nicht, warum ich mir wegen meiner Arbeit solche Sorgen mache. Das passt doch nicht zusammen.«

»Ich habe dich dabei beobachtet, wie du mit Menschen umgehst«, stimmte ich ihm zu. »Deine Ehrlichkeit und deine Menschenkenntnis sind einfach beeindruckend.«

»Mit diesem Büro habe ich solches Glück«, fuhr Jerry fort und spielte nervös mit einem Bleistift. »Meine Frau und ich haben es gerade so umgestaltet, damit wir mehr vom Garten haben.«

»Das ist euch sehr gut gelungen«, stimmte ich zu. »Es wirkt friedlich hier mit all den Pflanzen und dem vielen Licht.«

»Ja, du hast Recht, es ist friedlich hier. Das ist die Ironie an der ganzen Sache. Ich mache mir solche Sorgen wegen meines ersten Auftrags bei diesem neuen Klienten. Ich kann mich einfach nicht entspannen und es genießen, dass ich hier in meinem neuen Büro sitze.« Jerry rutschte unruhig auf seinem Stuhl umher.

»Möchtest du, dass ich dir helfe, die Gründe dafür herauszufinden?«, bot ich an. Jerry war einverstanden, und ich fragte ihn: »Macht es dir etwas aus, wenn ich für diesen Prozess Führung erbitte?«

»Nein, gar nicht, vielleicht hilft es ja«, stimmte er zu.

Ich schloss die Augen. »Höchste Weisheit, ich bitte dich um deine Führung und Hilfe, wenn wir jetzt nach den Ursachen für Jerrys unbegründete Besorgnis suchen. Ich fordere die Energie der Quelle sowie Jerrys Geistführer und Schutzengel auf, zum Wohle und für die Gesundheit aller an diesem Prozess teilzunehmen.«

Dann bat ich Jerry, mir mitzuteilen, was ihm Sorgen bereitete.

»Ich wurde von einer landesweit tätigen Beraterfirma engagiert«, erklärte Jerry, »all ihre Programme zu lernen. Das habe ich getan, und es war kein Problem. Doch jetzt soll ich bei einem mir unbekannten Klienten zum ersten Mal einen ihrer dreitägigen Kurse leiten.« (*Schritt 1*)

»Und das macht dich nervös?«

»Ja, ich mache mir wirklich Sorgen deshalb. Ich habe Angst, es aus lauter Nervosität zu vermasseln. Ich kenne die Materie, schließlich arbeite ich seit Jahren in diesem Bereich. Aber ich fürchte, dass ich mich so sehr anstrengen werde, wirklich gut zu sein, dass es zum Schluss so wirkt, als versuche ich es eben nur und sei es nicht wirklich. Ich habe Angst, dass ich mich zwar sehr bemühen werde, dass es mir aber nicht gelingen wird, mir den Stoff anzueignen. Hört sich das einigermaßen nachvollziehbar an?«

»Ja«, sagte ich, »ich verstehe, was du sagen willst. Wo in deinem Körper spürst du deine Angst?«

Jerry legte die Hand auf seine Brust. »Hier.«

»Du spürst sie in deinem Herzen? Wie fühlt es sich da drin an?«, fragte ich.

»Da ist eine Enge und im Hintergrund ein Flattern.« (*Schritt 2*)

»Lass dich jetzt bitte auf deine Angst ein«, forderte ich ihn auf. »Lass die Enge zunehmen.«

Jerry schloss die Augen, und ich wartete.

»Nun ist sie weitergewandert«, verkündete Jerry.

»Wo ist sie jetzt?«, wollte ich wissen.

»Hier«, Jerry verschob seine Hand, bis sie über seinem Solarplexus zu liegen kam.

»Welche Empfindung kannst du dort wahrnehmen?«

»Unbehagen, es fühlt sich wie ein Druck an, das Flattern hat aber aufgehört.«

»Jetzt denk an den Kurs, den du nächste Woche halten willst«, forderte ich ihn auf. »Stell dir die Leute vor und wie sie auf dich reagieren. Bleib zugleich bei dem Druck, der Angst und dem Unbehagen, die du empfindest.«

Jerry atmete und saß ansonsten bewegungslos da.

»Okay«, sagte er, »jetzt nimmt es ab. Der Druck ist ein wenig zurückgegangen.«

Ich stellte ihm die nächste Frage. »Was wäre für dich noch schlimmer, als dich zu sehr zu bemühen und vor den Leuten nicht du selbst zu sein?«

»Sie würden mich nicht mögen, könnten mich nicht ausstehen, und die Firma würde mich nicht noch einmal anfordern. Ich käme mir wie ein Versager vor«, antwortete Jerry und sank tiefer in seinen Sessel. (*Schritt 3*)

»Du würdest dich wie ein Versager fühlen, und sie würden dich nicht mehr haben wollen. Kannst du diese Empfindung spüren?«

»Ja«, sagte Jerry, »es fühlt sich scheußlich an und gefällt mir überhaupt nicht.«

»Wo spürst du es?«

Jerry legte seine Hand wieder über sein Herz.

»Wie fühlt es sich an?«

»Eng«, erwiderte er. »Ich habe ein Gefühl, als sei mir ein Stahlband um die Brust gelegt.«

»Dein Herz ist eingeengt, und du fühlst dich wie ein Versager«, fasste ich für ihn zusammen.

Jerry bewegte sich in seinem Stuhl. Die Augen hatte er noch immer geschlossen.

»Was wäre noch schlimmer, als ein Versager zu sein? Was wäre noch schlimmer, als von den Leuten gehasst zu werden?«, fragte ich ruhig.

»Ich wäre gesellschaftlich geächtet. Niemand würde mehr etwas mit mir zu tun haben wollen. Sie würden sagen, ich solle aufhören. Ich würde gehen müssen. Ich würde nicht wissen, wovon ich leben soll. Ich würde sterben. Das wäre noch schlimmer, als ein Versager zu sein. Ich wäre tot.« Jerrys Kinn zitterte.

»Macht dich das zornig?«

»Ja, aber eigentlich bin ich eher frustriert.«

»Wer frustriert dich?«, bohrte ich weiter.

»Zunächst einmal die Gruppe, weil sie mich ablehnt, aber auch ich selbst, weil ich mich so sehr anstrenge, obwohl ich mich doch einfach nur darauf einlassen und ich selbst sein muss. Warum strenge ich mich so sehr an? Ich bin gut so, wie ich bin.«

»Ja, du bist gut so, wie du bist, und du bist frustriert von dir selbst, weil du meinst, einen solchen Aufwand

betreiben zu müssen«, fiel ich ein. »Wo spürst du das?«
Jerry fuhr mit seiner Hand von der Brust zum Solarplexus. »Überall hier«, sagte er, »überall in mir.«
»Wie fühlt sich das an?«
»Es tut im Inneren weh, so als würde jemand meine Eingeweide mit der Hand zusammendrücken, um mir Schmerzen zuzufügen.«
»Bleib bei dem Gefühl und den Schmerzen«, forderte ich ihn auf, »bei der Vorstellung, dass dich keiner haben will, dass du es übertreibst und dass du tot bist.« Ich ließ ihm etwa zwei Minuten Zeit und fragte dann: »Kannst du dir etwas vorstellen, was noch schlimmer ist? Schlimmer, als unerwünscht und tot zu sein?«
»Da ist das Nichts. Ich spüre jetzt das absolute Nichts.«
»Wie fühlt sich das an?«
»Gar nicht so schlecht«, antwortete Jerry. »Ja, es ist sogar irgendwie angenehm. Ich schwebe, und das ist so friedlich. Ich bin in Ordnung.« Fast unmerklich hoben sich Jerrys Augenbrauen.
»Wie geht es dir jetzt?«, erkundigte ich mich.
»Der Druck ist weg. Die Enge nimmt ab und wird besser. Ich meine, dass ich mich ein wenig öffnen kann.« Jerry öffnete die Augen.
»Ich glaube, du bist bereit für die nächste Phase des Prozesses«, kündigte ich an.
»Und das wäre?«
»Ich möchte, dass du die Angst abstreifst, die Angst davor, dass die Leute dich hassen oder ächten könnten«, erwiderte ich. »Die Frustration darüber, dass du zu großen Aufwand betreibst. Ich möchte, dass du das alles ausreißt. Benutze deine Hände dazu. Stell dir vor, dass du es ausreißt wie Unkraut. Tu, was immer du willst, um dich von deinen Ängsten und deiner Frustration zu befreien.«

Jerry riss sich alles von der Brust und warf dann seine unsichtbaren Sorgen vor sich auf den Boden. Er wiederholte den Vorgang am Solarplexus. »Das wär's«, verkündete er stolz. (*Schritt 4*)

»Alles weg?«, erkundigte ich mich.

»Da liegt es«, versicherte er und wies vor sich auf den Boden.

»Wie sieht das vor deinem geistigen Auge aus?«

»Wie Lumpen, abgelegte Klamotten, die ich nicht mehr brauche«, antwortete er.

»Also ist es in Ordnung, sie abzustreifen?«

»Ja, es fühlt sich großartig an.«

»Nun musst du nur noch einen Schritt tun«, verlangte ich. »Du musst den Haufen dort vor deinen Füßen fragen, welche Botschaft er für dich hat. Jede Angst hat eine positive Botschaft, und ich möchte, dass du herausfindest, welches Geschenk deine Angst für dich bereithält.«

Jerry schloss seine Augen. »Es ist genug«, sagte er, »wenn ich ich selbst bin. Ich muss niemandem gefallen. Ich darf wirklich ich selbst sein, und das ist in Ordnung so, ja, es ist sogar großartig. Das ist es ja ohnehin, was die anderen von mir erwarten.« Auf Jerrys Gesicht machte sich ein Lächeln breit. (*Schritt 5*)

»Und wie fühlst du dich jetzt?«, wollte ich wissen.

»Mir geht es wirklich gut«, sagte er. »Ich fühle mich lockerer, offener, erleichtert. Das ist ein großartiger Prozess. Nun kann ich es kaum erwarten, mit diesem neuen Klienten zu arbeiten. Ich mache mir keine Sorgen mehr. Ich bin wild darauf, endlich anzufangen. Was für ein Unterschied.«

Barbara wollte mit mir über ihre Reaktion auf die Trennung ihre Tochter Molly sprechen. Sie haderte mit ihrem Bedürfnis, sich in Mollys Leben einzumischen. Ich wollte von ihr wissen, wo in ihrem Körper sie dieses Hadern spürte.

»Hier in meinem Herzen«, sagte sie und legte ihre Hand über ihr Herz. (*Schritt 1*)

»Wie fühlt es sich an?«

»Es ist schmerzhaft«, antwortete sie und begann zu weinen.

Ich saß bei ihr, während sie den Schmerz in ihrem Herzen zuließ.

»Wovor hast du Angst?«, fragte ich vorsichtig.

»Ich fürchte mich davor, dass Molly ganz allein sein wird und dass sich keiner um sie kümmert.« Noch immer quollen die Tränen zwischen Barbaras geschlossenen Lidern hervor. (*Schritt 2*)

»Kannst du Molly vor deinem inneren Auge erkennen?«, erkundigte ich mich.

»Nein, ich sehe eine andere Frau, sie ist noch sehr jung. Ich kenne sie nicht. Sie weint.«

»Wo ist sie?«

»Sie liegt auf der Straße. Es regnet, und es ist sehr kalt. Sie wird bald ihr Kind bekommen«, schluchzte Barbara. »Niemand sorgt für sie. Es kommt mir so vor, als sei sie meine Tochter und als hätte ich sie bisher nicht finden können.«

Ich saß ruhig da, während Barbara weinte.

»Sie bewegt sich nicht. Ich glaube, sie stirbt«, sagte Barbara.

»Kannst du dir jemanden vorstellen, der kommt, um ihr beizustehen?«

»Nein, da kommt niemand.«

Ich warte noch eine Weile.

»Augenblick mal, ich sehe jemanden«, sagte Barbara. »Da ist ein Mann, der ihr helfen will. Er hilft ihr aufzustehen. Sie steht auf. Es fällt ihr sehr schwer. Er trägt sie. Er bringt sie zu einem Haus in der Nähe. Dort wird man für sie sorgen. Mehr als eine Person, die hilft, ist gar nicht nötig.«

»Was geschieht weiter?«, fragte ich.

»Sie war nicht verheiratet und wurde schwanger. Ihr Vater hat sich für sie geschämt. Er hätte das Geld gehabt, um für sie zu sorgen, aber er gab es ihr nicht. Sie braucht seine Hilfe. Sie braucht jemanden, der bei ihr bleibt, auch wenn sie sterben muss.«

»Wo spürst du das Bedürfnis zu helfen?«, wollte ich wissen.

»Hier in meinem Herzen. Ich verspüre in meinem Herzen ein starkes Bedürfnis zu helfen.«

»Was muss geschehen?«

»Ich muss nur meine Arme um sie legen und sie lieb haben. Sie braucht nicht mehr als einen Menschen, der sie lieb hat. Alle schwangeren Frauen brauchen solche Menschen. Es heilt mich, wenn ich meine Liebe ausschicke, auch wenn ich nicht weiß, mit welchem Ergebnis.« (*Schritt 3*)

»Kannst du dieses Gefühl in deinem Herzen zulassen?«

Barbara atmet ein paar Minuten lang in ihr Herz hinein. Sie scheint ruhiger zu werden.

»Ist da etwas an deinem Herzen, das abgestreift oder weggenommen werden muss?«, fragte ich.

Barbara zog ganze Hände voll von Energie aus ihrer Brust und ließ sie auf die Erde fallen. (*Schritt 4*)

»Hat der Haufen Energie auf dem Boden eine Botschaft für dich?«

»Meine Liebe verändert das Ergebnis nicht«, antwortet sie. »Doch es heilt den Schmerz in meinem Herzen. Ich kann immer Liebe geben, ganz egal, was auch geschieht. Liebe macht den großen Unterschied.« (*Schritt 5*)

»Wie fühlst du dich jetzt?«

»Ich glaube, es geht mir gut«, sagte Barbara. »Woher kommen solche Geschichten?«

»Ich weiß es nicht«, gab ich zu. »Vielleicht ist es eine archetypische Geschichte, etwas, zu dem jeder von uns eine Beziehung herstellen kann. Möglicherweise ist es auch eine Geschichte über Ihre Mutter, Ihre Großmutter oder jemanden, dem Sie nahe standen. Oder aber Sie haben die Geschichte in einem Buch gelesen, als Sie jünger waren. Ich halte es für möglich, dass wir mehr als einmal leben und dass wir traumatische Erfahrungen aus diesen vergangenen Leben in unserem Körper speichern. Man kann das unmöglich wissen. Sicher weiß ich jedoch, dass eine Geschichte mit so viel Macht ebenso zu automatischen Reaktionen veranlasst wie einige der emotionalen Erinnerungen. Um die Wirkung dieser Geschichten auf uns zu durchbrechen, können wir sie nur erinnern und erneut durchleben, so wie du es gerade getan hast. Dann wird sie wieder zu einer bloßen Geschichte und bringt uns nicht mehr dazu, zwanghaft auf sie zu reagieren, wie es dir bei Molly erging.«

»Ich weiß nicht, wer diese junge Frau war. Ich bin sicher, meine Mutter hat nie so etwas erlebt. Andererseits war sie aber auch zu plastisch, als dass ich sie in einem Buch hätte lesen haben können. Ich habe nie zuvor etwas erlebt, das mich an ein vergangenes Leben hat denken lassen, aber diese Geschichte war sehr stark in mir. Vielleicht ist das ja die Erklärung.« Dann fügte Barbara hinzu: »Es geht mir so viel besser. Mein Herz tut mir nicht mehr weh, und ich fühle mich nicht mehr gezwungen, die Ehe meiner Tochter Molly zu retten. Ich glaube, sie wird das Problem selbst lösen.«

───── ••••• ─────

Im Verlauf von körperzentrierten Abbauprozessen kann es geschehen, dass Sie auf eine solche Geschichte stoßen. Es spielt keine Rolle, wovon die Geschichte handelt. Durchleben Sie die Geschichte mit den ihr verbundenen Uremotionen – Angst, Trauer und Wut – in Ihrem Körper und gestatten Sie sich, die Geschichte und jegliche Empfindungen zu akzeptieren: Denn das ist es, was Ihr schwarzes Loch auflöst.

Schwarze Löcher ohne Hilfe abbauen

Wenn ein schwarzes Loch automatisch aktiviert wurde, dann können Sie die Gelegenheit beim Schopfe packen und es ohne fremde Hilfe abbauen. Suchen Sie sich einen Ort, an dem Sie ungestört sind, und bitten Sie Ihre Geistführer und Schutzengel um Mithilfe. Da Sie bereits mitten in der Erfahrung stecken, brauchen Sie Ihren Auslösemechanismus nicht erst zu ergründen. Sobald Sie Ihre Reaktion wahrnehmen – die körperliche Empfindung der Angst, Beschämung, Wut, Demütigung –, machen Sie es sich bequem und atmen langsam, tief und rhythmisch. Fachen Sie die Flammen Ihrer Emotion mit dem Blasebalg Ihres Atems an. Folgen Sie dem Impuls Ihres Körpers, sich zu bewegen, nehmen Sie sich selbst in die Arme, oder sitzen Sie still.

Beobachten und verfolgen Sie Ihre Gedanken, als hätten Sie einen Fernseher in Ihrem Kopf. Gestatten Sie es Ihrem Verstand, von einem Sender zum nächsten zu zappen. Legen Sie sich nicht auf einen bestimmten Sender fest. Beschränken Sie sich darauf, lediglich zu beobachten, wohin Ihr Geist Sie lenkt. Benennen Sie für sich, was Sie wahrnehmen: Angst, Verwirrung, Analysieren, Verlorenheit, Rückkehr zur Geschichte und so weiter. Nehmen Sie im Geiste wahr, was Sie beobachten. Versuchen Sie, den Emotionen und körperlichen Empfindungen, die Sie erleben, einen Namen zu geben. Lassen Sie den Fluss Ihres Erlebens zu. Geben Sie Ihren Gedanken keine bestimmte Richtung, und halten Sie sie nicht auf. Heißen Sie alles willkommen, was kommt. Lassen Sie Ihren TV-Geist spielen, und schenken Sie ihm Ihre Aufmerksamkeit. Achten Sie auf Ihre Atmung. Sie bringt Ihre Energie in Bewegung und erdet Sie, während Sie sich Ihrem schwarzen Loch stellen. Wenn Sie den Eindruck gewinnen, dass Sie sich im Geplapper Ihres Kopfes verloren haben, dann sagen Sie zu sich: »Ich habe mich wieder einmal in meinen Gedanken verirrt.«

Sobald Sie meinen, vollständig in Ihrem schwarzen Loch gefangen zu sein, führen Sie Ihre Gedanken unter Zuhilfenahme der in diesem Kapitel enthaltenen Fragen. Stellen Sie sich selbst die Fragen, die normalerweise Ihre Freunde an Sie richten würden. Ihr Geist wird Ihre Fragen beantworten. Hören Sie ihm zu. Machen Sie sich die Schutzmechanismen wie Zynismus, Schuldzuweisung und Verurteilung bewusst, die Sie nutzen, um sich vor Ihrem schwarzen Loch zu drücken. Katapultieren Sie sich nicht aus Ihrem schwarzen Loch heraus, indem Sie andere für Ihre Reaktionen verantwortlich machen. Achten Sie insbesondere darauf, wie Ihre Gefühle zunächst an Intensität zunehmen und dann nachlassen.

Ob Sie den Vorgang mit Ihrem Verstand oder mit Ihrem Körper dirigieren, spielt keine Rolle. Achten Sie auf Ihre Reaktionen, und nehmen Sie sie an, suchen Sie Ihre Ängste, und erforschen Sie all Ihre Empfindungen und Emotionen. Bitten Sie Ihre Geistführer und Schutzengel um Unterstützung. Fragen Sie sich, wann Sie früher bereits einmal so empfunden haben. Lassen Sie den Fluss Ihrer Geschichten und Erfahrungen zu. Erweitern Sie Ihren Blick über die kurzsichtige Wahrnehmung der

Erfahrungen hinaus, die zur Entstehung Ihres schwarzen Lochs geführt haben. Stellen Sie fest, wie Sie sich danach fühlen und was Sie gelernt haben. Unterwerfen Sie sich den Schritten, die Ihnen am meisten Hilfe versprechen.

———— ••••• ————

Die folgende Geschichte zeigt, wie ich eines späten Sonntagabends mein schwarzes Loch des Verrats erforschte und auflöste. Die meisten schwarzen Löcher lassen sich leichter schließen als dieses; für die Mehrheit braucht man weniger als zwei Stunden. Ich brauchte für dieses die ganze Nacht.

Ich fuhr von der Küste nach Hause und musste meine ganze Willenskraft mobilisieren, um die Augen offen zu halten. Als ich um zehn Uhr abends daheim eintraf, schleppte ich mich und meine Taschen durch das Wohnzimmer und zwei Stockwerke nach oben. Da ich mich nach einer Stimme sehnte, die mich willkommen hieß, schaltete ich den Anrufbeantworter in meinem Schlafzimmer an, um ihn abzuhören.

»Ich muss noch heute Abend mit dir sprechen. Ruf mich an«, sagte die Stimme. Sofort schlug mir das Herz bis zum Hals. Ich fragte mich, ob ich wohl bis in alle Ewigkeit so auf Don reagieren würde. Seit unserer Scheidung war fast ein Jahr vergangen, aber es tat noch immer weh, wenn ich nur an ihn dachte. Wir hatten uns für den nächsten Tag verabredet. Ich machte mir Sorgen, warum er so dringend noch am gleichen Abend zurückgerufen werden wollte. Ich suchte seine neue Nummer heraus, nahm den Hörer auf und wählte.

Don erkundigte sich nach unseren beiden erwachsenen Kindern. Er freute sich, als ich ihm sagte, mit ihnen sei alles in Ordnung, und wollte wissen, ob sie Weihnachten nach Hause kämen. Ich bestätigte das und fragte ihn, ob es das war, worüber er mit mir sprechen wolle.

»Nein, da ist noch etwas, das ich dir sagen möchte. Ich weiß es zu schätzen, dass du zurückgerufen hast. Ich möchte, dass du es von mir erfährst und nicht von jemand anderem. Du weißt, dass ich seit einiger Zeit mit Lara ausgehe.«

»Ja, das hast du mir erzählt«, sagte ich mit klopfendem Herzen.

»Ich habe mich mit Lara verlobt.«

Seine Worte hallten in mir wider wie in einem leeren Fass. »Als ich an der Küste war, hatte ich das Gefühl, dass du bald heiraten würdest«, sagte ich. »Ich weiß, dass es das ist, was du möchtest. Ich bin froh, dass du es mir erzählst.«

»Wie konntest du das wissen?«, fragte er.

Ich ignorierte die Frage. »Wann ist die Hochzeit?«

»Im September.«

Ich hatte das dringende Bedürfnis, das Gespräch zu beenden. »Möchtest du noch immer, dass wir uns morgen früh treffen?«

»Ja, ich sehe dich dann um acht«, sagte Don.

Ich legte auf.

Ich starrte durch das Fenster in die Dunkelheit hinaus und hatte das Gefühl, die Zeit sei stehen geblieben. Ich fühlte mich angespannt und leer. Mein Atem ging stockend und hörte sich mehr wie quälender Schluckauf an. Eisenbänder umspannten meine Brust und schnürten mir das Herz und die Luft ab. Ich stützte mich auf dem Schreibtisch ab und kämpfte gegen den Drang, mich eine Tür weiter im Bad zu übergeben. Die Ellbogen in die Tischplatte gebohrt, leistete ich Widerstand.

Ich befahl mir zu atmen, um mit meinem Atem das Feuer des Schmerzes anzufachen. Jede einzelne Zelle meines Körpers schien zu brennen. Über meinen Schreibtisch gebeugt, wünschte ich mir, Don zu hassen. Ich wollte ihn anschreien. Ich wollte ihm die Schuld dafür geben, dass ich derart litt. In einem Anfall von Entschlossenheit löschte ich das Licht und warf mich auf mein Bett, um mich dort in meine Daunendecke wie in einen Kokon zu hüllen.

Ich verlor mich in einem donnernden Schmelzofen der Wut. Ich war eingesperrt in meinem eigenen Fegefeuer, sah mich gefangen, im Feuer festgehalten, wählte das Feuer, wollte sterben. Ja, ich starb wirklich. Ein Teil von mir starb.

Bilder stiegen aus dem Feuer. Ich hörte meine Brüder rufen: »Hexe! Hexe! Mädchen müssen draußen bleiben«, dann fiel eine Tür ins Schloss und sperrte mich aus. Das wütende Gesicht meines Vaters beugte sich unangenehm nah zu mir herab, und ich verschwand im Feuer. Ich wechselte in rascher Folge zwischen bewusstem Wahrnehmen und dem Eintauchen in der Glut des Feuers hin und her. Ich errichtete mir meinen eigenen Scheiterhaufen. Ich wand und drehte mich, rang mit meiner Bettdecke, spürte Schmerzen in allen Gliedern. Ich flehte mich selbst an: »Ich sitze in meinem eigenen schlimmsten Albtraum von einem schwarzen Loch. Mach nicht Don dafür verantwortlich. Es ist nicht seine Schuld.«

Dann verlor ich mich erneut – zitterte, rang mit der Übelkeit, schwitzte in meinem Kokon. Eine kleine Stimme erinnerte mich daran zu atmen. Ich sagte zu mir: »Sei der Blasebalg deines eigenen Fegefeuers. Brenne den Schmerz aus.« Ich atmete. Das Feuer nahm zu, fiel zusammen, flackerte auf und ging zurück. Ich schlief ein, doch die Hitze meines Scheiterhaufens weckte mich wieder und wieder, um mich mit der Wirklichkeit meines dunklen Kokons zu konfrontieren.

Zwischendurch träumte ich von Don. Er lief durch einen Wald. Ich lief hinterher, doch er war mir zu weit voraus. Ich konnte nicht mithalten. Ich hatte entsetzliche Angst. Schneller konnte ich einfach nicht laufen. Er verschwand aus meinem Blickfeld. Ich war verloren, verängstigt, allein. Ich lief weiter, während Zweige an meiner Kleidung zerrten und mir ins Gesicht schlugen.

Ich fuhr aus dem Schlaf, erwachte schweißgebadet und zitternd. Die ganze Nacht über glitt ich zwischen Wachen und Träumen hin und her.

Gegen fünf Uhr morgens erwachte ich vollends, als ein Teil meines Bewusstseins sich aus dem Fegefeuer löste. Nun war ich hier und das Fegegeuer dort. Wir waren zu zweit. Das verwirrte mich. Ich sah mich selbst aus der Entfernung und zugleich aus unmittelbarer Nähe. In meinem Kopf saßen beide – die eine leicht und frei, die andere brennend vor Zorn. Dann wartete ich, beobachtete und brannte nicht mehr. Wohin war das Fegefeuer verschwunden? Es schien über mir zu schweben, langsam zum Fenster zu treiben. Ich sah zu, wie es verschwand.

Ich hing in der Luft, hörte etwas wie das Rauschen eines Fernsehers nach Sendeschluss, fühlte nichts. Ich wartete, war vollständig klar, war gegenwärtig und zugleich nirgendwo. Die Zeit schien stehen geblieben zu sein. Dann fing meine Kopfhaut an zu kribbeln. Es erfasste meinen Kopf, breitete sich über mein Gesicht aus und erreichte meinen Nacken. Dann raste ein Gefühl der Lebendigkeit durch meine Zellen und erfasste rasch den ganzen Körper. Es durchströmte Schultern und Arme, Brüste und Rücken, Rippen und Taille, als ob in jeder einzelnen Zelle eine winzige Sprinkleranlage angestellt worden wäre, um die vom Fegefeuer übrig gebliebene Asche fortzuspülen.

Um sieben Uhr morgens fing ich an, mich zu bewegen. Ich streckte mich. Ich fuhr mit den Händen über meinen Körper, um etwas Vertrautes zu finden. Ich fühlte mich wie zuvor und doch anders. In mir machte sich ein Gefühl von Freiheit breit, ich fühlte mich frisch und lebendig wie ein heranbrechender Morgen unter dem kühlen Tau der Nacht.

Ich warf die Decke von mir, schwang meine Beine aus dem Bett, stand auf und streckte mich zur Decke. Von den Fingerspitzen bis zu den Zehen wach, nahm ich eine heiße Dusche, die das Kribbeln noch steigerte. Jede Zelle meines Körpers fühlte sich lebendig an und wie neugeboren. Ich streifte einen Pullover über und schlüpfte in eine saubere Jeans. Ich konnte es kaum erwarten, Don zu sehen.

Als ich vor dem Café, in dem wir uns verabredet hatten, aus dem Auto stieg, kam er über den Parkplatz auf mich zu. Ich breitete die Arme aus. Er zog mich an sich, und ich spürte die Wärme seines Körpers. Ich schmiegte mich an ihn, und gemeinsam schwankten wir ein wenig. Wer uns beobachtete, musste uns für ein Liebespaar halten.

Ohne miteinander zu sprechen, bestellten wir unsere Getränke und ließen uns an einem alten Holztisch am Fenster nieder. Ich wärmte meine Hände an der heißen Teetasse. Ich gratulierte ihm noch einmal. Wir sprachen miteinander über unsere Arbeit, so wie wir es früher immer getan hatten. Wir kamen überein, unser Haus am Meer vorerst noch zu behalten – damit war das letzte Steinchen unseres Scheidungsmosaiks an seinem Platz.

Als wir gingen, bot ich Don an, ihn nach Hause zu fahren. Er nahm an. Im Auto sagte ich ihm, dass er mir fehle und mir noch immer viel bedeute. Ich verknüpfte damit keine Erwartungen oder Hoffnungen. Don sagte, auch ich bedeute ihm noch immer viel, doch ich wusste, dass er nur höflich sein wollte. Auch das war in

Ordnung für mich. Ich brachte den Wagen vor seinem Haus zum Stehen, er stieg aus und bedankte sich. Ich sah zu, wie er den Kiesweg entlangging und in seinem neuen Leben verschwand. Ich fühlte mich, als hätte ich soeben die letzte Seite eines großartigen Buches gelesen: Ende.

Um mein schwarzes Loch ohne fremde Hilfe abbauen zu können, hatte ich meinen Schmerz spüren und mir außerdem meines den Schmerz empfindenden Körpers bewusst werden müssen. Der Schlüssel war für mich, beide Wirklichkeiten in meinem Energiefeld zuzulassen – mein albtraumhaftes schwarzes Loch und mein tieferes Verständnis dessen, wer ich bin. Als es mir gelang, beides gleichzeitig festzuhalten, musste sich mein Bewusstsein mit dieser Diskrepanz auseinander setzen: Welches war mein eigentliches Ich? Auf irgendeiner Ebene traf ich eine Wahl, doch war ich mir dessen nicht bewusst. Um mein schwarzes Loch abzubauen, war es meine Aufgabe, beide Erfahrungen zugleich in meinem Bewusstsein wach zu halten. Dazu brauchte ich die ganze Nacht.

Wenn Sie merken, dass Sie in einem Bereich Ihres Körpers verspannt sind, dass Sie Angst haben, bedrückt oder frustriert sind, dann halten Sie einen Moment lang inne und sitzen Sie still. Vielleicht gelingt es Ihnen, ohne Hilfe ein schwarzes Loch zu schließen. Erforschen Sie Ihre Reaktionen. Nehmen Sie die Empfindungen in Ihrem Körper wahr. Atmen Sie in sie hinein. Möglicherweise finden Sie etwas über sich heraus. Falls Ihre Reaktion sich nicht verändert, ist da vielleicht noch mehr zu erforschen, wenn Sie einmal mehr Zeit haben. Manche schwarzen Löcher sind zu einem so grundlegenden Bestandteil des Lebens geworden, dass es schwer ist, sie aufzulösen. Wenn Sie an einem solchen schwarzen Loch arbeiten, dann haben Sie Geduld mit sich und lassen Sie sich von einem guten Freund oder einem professionellen Therapeuten helfen, der regelmäßig mit Ihnen spricht. Ansonsten ist der Prozess nicht anders als bei weniger hartnäckigen schwarzen Löchern – Sie müssen das schwarze Loch erleben, seine Geschichte oder die von ihm ausgelösten körperlichen Empfindungen erforschen, das Gefundene annehmen und ihm seinen Platz geben.

Ob Sie nun durch das Verständnis für den verstandeszentrierten Prozess an den Punkt des Loslassens gelangen oder durch die körperlichen Empfindungen des körperzentrierten Prozesses: Entscheidend ist es, Verletztheit, Angst und Schmerzen zuzulassen und sich selbst im Erleben dieser empfindlichen Emotionen zu beobachten. Gestatten Sie es Ihrem Unbehagen, sich auszudehnen und sich in einem von liebevollem Annehmen durchdrungenem Energiefeld aufzulösen. Die Belohnung für die Annahme und Freisetzung Ihrer in dem schwarzen Loch versteckten Emotionen ist Selbstannahme, Freiheit und ein ausgeglichenes Energiefeld.

Alles, was wir glauben, denken, fühlen, hoffen und erleben, ist immer bei uns. Wir werden es nie los. Die in diesem Kapitel beschriebenen Abbauprozesse für schwarze Löcher schenken uns die Freiheit, uns so zu akzeptieren und zu lieben, wie wir sind. Selbstannahme bringt unser Energiefeld ins Gleichgewicht und hilft uns, der Mensch zu sein, der wir gern wären.

Ich habe noch immer all die Neurosen, die ich schon immer hatte. Nur wenn sie neu sind, begrüße ich sie. Hallo Wut, hallo Wollust, hallo Eifersucht, hallo Neid. Sie übernehmen nicht länger meine Persönlichkeit und steuern nicht mehr mein Handeln.

Ram Dass

Sechstes Kapitel

Kerngespräche und Kerninformation

Ich saß Nancy in einem italienischen Restaurant in Portland gegenüber. Ich gewöhnte mich langsam daran, sie mit ihrer Perücke zu sehen. Als ich ihr sagte, wie gut sie aussehe, lächelte sie mich hinter ihrer Speisekarte hervor an.

»Ich bin froh«, sagte sie sachlich, »dass sie mich zum Tragen einer Perücke ermuntert haben, noch bevor die Haare ausfallen. Ich habe das Gefühl, dass ich mich damit in der Öffentlichkeit zeigen kann.«

Nachdem wir unsere Bestellung aufgegeben hatten und der Kellner fort war, bemerkte Nancy: »Ich kann einfach nicht glauben, wie hungrig ich jetzt immer bin. Aber sie haben mir gesagt, das sei normal bei Leuten, die eine Chemotherapie machen.«

»Nancy, du wirkst so fröhlich. Wie geht es dir denn wirklich?«, fragte ich.

»Einer der Gründe, warum ich dich heute treffen wollte, ist, dass ich schlechte Nachrichten habe.« Sie senkte den Blick, um sich innerlich auf das vorzubereiten, was sie nun sagen wollte. »Als ich letztes Mal zur Chemotherapiekontrolle gegangen bin, hatte ich einen kleinen Schlaganfall, also haben sie ein Computertomogramm meines Gehirns gemacht. Das Ergebnis wirkt auf mich, als hätten sie mir Eiswasser ins Gesicht geschüttet. Sie haben dreißig Tumore in meinem Gehirn gefunden. Im Augenblick sind sie noch winzig, doch sie wachsen schnell, und die Chemotherapie wirkt nicht bei Gehirnzellen. Meine Überlebenschancen sind also deutlich gesunken. Ich habe Angst, aber aufgegeben habe ich noch nicht. Morgen beginne ich neben der Chemotherapie noch zusätzlich mit Bestrahlung.«

»Mein Gott, Nancy.« Ich sank auf meinem Stuhl zusammen, die Tränen standen mir in den Augen. »Mir tut das Herz weh, wenn ich dich so reden höre. Ich kann kaum glauben, wie gefasst du bist.«

»Ich habe ja keine andere Wahl. Ich tue alles, was mir einfällt, um den Krebs zu bekämpfen, und ich gebe nicht auf. Ich habe zugleich entsetzliche Angst und trotzdem Hoffnung. Ich möchte alles von dir hören, was dir einfällt, um mich gesund werden zu lassen.«

Nancy hatte Angst. Sie begriff, was mit ihr geschah, und wollte leben. Der neue Stand der Dinge zwang sie, die Wirklichkeit zu akzeptieren und sich auf ihre geringen Überlebenschancen zu konzentrieren. Sie suchte meine Hilfe, um zu überprüfen, welche Möglichkeiten sie hatte, und um diese voll auszuschöpfen. Obwohl also mein Herz um ihretwillen schmerzte, waren wir zugleich voller Antrieb und auf einer Kernebene miteinander verbunden. Im Verlauf der nächsten paar Stunden fühlten wir uns geradezu auf schmerzhafte Weise lebendig, während wir eine Strategie erarbeiteten, die ihr hoffentlich helfen würde zu überleben.

In diesem Gespräch mit Nancy hätte ich auch leicht Sätze wie »Du wirst das schon schaffen« und »Bestimmt wirst du wieder gesund« sagen können. Meine Traurigkeit und meine Sorge um sie hätte ich damit jedoch unter den Tisch gekehrt. Nancy wäre es gewiss leichter gefallen, mir dann zu sagen, ich solle mir doch keine Sorgen machen, doch auf diese Weise wäre mir ihre Wahrheit verschlossen geblieben. So wie es war, verlief das Gespräch zwischen uns zwar schmerzhaft, doch dafür von Aufrichtigkeit getragen.

Wenn Menschen ihre Gefühle, Gedanken und Bedürfnisse aufrichtig miteinander teilen, dann führen sie ein Kerngespräch. In einem Kerngespräch gibt es keine Verstellung, keinen Energie-Vampirismus, kein Verbergen von Kerninformation. Kerngespräche dringen vor bis zum Kern unserer Wünsche, unserer Perspektiven und unserer emotionalen Reaktionen. Sie sind rein und ausgewogen, sie kennen keine Tagesordnung, haben weder Ratschläge noch in bestimmte Richtungen weisende Fragen zum Ziel. Die Gesprächspartner sind authentisch und sprechen für niemanden sonst als für sich selbst.

Es steht grundsätzlich jedem Menschen frei, ein Pokerface zu machen und die wahren Reaktionen zu verleugnen und damit seinen Energiefluss zu reduzieren – oder aber den freien Fluss seiner kreativen Energie zuzulassen. Menschliche Energiefelder finden nur dann ins Gleichgewicht, wenn freier Energiefluss gewährleistet ist. Diese harmonisierte Energie wiederum hilft uns, das in unser Leben zu holen, was wir uns wünschen.

Kerngespräche helfen Ihnen, Gleichgewicht zu schaffen und Ihre Kreativität für Ihre Ziele einzusetzen. Meistens hat man die Wahl, ob man sein Gegenüber an seinen ehrlichen Reaktionen teilhaben lassen oder diese lieber hinter höflicher Konversation verstecken will. Wenn Sie Ihre wahren Gefühle und Gedanken verbergen und zu diesem Zweck lieber das Thema wechseln, dann verlieren Sie Ihren kreativen Schwung. Was Sie mitteilen oder zurückhalten und wie gut Sie Ihre eigenen Reaktionen wahrnehmen, entscheidet darüber, ob Sie sich energetisch dem Gleichgewicht nähern oder ob Sie im Gegenteil schwarze Löcher und Vampirismusmuster verstärken.

In Kerngesprächen wird Kerninformation und damit formende Information ausgetauscht. Im ersten Kapitel habe ich formende Information als eine kreative Energie definiert, die das erzeugt, was zu unseren Emotionen, Überzeugungen und Intentionen passt oder sie ergänzt. Kerninformationen setzen sich aus denselben drei Informationsgruppen zusammen – Gefühlen (Emotionen), Gedanken (Überzeugungen) und Wünschen (Intentionen). Doch ist der Begriff Kerninformation umfassender als formende Information. Er schließt zum Beispiel unsere Überzeugungen und all unsere Denkfunktionen wie etwa Verstehen, Vermuten, Analysieren und Ideen mit ein. Auch Überzeugungen sind eine Art von Gedankenenergie.

Im Einzelnen beinhaltet Kerninformation Folgendes:

Unsere Gefühle: Emotionen wie Ärger, Langeweile, Mitgefühl, Verwirrung, Enttäuschung, Aufregung, Angst, Frustration, Neid, Freude, Liebe, Trauer, Besorgnis sowie körperliche Empfindungen wie Anspannung, Hitze, Erschöpfung, Nervosität, Unbehagen, Verzweiflung, Schmerz.

Unsere Gedanken: Überzeugungen, Gedanken, Urteile, Vermutungen, Geschichten, Erwartungen, Pläne, unsere Philosophie – wie wir uns selbst die Dinge erklären, wie wir verstehen oder interpretieren, was uns im Leben zustößt. Dahinter stehen Intellekt, Analysefähigkeit, Logik und Vernunft, die uns helfen, unser Leben zu begreifen.

Unsere Wünsche: Bedürfnisse, Ansprüche, Interessen, Hoffnungen und Träume. Was wir im Leben wollen, die Ereignisse, deren Zustandekommen wir gern sehen würden – die Erfüllung unserer Träume vom Glück, unsere Intentionen in jeder Situation.

Gefühle, Gedanken und Wünsche sind die Elemente, derer wir uns in Kerngesprächen bedienen. Im Mittelpunkt all dessen wiederum steht unser Kern-Ich, unsere Seele, unser Geist, der Teil unserer selbst, der unsterblich ist. Unser Kern-Ich geht über Verhalten, Worte, Handlungen, Überzeugungen, Gedanke, Gefühle und Wünsche hinaus. Es ist der Beobachter unserer Gedanken, Worte, Handlungen und Gefühle. Wenn wir unsere Reaktionen beobachten, dann verstricken wir uns nicht in ihnen. Wir sind im Frieden mit unserem Menschsein. Die liebevolle Annahme anderer und unserer selbst gestattet es unserer Energie, sich auszubreiten.

In unserem Kern sind wir kompetent, einfallsreich, resolut und natürlich. Die Anfangsbuchstaben dieser Eigenschaftswörter ergeben zusammen das Akronym KERN. Wir fühlen uns *kompetent*, all das in Angriff zu nehmen, was wir uns vorstellen. Wir sind *einfallsreich* und wissen, dass wir erforderlichenfalls Geld, Menschen und Mittel zusammenbringen, um in der Erfüllung unserer Wünsche voranzukommen. Wir sind *resolut* und verfügen damit über das erforderliche Potenzial an Energie. Und wir sind *natürlich* und damit offen für unsere Kernerfahrungen sowie für die Gefühle, Gedanken und Wünsche anderer. Wir sind wir selbst und damit unser eigenes Energiefeld in seiner besten Form. Es ist uns bewusst, dass wir das kostbare Geschenk menschlichen Lebens leben, und wir sind fähig, unsere Mitmenschen und vor allem uns selbst auf der Kernebene anzunehmen und zu lieben. Die wenigsten Menschen sind in ihrem Kern fortwährend ausgeglichen. Die meisten von uns befinden sich in einem ständigen Prozess des in Kernerfahrungen Hinein- und Hinausgleitens.

Wenn ich meine Kerninformation mit jemandem teile, dann verwende ich hierzu Wörter wie »ich« oder »mein«. Manche Menschen haben gelernt, dass die Verwendung dieser Wörter mit Angeberei und Egoismus gleichzusetzen ist. Da jedoch niemand außer Ihnen Ihre Kernerfahrung machen kann, ist es, wenn Sie andere an ihr teilhaben lassen möchten, am vernünftigsten, die Wörter »ich« und »mein« zu verwenden. Den meisten von uns ist beigebracht worden, dass es besser ist, »wir« statt »ich« zu sagen. In zwei Fällen trifft dies tatsächlich zu: Wenn wir übereinstimmender Meinung sind und wenn wir gemeinsam etwas erreicht haben.

Es kommt häufig vor, dass andere Menschen Ihre Kernenergie spüren – Ihre Gefühle, was Sie denken oder was Sie sich wünschen. Wenn sich die Kerninformationen (Emotionen, Gedanken, Wünsche), die Sie energetisch mitteilen, nicht mit Ihren Worten decken, dann ringt die Person, mit der Sie sich im Gespräch befinden, mit dieser Ungereimtheit, und Sie verschwenden Ihre Energie. Die Interaktion zwischen Ihnen beiden ist folglich im Ungleichgewicht. Ihre Energie fließt nicht, wie sie soll – leicht und mühelos – und Sie sind in Ihrer Fähigkeit beeinträchtigt, befriedigende und kreative Ergebnisse hervorzubringen. Wenn zum Beispiel Nancy mir in der Geschichte am Anfang des Kapitels nicht gesagt hätte, wie es tatsächlich um sie bestellt war, dann hätten wir nicht gemeinsam einen Plan entwickeln können. Der Plan allein garantiert natürlich noch nicht ihr Überleben, doch wir hatten ihr mehr Möglichkeiten eröffnet, als wenn wir uns nur der Illusion hingegeben hätten, dass schon von selbst alles in Ordnung kommen würde.

Indem ich meine Kerninformation mit Ihnen teile, lade ich Sie ein, mit mir ein Kerngespräch zu führen. Wenn Sie darauf reagieren, indem Sie mir gleichfalls Ihre Gefühle, Gedanken und Wünsche mitteilen, dann führen wir ein Gespräch auf der Kernebene unseres Seins. Dieses Gespräch hat nichts Statisches; aufgrund der beteiligten emotionalen Energie befindet es sich im Fluss. Emotionen stellen die Verbindung zwischen uns her. Indem Sie wissen, was ich empfinde, können Sie meine Reaktionen begreifen und eine verbindende Brücke des Mitfühlens errichten. Indem ich die Frustration meines Gegenübers verstehe, stärkt mein Verständnis unsere Beziehung. Das Gespräch vertieft sich, und der wachsende Energiepegel trägt die Beziehung.

Erinnern Sie sich vielleicht an eine Gelegenheit, bei der Sie zu einem bestimmten Thema andere Ansichten als Ihr Gegenüber hatten, sich daraus möglicherweise sogar ein Konflikt ergab und Sie trotzdem aufrichtig waren? Denken Sie an eine Situation, in der Sie aufrichtig zu dem standen, was Sie getan oder gesagt haben. Hat dies eine tiefere Verbindung zu der beteiligten Person bewirkt? Wenn die beteiligte Person mit dem gleichen Maß an Aufrichtigkeit reagiert hat, dann hätte diese Erfahrung sehr gut der Wendepunkt in Ihrer Beziehung sein können – eine Stärkung Ihres Engagements und Ihrer Bindung aneinander. Leider kommen Interaktionen auf der Kernebene nur selten vor. Wenn Gefühle im Spiel sind, dann ziehen wir uns lieber zurück und lassen uns nicht genug auf den anderen ein.

Die meisten Menschen halten sich für aufrichtig und wünschen sich entsprechende Beziehungen, doch unbewusst verbergen sie zugleich ihre Kerninformation. Ich habe die Erfahrung gemacht, dass Vampirismusmuster häufiger vorkommen als Kerngespräche. Wenn in einer Beziehung die Kerninformation fehlt, dann können sich die beteiligten Personen nicht wirklich sicher fühlen. Sie wissen nicht, wo sich schwarze Löcher und ihre Auslösemechanismen verstecken. Sie sind sich im Unklaren darüber, wann vielleicht ein Vampirismusmuster zu Tage tritt. Das sorgt dafür, dass Gespräche an der Oberfläche bleiben, da wir dazu neigen, unsere Kerngefühle, -gedanken und -wünsche zu schützen, indem wir sie verbergen.

Es kann Ängste hervorrufen, in einer von Energie-Vampirismus bestimmten Welt man selbst zu sein. Wie die meisten Menschen fühlen auch Sie sich wahrscheinlich sicherer hinter dem Gesicht, das Sie für die Öffentlichkeit aufsetzen. Doch wenn Sie das Risiko auf sich nehmen, anderen die Wahrheit Ihres Erlebens zu offenbaren, dann hilft Ihnen dieser Schritt bei der Demontage Ihrer eigenen Vampirismusmuster und ermutigt andere, gleichfalls diesen Weg zu gehen. Wenn jemand, der sich als Energie-Vampir betätigt, nicht die gewünschte Reaktion hervorruft, dann fühlt er sich aus der Bahn geworfen. Die Strategien des Energie-Vampirismus funktionieren nicht so gut, wenn wir aufrichtig und aus dem Herzen sprechen.

Die meisten Menschen verbergen ihre wahren Gefühle und Intentionen hinter Höflichkeit und Rechthaberei, oder sie loten unablässig aus, was für andere akzeptabel ist. Als ich noch dem Management der Stadtwerke vorstand, meinte ich, Höflichkeit sei wichtiger als Aufrichtigkeit. Wenn ein Vorstandsmitglied eine Meinung äußerte, mit der ich nicht einverstanden war, dann wechselte ich höflich das Thema. Wenn derjenige darauf beharrte, dann schlug ich vor, die übrigen Vorstandsmitglieder dazu zu befragen. Auf diese subtile Weise konnte ich meine Kerninformation verbergen.

Als wir heranwuchsen, passten wir uns an unsere Umgebung an, um zu überleben oder um erfolgreich zu sein. Wir eigneten uns Vampirismusmuster an, die wir brauchten, um zu gedeihen oder um unsere frühen Jahre zu überstehen. Im Verlauf des Reifungsprozesses kommt jedoch ein Moment, in dem wir über reine Überlebensstrategien und Vampirismusmuster hinauswachsen müssen, um das authentische Ich sichtbar werden zu lassen. Wenn wir erfolgreich reifen, dann lernen wir, uns so zu akzeptieren, wie wir sind. Die Vorstellung, dass wir uns auf unsere Kerninformation »polen« müssen, ist eine alte Weisheit und Teil der Menschheitsgeschichte. Um uns selbst treu sein zu können, müssen wir uns unserer Kerninformation bewusst sein.

Kerngespräche setzen Disziplin, Übung und Risikobereitschaft voraus. Obwohl ich nun schon seit vielen Jahren die Kunst des Kerngesprächs übe und lehre, gibt es Augenblicke, in denen ich mein Gesicht hinter einem Strauß aus Artigkeiten verstecken möchte. Und es steht mir auch weiterhin offen, dies zu tun. Ich selbst entscheide darüber, wie aufrichtig ich sein möchte. Bei jeder neuen Begegnung stellt sich mir die Frage: Wie sicher kann ich mich bei meinem Gegenüber fühlen? Darf ich es riskieren, ich selbst zu sein? Und bin ich bereit, in jedem Augenblick das zu leben, woran ich glaube, oder nur bei passender Gelegenheit und in Momenten, in denen ich mich sicher fühle? Mein Leben und die Art, wie ich zu anderen in Beziehung trete, hat sich grundlegend verändert, seit dem ich Kerngespräche herbeiführe, indem ich andere an meiner Kerninformation teilhaben lasse.

Anspruch auf die eigene Kerninformation erheben

Die eigene Kerninformation für sich zu beanspruchen ist leichter gesagt als getan, und es ist durchaus denkbar, dass wir dabei unangenehme Erfahrungen machen. Wenn wir uns lieber freundlich und fröhlich geben, dann stoßen wir möglicherweise auf Gefühle der Frustration, Wut und Enttäuschung. Haben wir uns aber hinter einer Mauer aus Zynismus zurückgezogen, dann entdecken wir vielleicht tiefe Warmherzigkeit und Trauer in uns. Ist es Geld, wonach wir hauptsächlich streben, dann ist es gut möglich, dass wir Liebe als das eigentliche Ziel unserer Wünsche erkennen. Gelingt es uns jedoch, einfach neugierig zu sein und, was immer wir auch finden, zu akzeptieren, dann werden wir damit belohnt, dass sich in uns eine harmonischere und zielgerichtetere kreative Energie ausbreitet.

Gefühle
Das erste Element der Kerninformation sind unsere emotionalen Reaktionen und die mit ihnen einhergehenden körperlichen Empfindungen – und damit unser vollständiges Gefühlsspektrum. Freude und Erregung stehen in unmittelbarer Nachbarschaft zu Schmerz und Leid. Körperliche Empfindungen wie Anspannung und Unbehagen helfen uns, unsere Emotionen zu ermitteln.

Emotionen stellen eine machtvolle Energieanhäufung dar. Denken Sie beispielsweise daran, wie energetisiert sich Ihr ganzer Körper anfühlt, wenn Sie aufgeregt oder in Jubelstimmung oder wütend sind. Ob Sie Ihre Wut zurückgehalten haben, ob sie in sarkastischen Bemerkungen durchgesickert oder Ihnen in einer Explosion entglitten ist, auf jeden Fall haben Sie die emotionale

Energie Ihrer Wut intensiv erlebt. Nicht umsonst spricht man davon, dass jemand seinem Ärger Luft macht. Es ist die der Emotion Leben einhauchende Energie, die dabei freigesetzt wird. Ein Trauerprozess – in dem Leid, Wut, Trauer, Schmerz und Verlust erlebt werden – ist unglaublich kräftezehrend; doch das Verstecken von Emotionen in einem schwarzen Loch ist sogar noch anstrengender, weil sich dieser Prozess über einen viel längeren Zeitraum hinzieht. Ihren Emotionen Luft zu machen senkt Ihren Energiepegel vielleicht für ein paar Stunden; sie zurückzuhalten kann Ihre Energie und damit Sie selbst hingegen jahrelang schwächen. In den Niederlanden werden Unsummen von Geld und Unmengen von Energie für den Deichbau aufgewandt, um das Meer in seine Schranken zu weisen. Auch wir verbrauchen Unmengen von Energie, um die Flutwelle unserer Emotionen zurückzuhalten.

Manche Menschen stellen sich bereitwillig Augenblick für Augenblick ihren Gefühlen und lassen den Fluss der Emotionen zu. Sie sind sich ihrer Emotionen und Empfindungen sehr wohl bewusst und nutzen sie als Wegweiser für die Entscheidungen und die Wahlmöglichkeiten des Lebens. Für mich ist das Zulassen meiner Gefühle noch immer ein laufender Lernprozess. Jeden Morgen, wenn ich die Zeitung aufschlage, fühle ich mich von zwischenmenschlichen Geschichten am meisten angezogen, weil sie mein Herz am stärksten berühren. Nicht selten treten mir die Tränen in die Augen, wenn ich sie lese. Statt dieser Traurigkeit aus dem Weg zu gehen, nehme ich sie dankbar an, denn sie erinnert mich daran, dass ich lebendig bin.

Ich habe den Eindruck gewonnen, dass unsere Kultur mein Interesse an emotionaler Freiheit nicht teilt. Mit Freiheit meine ich nicht das freizügige Ausagieren von Emotionen, sondern das uneingeschränkte innere Erleben der eigenen Gefühle. Die westliche Kultur unterstützt nicht das Freisetzen und natürliche Fließen von Emotionen. Zu unserer eigenen Orientierung benötigen wir jedoch emotionale Information. Darin gleichen unsere Emotionen den Instinkten der Tiere. Tiere wissen instinktiv, wohin sie wandern sollen. Sie treffen in dieser Hinsicht keine logischen, rationalen Entscheidungen. Gänse zählen weder die Tage, noch sehen sie auf das Thermometer, bevor sie ihre Reise in den Süden antreten. Sie haben ein Gefühl für den richtigen Zeitpunkt und die richtige Richtung. Wir hingegen schmälern möglicherweise unsere natürlichen Instinkte, indem wir unsere Emotionen unter den Teppich kehren. Wie den Tieren ihr Instinkt hilft, so helfen uns unsere emotionalen Kerninformationen, bessere Entscheidungen im Leben zu treffen.

Wenn wir angespannt sind und uns fürchten, eine dunkle Gasse entlangzugehen, dann warnt uns unser Körper vor Gefahr. Angst ist eine nützliche Information, die uns schützen soll. Doch Angst kann auch irrational und unbegründet sein. Wenn Angst in schwarzen Löchern eingelagert wurde, dann lösen möglicherweise bereits kleine Dinge, die keinerlei unmittelbare Gefahr darstellen, Entsetzen in uns aus. Indem wir lernen, unsere Emotionen zu akzeptieren und wertvolle Information von automatischem Verhalten und der Reaktion auf schwarze Löcher zu unterscheiden, kann uns emotionale Information helfen, bessere Entscheidungen zu treffen.

Gedanken
Unser Denken ist für gewöhnlich – aber nicht immer – dasjenige Element der Kerninformation, das am leichtesten zugänglich ist. Es ist unsere kognitive, analytische Seite. Die Schule unterstützt uns darin, unsere in-

tellektuellen Denkfähigkeiten zu entwickeln. Interpretationen, Überzeugungen, Logik, Gedanken, Hypothesen und Argumente führen uns zu einem Verständnis für die uns umgebende Welt. Dieser Teil unseres Bewusstseins interpretiert Ereignisse und Situationen. Er beinhaltet unsere persönliche Geschichte, unsere Überzeugungen und unsere Annahmen im Hinblick auf die Welt. Unsere persönliche Geschichte enthält die Ereignisse, die uns zugestoßen sind, die unser Leben prägen und die wir uns selbst immer wieder »erzählen«. Diese prägenden Ereignisse werden jedoch nicht so gespeichert, wie sie tatsächlich stattgefunden haben, sondern lediglich in Form von das eigentliche Ereignis interpretierenden »Geschichten«. Unsere Vermutungen und Überzeugungen entstehen aus den wichtigen Ereignissen, die unser Leben prägen. Je mehr wir über uns selbst herausfinden, desto eher gelingt es uns, Einfluss auf die innere Darstellung der uns prägenden Ereignisse zu nehmen und in der Folge auch unsere Überzeugungen und Vermutungen zu verändern.

Es kommt vor, dass sich solche »Geschichten« mit intensiven emotionalen Folgen in Geheimnisse verwandeln. Niemand bekommt gern die emotionalen Konsequenzen zu spüren, die das Aufdecken eines Geheimnisses mit sich bringt, also bleiben solche »Geschichten« unerzählt. Manchmal bewahren Familien schwer wiegende Geheimnisse über Generationen. Zu den häufigsten Familiengeheimnissen gehören Kindesmissbrauch, Vergewaltigung in der Ehe, Alkoholismus, Geisteskrankheit, Gefängnisstrafen und Tod. Solche Geheimnisse wandern in gemeinschaftliche schwarze Löcher. Um sie aufrechtzuerhalten, wird in hohem Maß Familienenergie aufgebracht. Werden solche Geheimnisse offenbart, anerkannt und akzeptiert – indem die Wahrheit ans Licht kommt –, dann wird Energie freigesetzt.

Das Leben prägende Ereignisse, die wir im Inneren in »Geschichten« umwandeln, sind nicht allein intellektuelle, sondern auch emotionale Erinnerungen. Wenn wir uns schließlich vollständig an ein solches verdrängtes Ereignis in unserem Leben erinnern, dann fühlen wir die damit verbundenen Emotionen und Empfindungen. Es ist uns sogar unmöglich, die reine Information von unseren Emotionen zu trennen. Auch Wissenschaftler reagieren auf ihre Forschungsergebnisse mit Befriedigung oder Frustration, stehen zu ihrer Arbeit in einem leidenschaftlichen oder von Konkurrenzgeist geprägten Verhältnis. Wir sind emotionale Wesen. Unsere Denkprozesse sind chemisch mit unseren Emotionen und unseren körperlichen Empfindungen verbunden.

Da Emotionen Einfluss nehmen auf die Energie des Menschen, setzt die Konfrontation mit unserer persönlichen Geschichte und unseren »Geschichten« Energie frei, die bisher in unserem emotionalen Gedächtnis gespeichert war. Da wir Menschen sind, aktiviert unser Denken Emotionen und körperliche Empfindungen, die wiederum die intellektuellen und analytischen Prozesse in Gang setzen, mit deren Hilfe wir unsere Gefühle zu verstehen suchen. Da also emotionale Energie mit Denkprozessen verbunden ist, wird sie auch davon beeinflusst, wie wir unsere Lebenssituation wahrnehmen. Wenn wir zum Beispiel meinen, in Gefahr zu sein, dann hebt Angstenergie in Form einer Adrenalinausschüttung unseren Energiepegel. Wenn wir meinen, dass wir es in unserem Leben zu nichts gebracht haben, dann verfallen wir vermutlich in Depressionen, und damit sinkt auch unser Energieniveau. Unsere Gedanken und Wahrnehmungen beeinflussen direkt unsere emotionale Energie. Aus diesem Grund ist es uns durchaus möglich, mit den Gedanken Energie zu verschieben, auch wenn dies nur wenige von uns tun. Genau das ist es, was geschieht, wenn wir ein schwarzes Loch schließen.

Intentionen
Das dritte Element der Kerninformation führt uns in die Zukunft; es beinhaltet Wünsche, Intentionen, Interessen, Bedürfnisse, Hoffnungen und Träume. Es ist nahezu unmöglich, irgendein Ziel im Leben zu erreichen, ohne es bewusst oder unbewusst zu kennen.

Unsere Bedürfnisse, Wünsche, Interessen und Intentionen führen uns durchs Leben. Welcher Arbeit wollen wir nachgehen? Mit wem möchten wir unsere Zeit verbringen? Wollen wir Kinder haben? Wo wünschen wir uns, unseren Urlaub zu verbringen? Was soll es zum Abendbrot geben? Welchen Hobbys wollen wir am Wochenende nachgehen? Welche Vorstellungen haben wir im Hinblick auf die Zukunft unserer Gemeinde, unseres Landes, der Welt?

Den meisten Menschen fällt es leicht, die eigenen Bedürfnisse zu erkennen und sie zur Basis des eigenen Handelns zu machen. Zum Beispiel: »Ich bin hungrig, lass uns etwas essen«, »Ich möchte, dass du mich zur Schule fährst«, »Die Nachbarn haben uns eingeladen, und ich würde die Einladung gern annehmen«. Der Autor und Psychologe Abraham H. Maslow hat eine Hierarchie von Bedürfnissen definiert, die unsere Intentionen bestimmen: Überleben, Sicherheit, Akzeptanz, Selbstachtung, Selbstverwirklichung. Bis diese Grundbedürfnisse befriedigt sind, werden andere Interessen auf Maslows Skala zurückgestellt. Luft, Wasser und Nahrung sind am unverzichtbarsten. Als Nächstes folgt irgendeine Form von Obdach. Sicherheit ist wichtiger als die Zugehörigkeit zu einer Gruppe. Dann brauchen wir noch Akzeptanz und Anerkennung, bevor wir Selbstachtung und Selbstverwirklichung entwickeln können.

Bedürfnisse sind zugleich Wünsche. Für gewöhnlich sind Bedürfnisse mit Bedingungen verbunden. Zum Beispiel muss ich atmen und essen, damit ich leben kann. Das Bedürfnis verweist auf die Bedingung für die Erfüllung meines Wunsches, in diesem Fall zu leben. Der Satz »Ich brauche deine Hilfe« lässt auf Verzweiflung schließen. Der Satz »Ich wünsche mir, dass du mir hilfst« lässt dem anderen die Freiheit, zu helfen oder es zu lassen. In der Gesprächssituation versuche ich meine »Bedürfnisse« in »Wünsche« umzuwandeln, und wenn ich meine Verzweiflung nicht abstellen kann, dann gebe ich das unumwunden zu. Beispielsweise könnte ich sagen: »Ich wünsche mir wirklich, dass du mir hilfst, denn ich bin verzweifelt.« So kann ich die Situation wirklichkeitsgetreuer wiedergeben und zugleich den anderen in seiner Wahlfreiheit respektieren. Die sorgsame Wahl meiner Worte vermittelt meine Kerninformation genauer und erhält zugleich das Gleichgewicht in meinem Energiefeld aufrecht.

Unsere emotionalen Erinnerungen, Überzeugungen und Annahmen beeinflussen unsere Interessen und Bedürfnisse. Falls es uns schwer fallen sollte, unsere Interessen und Bedürfnisse zu identifizieren, kann es sein, dass wir emotionale Erinnerungen in schwarzen Löchern eingelagert haben. Schwarze Löcher enthalten uns Informationen vor. Ohne die Erforschung und das Verstehen unserer »Geschichten«, Überzeugungen und Annahmen wissen wir möglicherweise nicht, was wir wollen. Wenn Sie zum Beispiel in der Kindheit erfahrene Misshandlungen in ein schwarzes Loch hineindrängen, dann leugnen Sie damit vielleicht auch ihren dringenden Wunsch danach, dass alle Kinder in Sicherheit aufwachsen mögen. Wenn Sie Ihre natürliche kindliche Neugier und Ihr Staunen zurückstellen, dann kann Ihnen unter Umständen Ihre Leidenschaft für Forschung oder Lehre entgehen. Echte Langzeitinteressen werden von unseren emotionalen Erinnerungen beeinflusst. Emotionale Erinnerungen liefern die entscheidende Information, auf deren Basis wir eine gesunde Wahl treffen. Menschen, die keinen Zugang zu ihrer gesunden emotionalen Information haben, fällt es schwer, ihren Lebenssinn und ihre Leidenschaften zu erkennen. Die Befriedigung scheinbar offensichtlicher Wünsche ohne einen gleichzeitigen Zugang zu emotionalen Erinnerungen kann vernichtende Folgen haben. Süchtige etwa treffen ihre Wahl auf diese Weise.

Barry zum Beispiel spürte unbewusst, dass seine Familie ihn als Belastung empfand. Als er noch ein Kind war, hatte seine Familie finanziell schwer zu kämpfen, und Barry kam zu dem Schluss, sie sei besser dran, wenn er nicht geboren worden wäre. Er versteckte diese »Geschichte« in einem schwarzen Loch und deckte es mit Alkohol zu. Nachdem Barry sich von seiner Sucht befreit und seine Lebensgeschichte erforscht hatte, entdeckte er seine Leidenschaft für die Arbeit mit Jugendlichen, denen er helfen wollte, einen produktiven Platz in der Familie und in der Gesellschaft zu finden.

Das tun zu dürfen, wonach wir uns wirklich sehnen, wirkt belebend; darauf verzichten zu müssen beraubt uns unserer Energie. Denken Sie an eine Zeit zurück, als Sie etwas bekamen, was Sie sich von ganzem Herzen wünschten – einen neuen Arbeitsplatz, ein neues Auto ... Erinnern Sie sich an die Welle von Energie, die Sie in dem Augenblick erfasste, als Sie erkannten, dass Ihre Träume wahr werden würden? Wissen Sie andererseits noch, wie enttäuscht oder niedergeschlagen Sie waren, als Sie einmal ein Ziel knapp verfehlten oder einen Verlust wie etwa den eines geliebten Haustiers hinnehmen mussten? Vermutlich haben Sie sich ein paar Tage oder auch länger – je nachdem, welche Bedeutung die Erfahrung für Sie hatte – bedrückt und kraftlos gefühlt.

Echte Intentionen und Wünsche fließen mit der Lebensenergie. Das Maß Ihrer Lebendigkeit hilft Ihnen festzustellen, was Sie wirklich wollen. Wenn ein Freund Sie auf eine Party einlädt und die Einladung bei Ihnen Vorfreude auslöst, dann ist anzunehmen, dass Sie tatsächlich hingehen wollen. Wenn dieselbe Einladung bei Ihnen Langeweile auslöst, dann ist gleichfalls klar, was Sie sich wünschen. Dieses einfache Beispiel ist leicht nachzuvollziehen. Übertragen Sie nun dieses Energiebewusstsein auf die Entscheidungen, die Sie im Rahmen Ihres Berufs und Privatlebens treffen, und machen Sie sich Ihre Reaktion bewusst.

Indem wir uns auf Kerngespräche einlassen, nehmen wir unseren Energiepegel immer deutlicher wahr und können so besser herausfinden, was wir wirklich wollen. Energie hilft uns, unsere Bedürfnisse zu entdecken und zu befriedigen, und gibt uns auf diesem Weg neue Lebenskraft. Unsere Bedürfnisse sind aufs engste mit unserer Lebensenergie verbunden.

Die eigene Kerninformation finden

Die bewusste Wahrnehmung unserer Kerninformationen – unserer Gefühle, Gedanken und Wünsche – erfolgt mittels der leisen Stimme, die aus dem Inneren unseres Kopfes und unseres Herzens zu uns spricht. Ich bediene mich der folgenden drei Fragen, um die drei Elemente meiner Kerninformation zu finden. Nach jeder Frage pausiere ich und lausche in mich hinein, um meine leise innere Stimme zu hören. Probieren Sie es aus!

- Wie fühle ich mich in diesem Augenblick?
- In welchem Zusammenhang zueinander stehen meine Gefühle?
- Was möchte ich in diesem Augenblick?

Die erste Frage verlangt von Ihnen, sich auf Ihre gegenwärtigen Emotionen und Empfindungen einzulassen. Die besten Antworten auf diese Fragen bestehen aus nur einem Wort. Im Augenblick zum Beispiel sitze ich an meinem Computer und blicke auf die Sonne, die gerade im Pazifik versinkt. Müsste ich jetzt gerade auf die erste Frage antworten, dann würde ich sagen, ich fühle mich ruhig. Zu einem früheren Zeitpunkt des heutigen Tages, als ich gerade auf meiner Veranda in der einzigartigen Sonne von Oregon saß, hätte meine Antwort vermutlich »dankbar« gelautet. Zu anderen Zeiten, wenn ich schreibe, fühle ich mich aber auch frustriert oder blockiert.

Wenn unser Kopf angefüllt ist mit verwirrenden Gedanken oder starken Warnungen, dann hören wir vermutlich die Stimme der Angst. Trifft dies zu, dann könnte die Antwort auch lauten: »Ich habe Angst, mich näher damit zu beschäftigen, wie ich mich fühle« oder »Ich bin verwirrt oder wie betäubt«. Emotionen kommen häufig in Schichten vor, das heißt, eine Emotion überlagert oder verdeckt eine zweite, tiefere. Verwirrung verdeckt vielleicht Wut. Wut verbirgt möglicherweise Angst. Dumpfheit kann sich vor Entsetzen stellen und Frustration vor Hoffnungslosigkeit. Gut möglich, dass Zynismus eine Maske für tiefes Mitgefühl ist. Indem wir eine Schicht emotionaler Information abnehmen, legen wir wie bei einer Zwiebel die darunter befindliche frei. Unsere leise innere Stimme lässt sich umso deutlicher vernehmen, je weiter wir vordringen, immer tiefere Schichten unserer Emotionen abschälen und in Besitz nehmen. Wie fühlen Sie sich gerade jetzt, während Sie diesen Absatz lesen? Leer? Neugierig? Verwirrt? Schläfrig? Traurig? Aufgeregt?

Als ich damit anfing, mein Bewusstsein für die Kerninformation des jeweiligen Augenblicks zu schärfen, hatte ich keine klare Vorstellung davon, wie ich mich fühlte – es sei denn, ich war wütend. In diesem Fall war immer jemand da, dem ich die Schuld geben konnte. Ich begriff nicht, dass meine Wut aus mir kam. Ich glaubte, es seien die anderen, die mich wütend machten. Inzwischen weiß ich, dass meine Emotionen zu mir gehören – sie werden vielleicht von anderen ausgelöst, doch auch die Auslösemechanismen, auf die ich reagiere, gehören zu mir.

Emotionen zeigen uns an, woher wir kommen – warum wir an etwas beteiligt sind, warum wir sagen, was wir sagen, und tun, was wir tun. Unsere Emotionen motivieren uns. Wir bewegen uns auf das zu, was uns Freude bereitet, und entfernen uns von dem, was uns Schmerzen verursacht. Wir werden motiviert durch unsere Vorstellung, die auf der Basis unserer Erfahrungen beruht und uns sagt, wie wir uns in einer gegebenen Situation fühlen. Das folgende Beispiel zeigt, wie die einer Aussage hinzugefügte emotionale Information ihr Sinn verleiht.

»Der Bericht ist am Dienstag fällig. Ich möchte jetzt damit anfangen.« Diese Aussage offenbart nicht, was den Sprecher motiviert.

Indem man Emotion hinzugibt, wird die Motivation klarer: »Ich bin erleichtert, dass der Bericht erst am Dienstag fällig ist. So kann ich jetzt schon damit beginnen.«

In ein und derselben Situation haben Menschen meist unterschiedliche Emotionen. Ihre Emotionen werden unter anderem durch das Vorhandensein oder Fehlen von Auslösemechanismen und schwarzen Löchern bestimmt. Denken Sie zum Beispiel an die Reaktion von Leuten, wenn Sie sich verspäten. Manchen Menschen fällt es nicht weiter auf. Einigen ist es egal. Andere machen sich Sorgen, ob Ihnen wohl etwas zugestoßen ist. Und wieder andere ärgern sich darüber, dass Sie unpünktlich sind. Sind Sie durch Ihr Zuspätkommen »Schuld« an den Reaktionen der anderen, oder gehören nicht vielmehr die Reaktionen zu den Menschen, die sie haben?

Nachdem ich erst einmal erkannt hatte, dass meine Reaktionen zu mir gehören, wollte ich herausfinden, was ich wirklich fühlte. Meistens war ich mir keiner Gefühle bewusst. Also machte ich einen Anfang – mit zwei Gefühlen, die ich akzeptieren und leicht auseinander halten konnte: Wohlgefühl und Unbehagen. Fragen Sie sich: Fühle ich mich jetzt gerade wohl oder unbehaglich? Beginnen Sie mit diesen beiden, und erweitern Sie Ihre Palette dann nach und nach um weitere Gefühle.

Emotionen stellen ein wirkungsvolles Mittel dar, um eine Verbindung zu Familienmitgliedern, Freunden und Kollegen herzustellen. Wenn ein Freund unglücklich, ein Familienmitglied wütend oder ein Kollege frustriert ist, dann verbinden uns diese Gefühle, wenn sie offenbart werden, mit dem Erleben dieser Person. Wenn wir wissen, was jemand fühlt, dann können wir unser Mitgefühl und Einfühlungsvermögen aktivieren. Ohne Emotion ist wenig Raum für gegenseitiges Verständnis. Geteilte Emotionen erzeugen zwischenmenschliche Bindungen. In zwischenmenschlichen Bindungen entsteht Beziehungsenergie. Beziehungsenergie ist wie elektrischer Strom, der fließt, wenn die Kontakte einander berühren. Wir verwenden das Wort »berühren« – wie etwa in »Deine Geschichte hat mich tief berührt« –, um die Herstellung einer Beziehung mitzuteilen.

Die zweite Frage, die Sie sich stellen, um sich Ihre Kerninformation bewusst zu machen – in welchem Zusammenhang zueinander stehen meine Gefühle? –, spricht Ihr Denken an und zeigt den Rahmen auf, in dem sich unsere Emotionen und Intentionen abspielen. Diese Frage aktiviert unser analytisches Denkvermögen. Möglicherweise wollen wir in der Vergangenheit gemachte Erfahrungen heranziehen, um unsere Gefühle zu begreifen. Was führt dieses Gefühl herbei? Ist etwas, das eben geschah, mit einer früheren Erfahrung vergleichbar? Sind die Gefühle ähnlich? Diese Fragen können uns vorangegangene emotionale Erfahrungen offenbaren. Emotionen, die wir in diesem Augenblick erleben, können ihren Ursprung in der Vergangenheit haben. Indem wir beschreiben und verstehen, was in der Vergangenheit geschehen ist, können wir unsere gegenwärtigen Gefühle besser verstehen und annehmen und uns dessen bewusst werden, was wir wirklich wollen.

Wie fühlen Sie sich gerade jetzt in diesem Augenblick, und womit hängen Ihre Gefühle zusammen? Wenn Sie sich unbehaglich fühlen oder verwirrt, dann haben Sie möglicherweise ein schwarzes Loch aktiviert. Falls ja, dann muss die Frage »Womit hängen meine Gefühle zusammen?« mit einem Satz wie »Mit der Aktivierung eines schwarzen Lochs« beantwortet werden. Anfangs nehme ich mehr vielleicht gar nicht wahr. Später kann ich möglicherweise schon Gefühle der Verlegenheit und Unzulänglichkeit identifizieren, die entstanden sind, weil mir ein Fehler unterlaufen ist, oder ich weiß mehr über das aktivierte schwarze Loch zu sagen.

Die dritte Frage – »Was möchte ich in diesem Augenblick?« – ist abhängig von den anderen beiden Fragen. Sie steht für die Hinwendung zu durchdachtem Handeln. Viele Menschen haben jedoch den Kontakt zu ihren ureigensten Intentionen verloren. Wie oft schon haben Sie jemanden gefragt, was er möchte, und er hat mit »Ich weiß es nicht« oder »Das ist mir egal« geantwortet? Ohne eindeutige emotionale Führung und Verständnis für das, was im Inneren vorgeht, kann man nur schwer wissen, welche Ziele man erreichen möchte. Die ersten beiden Fragen, die auf Gefühle und Gedanken abzielen, bereiten den Wünschen den Weg. Falls Sie sich unbehaglich fühlen oder verwirrt und ein schwarzes Loch aktiviert haben, dann müssen Sie die Frage »Was möchte ich in diesem Augenblick?« mit einem Satz wie »Ich möchte mehr darüber herausfinden, wie meine schwarzen Löcher aktiviert werden« oder mit »Ich möchte mich wieder wohl fühlen« beantworten.

Wenn Sie sich für eine Handlung entscheiden, die in keinerlei Beziehung zu Ihren Gefühlen und Gedanken steht, dann könnten Sie Ihre Wahl später vielleicht bereuen. Diese drei einfachen Fragen aber helfen Ihnen, Ihre Kerninformation zu verstehen und anzunehmen.

Vielen Menschen fällt es schwer, ihre Kerninformation zu finden. Stattdessen macht sich in ihnen, wenn sie sich die drei Fragen stellen, ein nebelhaftes oder verwirrtes Gefühl breit. Manchmal ist die Information vollkommen unzugänglich – ordentlich in einem schwarzen Loch verstaut. Vampirismusmuster sorgen dafür, dass die beunruhigenden Emotionen und Überzeugungen in den schwarzen Löchern nicht an die Oberfläche kommen. Wenn Kerninformation teilweise unzugänglich ist, dann retten sich mache Menschen, indem sie sich der Analyse, Logik und Argumentation zuwenden. Andere handeln auf der Basis ihrer Gefühle, ohne ihr Tun zuvor zu durchdenken. Wieder andere schicken ihrem Handeln weder Denken noch Gefühle voraus oder aber handeln gar nicht erst. Es ist leichter, wichtige Entscheidungen im Leben zu treffen – und die getroffene Wahl ist eher mit unserem wahren Ich in Übereinstimmung –, wenn wir unsere Kerninformation kennen und annehmen.

Sollten Sie feststellen, dass Sie sich vor allem auf eines oder auf zwei Elemente Ihrer Kerninformation stützen, dann ist Ihr Energiehaushalt aus dem Gleichgewicht. Ein Informationselement kann dominieren und grenzt auf diese Weise wichtige Informationen eines anderen Elements aus. Ziehen Sie es beispielsweise vor, sich Problemen auf der Basis von Vernunft und Analyse zu nähern, dann entgeht Ihnen entscheidende emotionale Information. Diese Information kann in einem schwarzen Loch verborgen sein. Neigen Sie andererseits aber dazu, die Problemlösung im Dampfablassen und in emotionalen Ausbrüchen zu sehen, dann verschließen Sie sich der möglicherweise kritischen Gedankeninformation. Im Berufsleben sind mir nur wenige Menschen untergekommen, die Probleme auf der Basis einer vollständigen Kerninformation lösen.

Falls Sie das Fehlen emotionaler Information bemerken, dann fragen Sie sich einfach, wie Sie sich fühlen. Nutzen Sie Ihre körperlichen Empfindungen als Hinweise auf Ihre Emotionen. Anspannung oder Besorgnis kann auf Angst verweisen, Antriebslosigkeit auf Trauer oder Kummer, Zucken auf Wut oder Zorn, Erröten auf Demütigung, Beschämung oder Scham. Der Zugang zu Ihrer emotionalen Kerninformation versetzt Sie in die Lage, Ihren Energiehaushalt ins Gleichgewicht zu bringen und bessere Lösungen zu finden.

Sollten Sie sich in Ihren Emotionen verlieren, dann fragen Sie sich, womit sie in Zusammenhang stehen.

Überlegen Sie, was sie ausgelöst hat. Erzählen Sie sich selbst die Geschichte dessen, was vorgefallen ist. Sprechen Sie mit anderen darüber, damit sie Ihnen helfen, die Situation zu verstehen, die Ihre Gefühle aktiviert. Finden Sie vor allem heraus, welche Elemente Ihrer Situation Ihre intensivsten Reaktionen bewirkt haben. Sammeln Sie Informationen über die Situation, um Ihre emotionale Energie durch Einsicht auszugleichen.

Wenn Ihnen Ihre Bedürfnisse nicht bewusst sind, dann stellen Sie sich Fragen: Was möchte ich? Was möchte ich an meiner Situation verändern? Wenn Sie gerade lesen und plötzlich feststellen, dass sich in Ihnen Traurigkeit breit macht, dann fragen Sie sich, wo diese Traurigkeit ihren Ursprung hat. Sobald Sie den Bereich gefunden haben, der Ihre Reaktion ausgelöst hat, und wissen, in welcher Beziehung er zu Ihrem Leben steht, fragen Sie sich: »Was will ich?« Welchen Ablauf würden Sie sich, angesichts Ihrer Reaktion und Ihres Auslösers, wünschen, und wie würden Sie damit umgehen? Wenn Sie beispielsweise auf die Geschichte von meiner Mutter oder Nancy mit Traurigkeit reagieren, dann gibt es in Ihrem Leben vielleicht gleichfalls jemanden, der an Krebs erkrankt ist und mit dem Sie in Verbindung treten und ein Kerngespräch führen möchten. Möglicherweise haben Sie aber auch einen geliebten Menschen durch diese Krankheit verloren und brauchen noch Zeit, um ihn zu trauern.

Geben Sie sich Zeit, damit Ihre Interessen vor dem Hintergrund Ihrer Gefühle und Gedanken zu Tage treten. Indem Sie alle Elemente der Kerninformation sammeln, bringen Sie Ihren Energiehaushalt ins Gleichgewicht, vertiefen Ihre Beziehungen zu anderen Menschen und können mit ihnen Kerngespräche führen – und die Handlungen, die aus Ihren Bedürfnissen resultieren, werden kreativer und befriedigender sein.

Kerngespräche können Sie jederzeit und überall führen. Die nachfolgenden Beispiele verdeutlichen den Unterschied zwischen Interaktionen, die von Energie-Vampirismus gekennzeichnet sind, und solchen, die unter dem Stern des Kerngesprächs stehen. Der erste Fall hat nichts Bemerkenswertes an sich. Es handelt sich um eine normale Meinungsverschiedenheit, wie sie etwa am Arbeitsplatz denkbar ist. Viele von uns waren bereits an einem solchen Meinungsaustausch beteiligt. Derselbe Fall wird dann ein zweites Mal auf der Basis mitgeteilter Kerninformation durchgespielt.

——— ••••• ———

Ein Gespräch zur Illustration
von Vampirismusmustern
Cliff und Bill arbeiteten für eine Firma in der Managementberatung. Sie hatten sich zusammengesetzt, um ein Trainingsprogramm zur Förderung von Führungsqualitäten für einen wichtigen Kunden zu entwickeln.

»Warum kapiert er nicht, was ich ihm zu erklären versuche?«, dachte Cliff und sagte dann: »Du hörst mir einfach nicht zu, Bill. Ich habe eine Lösung für unser Problem, aber wir kommen trotzdem nicht voran.«

»Cliff«, entgegnete Bill, »ich höre dir jetzt seit einer Stunde zu. Die Hälfte unserer Zeit haben wir schon verschwendet, ohne irgendetwas zu erreichen. Der Chef reißt mir den Kopf ab, wenn wir ihm bis Mittag keine Lösung präsentieren. Ich kann nicht sehen, wie deine Idee funktionieren soll. Verabschiede dich lieber davon.« Um seine Worte zu unterstreichen, warf Bill seinen Kugelschreiber vor sich auf den Papierstapel.

Cliff biss die Zähne zusammen und dachte: »Wenn er sich meine Idee nicht anhören will, dann soll er sich gefälligst selbst etwas einfallen lassen. Schließlich ist ja er in der Schusslinie. Ich hole ihn da nicht raus. Warum sollte ich auch?« Laut sagte er: »Also gut. Was willst du dem Chef dann vorschlagen?«

»Ich werde auf die Vorgehensweise zurückgreifen, derer wir uns schon immer bedienen«, antwortete Bill. »Es sei denn, uns fällt noch etwas ein.«

»Ich dachte«, sagte Cliff, »der Chef besteht auf einem neuen Vorschlag?«

»Ja, das stimmt«, bestätigte Bill. »Deshalb müssen wir uns ein paar Veränderungen einfallen lassen, damit das alte Programm neu aussieht. Was hast du sonst noch für Ideen?«

»Ich habe keine Ideen mehr auf Lager«, erwiderte Cliff und verschränkte die Arme vor der Brust.

Cliff hatte es aufgegeben, Bill seine Idee erklären zu wollen, und spielte stattdessen den Distanzierten oder gleichgültigen Energie-Vampir. Damit hatte Bill die Unterstützung durch Cliffs Energie, Ideen und Engagement für das Projekt verloren. Da Bill sich über Cliff ärgerte, weil dieser sich verweigerte und nicht weiter einbrachte, zog er sich auf die Position des Einschüchterers oder selbstgerechten Energie-Vampirs zurück. Am Ende fühlte sich Bill frustriert und ausgepumpt, und Cliff hielt sich für energetisch ausgebeutet.

——— • • • • • ———

Kennen Sie Interaktionen wie diese aus dem Berufsleben? Haben Sie ähnliche Gespräche bereits mit Ihrem Partner oder mit Familienmitgliedern geführt? Vielleicht reagieren Ihre Kinder ja so wie Cliff. Teenager entziehen sich durch vermeintliche Gleichgültigkeit regelmäßig dem emotionalen Zugriff ihrer Eltern. Wie ist es bei Ihnen, treten Meinungsverschiedenheiten an die

Oberfläche, oder verschwinden Konflikte im Untergrund?

Ein Kerngespräch
»Warum begreift Bill nicht, was ich meine?«, dachte Cliff. Laut sagte er: »Ich habe wirklich meine Probleme mit diesem Gespräch. Offenbar gelingt es mir nicht, meine Idee so zu beschreiben, dass sie nachvollziehbar wird. Es ist mir wirklich wichtig, dass du verstehst, was ich sagen will. Wenn du meine Idee dann immer noch nicht gut findest, dann kann ich das akzeptieren. Aber im Augenblick bin ich ganz schön frustriert.«

»Ich auch«, antwortete Bill. »Wir sprechen jetzt schon fast eine Stunde lang über die Sache und kommen einfach nicht weiter. Gegen Mittag muss ich mit einer neuen Version des alten Trainingsprogramms im Büro des Chefs stehen, und ich fürchte, dass wir ihm nichts Neues werden bieten können.«

»Jetzt ist es erst elf Uhr, und wir haben noch eine Stunde Zeit«, versuchte Cliff Bill zu beruhigen. »Ich bin wirklich der Meinung, dass ich die Lösung für unser Problem habe. Wenn es mir doch nur gelänge, es richtig zu erklären! Ich brauche ungefähr zehn Minuten, um meinen Ansatz zu beschreiben. Dann haben wir noch immer fünfzig Minuten, um uns noch etwas anderes einfallen zu lassen, wenn dir mein Vorschlag nicht gefällt. Wenn du mir nicht noch einmal zuhörst, werde ich vermutlich nur noch frustrierter.«

Bill öffnete sich für Cliffs Vorschlag. »Wenn es nur zehn Minuten dauert, dann will ich gern versuchen, mir deine Idee noch einmal anzuhören. Wenn ich sie verstehe und gut finde, wunderbar. Wenn ich sie verstehe und für ungeeignet halte, wirst du mir dann helfen, einen anderen Vorschlag zu entwickeln?«

»Ja«, versprach Cliff, »wenn du meinen Vorschlag nachvollziehen kannst und trotzdem nicht magst, dann überlegen wir uns etwas Neues.«

Bill akzeptierte den Vorschlag. »Also gut, dann leg mal los.«

Die beiden Kollegen waren noch immer nicht einer Meinung, doch jeder von ihnen erklärte sich bereit, seine Kerninformation offen zu legen und dem anderen zuzuhören. Als Cliff mit der Beschreibung seiner Idee begann, setzte er sich voll und ganz für sie ein, war aber auch bereit, sie, falls es erforderlich war, aufzugeben.

Bill stellte sich darauf ein, Cliffs Perspektive einzunehmen, denn sie war seine beste Chance, sein Ziel zu erreichen und dem Chef bis Mittag das gewünschte Ergebnis zu präsentieren. Dieses Kerngespräch eröffnete beiden Dialogpartnern die Möglichkeit, ihr Ziel zu erreichen. Beide gaben ehrlich ihre Frustration zu, verpflichteten sich aber zugleich, eine Lösung zu finden, die beiden diente. Daraus ergab sich eine lebhafte Diskussion, die ein gemeinsames Ergebnis brachte, das für ihren Kunden von großem Nutzen sein würde. Cliff und Bill gingen gestärkt aus diesem Kerngespräch hervor.

———— ••••• ————

Das ist alles schön und gut, sagen Sie sich vielleicht, aber was ist, wenn ich der Einzige bin, der bereit ist, ein Kerngespräch zu führen? Was ist, wenn ich meine Kerninformation mitteile und der andere sich weiterhin als Energie-Vampir betätigt? Was ist, wenn nur ich Bereitschaft zur Ehrlichkeit zeige? Ein weiteres Beispiel illustriert diese Situation.

———— ••••• ————

Karen reihte sich zögernd in die Schlange vor dem Schalter ein. Sie hasste es ohnehin, Waren umzutauschen; noch dazu schien die Verkäuferin am Schalter in Eile zu sein und dem Kunden vor Karen nicht eben weiterzuhelfen. Als Karen an der Reihe war, trat sie vor und sagte: »Dieser Ledermantel passt mir nicht. Ihr Schneider hat für mich die Ärmel ausgelassen und versprochen, sie würden dann lang genug sein, aber das trifft nicht zu.«

»Hören Sie«, sagte die Angestellte, »wir können doch nicht Kleidungsstücke zurücknehmen, die bereits geändert wurden. Sie haben den Mantel gekauft.«

»Ja, aber so kann ich ihn nicht tragen und möchte ihn daher nicht«, beharrte Karen. Ihr Herz schlug nun rascher, und ihr Gesicht rötete sich.

»Sie haben ihn ändern lassen«, wiederholte die Angestellte. »Da kann ich nun nichts mehr machen.«

»Ich nehme den Mantel aber nicht. Ich lasse ihn hier und will mein Geld zurück, und wenn ich dafür rechtliche Schritte einleiten muss.« Karen warf den Mantel auf den Ladentisch und marschierte aus dem Geschäft. Sie war empört.

Karen machte den Schneider dafür verantwortlich, dass ihr der Mantel nicht passte. Sie gab dem Geschäft die Schuld und war wütend auf die Angestellte. Zusammen mit dem Mantel warf Karen auch einen Teil ihrer emotionalen Energie auf den Ladentisch. Auf dem Heimweg spielte sie die Szene vermutlich mehrere Male in ihrem Kopf durch und verlor dabei noch mehr Energie. Karen würde die nächsten paar Monate mit einem kleinlichen Gerichtsverfahren hinbringen, um ihr Geld zurückzubekommen, aber noch immer nicht den Mantel besitzen, den sie eigentlich hatte haben wollen. Gab es eine andere Möglichkeit, dieses Gespräch zu führen? Was wäre geschehen, wenn

Karen zu ihrer Kerninformation gestanden hätte, zu ihren aufrichtigen Gefühlen? Konnte sie irgendetwas bewirken, wenn sie offen legte, was genau in ihrem Inneren ablief, und ihre Wünsche deutlich zum Ausdruck brachte? Die folgende Szene spielt diese Alternative durch. Achten Sie darauf, was Karens veränderter Ansatz bei ihr selbst und bei der Verkäuferin bewirkt.

───── ••••• ─────

Als Karen an der Reihe war, trat sie vor: »Ich fühle mich nicht gut damit, diesen Mantel zurückbringen zu müssen, und außerdem scheinen Sie gerade in Eile zu sein. Gibt es irgendjemanden, mit dem ich in Ruhe über mein Problem sprechen kann?«

»Ich bin im Augenblick allein«, antwortete die Verkäuferin. »Der Chef kommt erst in einer halben Stunde zurück. Sie können auf ihn warten, wenn Sie wollen.«

»Ich würde lieber mit Ihnen reden, wenn Sie die Zeit dazu haben. Wenn wir dann keine Lösung finden, kann ich immer noch auf Ihren Chef warten. Wären Sie damit einverstanden?«

»Solange ich keinen anderen Kunden habe, höre ich Ihnen gern zu. Was haben Sie denn für ein Problem?«

»Ich bin wirklich unglücklich wegen dieses Mantels, denn ich habe ihn ändern lassen, aber die Ärmel sind immer noch nicht lang genug. Es fühlt sich nicht angenehm an, wenn ich ihn trage. Können wir irgendetwas tun, damit der Mantel mir richtig passt?«

»War das unser Schneider, der die Änderungen vorgenommen hat?«, fragte die Angestellte.

»Ja.«

»Also gut. Ziehen Sie den Mantel doch bitte einmal an, damit ich sehen kann, wie er sitzt.«

Karen schlüpfte in den Mantel. Die Angestellte begutachtete die Ärmellänge und schüttelte den Kopf. »Die Ärmel haben fast die richtige Länge, aber eben nur fast. Lassen Sie mich mit dem Schneider sprechen, um herauszufinden, ob er noch etwas tun kann. Wenn es ihm nicht möglich ist, weitere Änderungen vorzunehmen, dann spreche ich mit dem Chef. Ich muss Ihnen jedoch sagen, dass wir keine bereits geänderten Kleidungsstücke zurücknehmen. Wenn wir generell Kleidungsstücke umtauschen, dann nur gegen Gutschein und nicht gegen Bargeld. Doch vielleicht gibt es ja noch einen anderen Ausweg. Können Sie mir eine Woche Zeit geben?«

»Ich hätte den Mantel natürlich liebend gern früher, aber ich möchte einen Mantel haben, der mir wirklich passt. Also nehmen Sie sich so viel Zeit dafür, wie Sie brauchen.«

»Diese Kundin ist wirklich nett«, dachte die Angestellte, »vielleicht kann ich ihr irgendwie helfen.«

Karen zog den Mantel wieder aus und reichte ihn der Verkäuferin. Zum ersten Mal seit sie den Laden betreten hatte, konnte sie sich wieder entspannen. »Vielen Dank für Ihre Hilfe«, sagte sie. »Ich hatte ein bisschen Angst davor, wie dieses Gespräch wohl ablaufen würde. Sie haben mir sehr geholfen.«

In der zuvor geschilderten Auseinandersetzung ließ Karen Dampf ab und kanzelte die Verkäuferin regelrecht ab. Sie verbarg ihre tatsächlichen Gefühle der Frustration und schützte sich vor der Anerkennung ihres Unbehagens, indem sie dem Geschäft die Schuld gab.

In der zweiten Interaktion fühlte sich Karen in die Situation der Angestellten ein. Sie lud sie ein, sich zu beteiligen, indem sie ihr mitteilte, was emotional in ihr ablief. Karen brachte klar zum Ausdruck, was sie wollte. Schließlich würdigte sie den von der Verkäuferin geleisteten Beitrag. Karen setzte sich mit ihrer eigenen Wahrnehmung der Sachlage auseinander und gab der Angestellten die Möglichkeit, sich an einem Kerngespräch zu beteiligen.

———— • • • • • ————

Einen emotionalen Kontakt zu anderen Menschen herzustellen, um sich einem gemeinsamen Ziel zu nähern, wirkt fesselnd und belebend. Kerngespräche setzen Gruppenenergie frei, so wie die Erforschung schwarzer Löcher persönliche Energie mobilisiert. Die freigesetzte Energie kann in kreative Lösungen einfließen. Kerngespräche sind einfach und fair. Sie blockieren den Energiefluss nicht durch schwarze Löcher und Energie-Vampirismus. Persönliche Energie wird nicht für Schuldzuweisungen, Lügen, Selbstschutz, Ausreden oder Vampirismusstrategien verschwendet. Vielmehr werden gerade solche Energiefallen ausgeräumt. Wenn wir in unserer Kernwahrheit zentriert und auf unsere Integrität ausgerichtet sind, uns selbst vertrauen, uns annehmen, wie wir sind, und unsere Wünsche klar vor Augen haben, dann sind wir voller Energie. Diese Energie kann uns nichts und niemand nehmen – es sei denn, wir selbst entscheiden uns, sie fortzugeben. Ja, wenn zwei Menschen einander mit Offenheit und liebevoller Annahme an ihrer jeweiligen Kerninformation teilhaben lassen, dann erfüllt kreative, offene, harmonische Energie ihre Energiefelder und wirkt sich auf beide günstig aus. Um diesen Energiezustand zu fördern, müssen wir nicht einmal besonders fröhlich sein. Oftmals sind wir sogar traurig, bekümmert, besorgt, unsicher oder frustriert. Doch selbst auf der Basis dieser Emotionen wird Energie freigesetzt, sobald wir uns zu unserer Kerninformation bekennen.

Kerngespräche unterscheiden sich von traditioneller kreativer Problemlösung, Konfliktbekämpfung oder dem üblichen Selbstbewusstseinstraining. Diese Ansätze ergänzen lediglich unser bereits vorhandenes Repertoire an Fähigkeiten und Fertigkeiten. Es ist möglich, sich weiterhin als Energie-Vampir zu betätigen und dennoch neue Problemlösungs- und Selbstbewusstseinstechniken zu erlernen. Solche Techniken können uns sogar zu noch effektiveren Energie-Vampiren machen.

Kerngespräche sind das Gegenteil von erlernten Techniken. Die ganz persönliche Wahrheit auszusprechen heißt, auf alle dem Selbstschutz dienenden Kniffe und Tricks – auf unsere Maske – zu verzichten und stattdessen die eigenen echten Gefühle, wahren Bedürfnisse und tief empfundenen Überzeugungen zu erforschen. Kerngespräche helfen uns zu erkennen, was uns antreibt, und das authentische Ich – den Menschen, der wir in unserem Kern mit all unseren Schwächen und Stärken sind – zu entdecken. Wenn Sie solche Selbsterforschung noch nie zuvor betrieben haben, dann kann es sein, dass Sie anfangs zögern oder Bedenken haben.

Von schwarzen Löchern und Energie-Vampirismus zu Kerngesprächen

Unsere schwarzen Löcher ermutigen uns, andere als die Ursache unserer wie auch immer gearteten Schwierigkeiten zu sehen und zu meinen, dass sie sich ändern müssen, damit es uns besser geht. Wir gehen unseren schwarzen Löchern aus dem Weg und schützen uns vor ihnen, indem wir uns als Energie-Vampire betätigen. In einem Kerngespräch nehmen wir unsere Kernerfahrungen an und erkennen, dass wir Einfluss auf die Richtung haben, die unser Leben einschlägt. Niemand sonst kann in einer gegebenen Situation genauso wie wir reagieren, denn nur unsere Reaktionen fußen auf unseren Lebenserfahrungen.

Falls Sie sich selbst als Energie-Vampir identifizieren, dann zollen Sie sich für diese Erkenntnis die Anerkennung, die Ihnen zusteht. Stellen Sie sich die drei Fragen, die Ihnen helfen werden, Ihr Kern-Ich zu finden: Wie fühle ich mich in diesem Augenblick? In welchem Zusammenhang zueinander stehen meine Gefühle? Was möchte ich in diesem Augenblick? Untersuchen Sie Ihre Vampirismusmuster und schwarzen Löcher gründlich, damit Sie lernen, Kerngespräche zu führen. Die Intensität Ihrer Reaktionen wird Ihnen helfen, Ihre Kernemotionen zu identifizieren und herauszufinden, was sie ausgelöst hat. Ihre Gefühle zu offenbaren, zuzugeben, was in Ihnen vorgeht, und mitzuteilen, was genau es ist, das Sie sich wünschen, ist der beste Weg, um eingeschliffene Verhaltensmuster zu verändern. Niemand gesteht sich gern seine Vampirismusmuster ein, doch die Anerkennung ihrer Existenz ist der erste und wichtigste Schritt, um sich von ihnen zu befreien. Das folgende Beispiel macht deutlich, wie der Wechsel vom bloßen Selbstschutz vor dem Inhalt von schwarzen Löchern zu einem Kerngespräch erfolgen kann.

———— • • • • • ————

Ich fand mich selbst unversehens in einem wütenden, vorwurfsvollen, selbstgerechten Vampirismusmuster mit meinem Sohn wieder. Travis hatte gerade mit seinem Studium an der University of Oregon angefangen. Drei Wochen vor dem Ende des Herbstsemesters kam er nach Hause und verkündete, dass er das Semester schmeißen wolle. Sein Studium war bereits zu weit fortgeschritten, um die Studiengebühr zurückzufordern. Ich finanzierte sein Studium mit, und dieser Umstand aktivierte eines meiner schwarzen Löcher. Meine Reaktion, die ich zum Glück nicht laut aussprach, ging in diese Richtung: »Du kannst nicht einfach aufhören. Wir haben zu viel Geld für dein Studium bezahlt. Offenbar strengst du dich einfach nicht genug an, also setz dich gefälligst auf den Hosenboden, und bring das Semester zu einem vernünftigen Abschluss.« Es war mein Vampirismusmuster der Selbstgerechtigkeit. Ich ließ diesen Gedanken vorüberziehen und fragte mich, wie ich mich fühlte und was ich wollte. Dann erst reagierte ich auf Travis' Ankündigung.

»Ich bin frustriert, Travis«, sagte ich. »Ich frage mich, ob du dich genug anstrengst, und ich möchte, dass du weiterstudierst, nachdem wir schon so viel Geld für dein Studium ausgegeben haben.«

»Ich habe mir schon gedacht«, sagte er, »dass du so reagieren würdest. Aber ich weiß im Augenblick einfach nicht, was ich an der Uni soll, und brauche Zeit, um mir Klarheit zu verschaffen.«

Ich dachte nach und beschäftigte mich mit der nächsten Schicht meiner Kerninformation. »Um die Wahrheit zu sagen, ich habe einfach Angst. Ich habe Angst, dass du, wenn du dieses Semester nicht abschließt, womöglich das Studium abbrichst. Und ich bin eben der Meinung, dass eine gute Ausbildung entscheidend ist für alles, was du im Leben erreichen willst.«

»Das weiß ich, Mom, aber ich bin im Moment wirklich durcheinander. Ich weiß nicht, was ich mit meinem Leben anfangen soll. Ich möchte den Winter über Ski fahren und über alles nachdenken. Ich gehe nicht an die Uni zurück.«

»Du weißt, Travis, dass hinter meiner Angst nichts anderes steht als Liebe. Du bedeutest mir unendlich viel. Ich bin wirklich davon überzeugt, dass du intelligent und fähig bist, und ich möchte, dass du deinen Abschluss machst. Ich meine, dass du dir damit Möglichkeiten eröffnest, die dein Leben für dich angenehmer machen.«

Ich hatte mich selbst innerhalb von nur wenigen Minuten vom bloßen Reagieren auf ein schwarzes Loch zu meiner Kerninformation bugsiert, indem ich mir selbst die Kernfragen stellte. Travis verbrachte schließlich tatsächlich den Winter in einer Hütte in einem Skigebiet, wo er seinen Lebensunterhalt in einer kleinen Gaststätte und in einem Skiverleih verdiente. In diesem Winter verschlang er mehr Bücher, als er je in einem Semester am College gelesen hatte. Als er im Frühling an die Universität zurückkehrte, war ich begeistert.

Unser Kerngespräch hatte dafür gesorgt, dass die Energie zwischen uns im Gleichgewicht blieb. Wir blieben einander verbunden und offen für das Leben des jeweils anderen. Später, als er seinen Abschluss gemacht hatte, zog er zum Kajak- und Skifahren nach Alaska. Ich kann nichts anderes tun, als meinen Sohn zu unterstützen und zu lieben; alles andere liegt bei ihm. Kerngespräche befähigen mich zu einer solchen Haltung.

Sobald wir uns unserem Kern geöffnet und unsere Information mitgeteilt haben, fühlen wir uns möglicherweise zunächst sehr verletzlich. Wir werden uns unserer menschlichen Schwächen bewusst, erleben Frustration und Angst und spüren Verlustgefühle. Es ist denkbar, dass wir Übung brauchen im Verbalisieren unserer Kernerfahrungen. Nachfolgend ein paar Beispiele für Kernaussagen:

- Ich bin wütend, und am liebsten würde ich einfach losschimpfen, aber das möchte ich eigentlich nicht.

- Ich bin wirklich frustriert, weil es mir nicht gelungen ist, Ihnen bestimmte Informationen zu vermitteln, die wichtig für mich sind. Ich möchte es noch einmal versuchen.
- Mir ist nicht wohl mit dem Verlauf, den unser Gespräch nimmt. Ich bin sicher, dass es eine Lösung gibt, die uns nur noch nicht eingefallen ist, und ich möchte die Meinung von jedem in der Gruppe hören, bevor wir weitermachen.
- Ich stecke gerade in einem schwarzen Loch und brauche ein wenig Zeit, um herauszufinden, was mit mir los ist. Können wir dieses Gespräch vielleicht fortsetzen, wenn ich mit mir mehr im Reinen bin?
- Ich fühle mich verletzlich und habe Angst. Bitte unterstütze mich darin herauszufinden, was in mir vorgeht.

Wenn wir anfangen, unsere Kerninformation aufrichtig mitzuteilen, dann mag das Risiken bergen. In der Hoffnung, dass der andere nicht den Energie-Vampir herauskehrt und uns unserer Energie beraubt, während wir gerade unsere Kernerfahrung untersuchen, gehen wir ein Risiko ein. Möglicherweise brauchen wir Zeit, um die tieferen Schichten unserer Kernerfahrungen zu ergründen. Ich glaube fest an eine zweite und dritte Chance, um die betreffende Person doch noch mit meiner Kerninformation zu erreichen. Jede Reaktion unseres Gegenübers verschafft uns die Möglichkeit, neu Stellung zu beziehen, und eine neue Kernerfahrung. Wenn wir uns im Fluss sich ausweitender Energie befinden, dann verändert sich unsere Kernerfahrung von Augenblick zu Augenblick. Eine zusätzliche Reaktion meines Gegenübers kann in mir eine neue Erwiderung auslösen. Jede meiner Reaktionen ist mit neuem Verständnis und vielleicht sogar einem neuen Bedürfnis verbunden. Nachfolgend noch einmal die vorangegangenen Beispiele für Kernaussagen in Verbindung mit der Entgegnung eines Energie-Vampirs. Diese Beispiele machen deutlich, wie man jeder neuen Reaktion mit einer neuen Kernerfahrung begegnen kann. Die Interaktionen zeigen außerdem, wie wir angesichts von Energie-Vampirismus wir selbst bleiben können.

- Sie sagen: »Ich bin wütend, und am liebsten würde ich einfach losschimpfen, aber das möchte ich eigentlich nicht.« Ihr Gegenüber antwortet: »Oh, großartig! Du wirst wütend und willst auf mich losgehen. Dann werde ich wütend. So machen wir es doch immer. Das ist unsere Strategie.«
  Sie können nun neu Stellung beziehen: »Das war bisher unsere Strategie, stimmt. Aber ich arbeite daran. Auch wenn es mir nicht leicht fällt, etwas daran zu verändern, möchte ich, dass du mir dabei hilfst.« Wenn Ihr Gegenüber seinen Energie-Vampirismus fortsetzt, dann sagt er: »Daran arbeitest du, wie du sagst, schon seit Jahren. Nur sehe ich leider keine Veränderung.«
  Ihre Kernerwiderung könnte lauten: »Mir geht es schlecht damit, wie wir im Augenblick miteinander umgehen. Ich möchte jetzt lieber eine Pause machen, aber später will ich unser Gespräch fortsetzen.«
  Ihre Reaktion schafft Raum für Wandel, wenn Sie später Ihr Gespräch neu aufgreifen.
- Sie sagen: »Ich bin frustriert, weil es mir nicht gelungen ist, Ihnen bestimmte Informationen zu vermitteln, die wichtig für mich sind. Ich möchte es noch einmal versuchen.« Der andere antwortet: »Wir haben Ihnen schon den ganzen Morgen lang zugehört, aber Sie haben uns nichts Neues mitgeteilt. Wann machen wir in dieser Konferenz endlich Fortschritte?«

Sie könnten sagen: »Ich habe wirklich Ihre Zeit über Gebühr in Anspruch genommen, und ich wünschte, ich hätte mich von Anfang an deutlicher ausgedrückt. Doch meine Perspektive hat sich im Verlauf unseres Gesprächs etwas verschoben, und nun würde ich meine Gedanken gern noch einmal zusammenfassen.«
- Sie sagen: » Mir ist nicht wohl mit dem Verlauf, den unser Gespräch nimmt. Ich bin sicher, dass es eine Lösung gibt, die uns nur noch nicht eingefallen ist, und ich möchte die Meinung von jedem in der Gruppe hören, bevor wir weitermachen.« Die anderen erwidern: »Dafür haben wir jetzt keine Zeit.«

Sie könnten sagen: »Mir ist klar, dass unsere Zeit knapp ist. Ich fürchte nur, wir sind in der falschen Richtung unterwegs. Ich würde mich sehr viel wohler fühlen, wenn wir alle jetzt nachdenken würden, bevor wir uns in einer Sackgasse wiederfinden und erneut die Richtung wechseln müssen.«
- Sie sagen: »Ich stecke gerade in einem schwarzen Loch und brauche ein wenig Zeit, um herauszufinden, was mit mir los ist. Können wir dieses Gespräch vielleicht fortsetzen, wenn ich mit mir mehr im Reinen bin?« Ihr Gegenüber entgegnet: »Schwarzes Loch? Was zum Teufel soll denn das schon wieder sein?«

Ihre Kernaussage könnte lauten: »Ich verwende den Begriff ›schwarzes Loch‹, wenn ich mich fürchte, frustriert bin oder mich unbehaglich fühle. Im Augenblick fühle ich mich gerade unbehaglich und hätte gern etwas Zeit für mich, um Ordnung in meine Gedanken zu bringen.«
- Sie sagen: »Ich fühle mich verletzlich und habe Angst. Bitte unterstütze mich darin herauszufinden, was in mir vorgeht.« Ihr Gesprächspartner antwor-

tet: »Ich bin doch schon lammfromm.« Nun können Sie innehalten – vielleicht lachen Sie ja auch. Dann nehmen Sie seine Bemerkung auf und sagen: »Ich freue mich, das zu hören. Ich habe dich nicht immer als lammfromm erlebt. Ich wüsste es wirklich zu schätzen, wenn du mir diese Seite jetzt zeigen würdest.«

Kerngespräche zu führen heißt, bei sich zu bleiben, den eigenen Gefühlen zu vertrauen und sich nach den eigenen Wünschen zu fragen, während man zugleich die Verbindung zum Gegenüber aufrechterhält und offen bleibt. Wie oft sollen Sie die an Sie selbst gerichtete Frage nach Ihren Wünschen wiederholen? Für mich habe ich die Frage »Wie wichtig ist mir das?« als geeignete Richtlinie entdeckt. Wenn es nicht wirklich wichtig ist, dann lassen Sie es los. Wenn es sehr wichtig ist, dann bleiben Sie dran. Wenn Sie festlegen, wie oft Sie sich nach Ihren Wünschen fragen wollen, dann ist es entscheidend, weiterhin gegenüber anderen offen zu sein, zuzuhören und bereit zu sein, sich durch das, was Sie hören, beeinflussen zu lassen. Das unablässige Erforschen der eigenen Wünsche, ohne zugleich andere mit ihren Bedürfnissen wahrzunehmen, kann nämlich selbstgerechter Energie-Vampirismus sein. Ein Verständnis für die Kernerfahrung anderer zu entwickeln gibt Ihnen die Gelegenheit, Ihre Perspektive und Ihre Interessen anzupassen.

Einmal befand ich mich in einer Situation, die mir so wichtig war, dass ich meinen Partner fünfzigmal um ein Gespräch zu diesem Thema bat, um das Problem zu lösen. Während der ersten vierzigmal hatte ich meine schwarzen Löcher noch mit verschiedenen Vampirismusstrategien zugedeckt. Die Reaktionen, die ich erhielt, spiegelten meine Herangehensweise wider. Bei den letzten zehn Malen ließ ich meinen Partner an meiner Kernerfahrung teilhaben und lud ihn ein, sich an einem Kerngespräch zu beteiligen. Das im Folgenden geschilderte Gespräch fand statt, nachdem ich begriff, dass ich erst mich selbst ändern musste, um die Situation zu ändern.

Ich stand vor der Tür des Hauses, aus dem ich vor wenigen Monaten ausgezogen war. Ich hob meine Hand, um zu klopfen, und fragte mich, ob Alan, mein Ex, mir wohl öffnen würde. Die Kinder aus der Nachbarschaft zogen auf Dreirädern ihre Kreise auf dem Bürgersteig und riefen einander etwas zu. Ein plötzliches Gefühl des Bedauern erfasste mich, als ich ihnen so zusah. Ich fragte mich, was meine Kinder wohl gerade taten. Sie fehlten mir, wenn sie sich bei Alan aufhielten.

Die Tür öffnete sich, und ich stand Alan von Angesicht zu Angesicht gegenüber. »Was willst du?«, fragte er und starrte mich zornig an. Ich wollte auf keinen Fall wütend werden.

»Die Vorstellung, mit dir zu reden, macht mich ziemlich nervös. Ich weiß, dass es für uns beide sehr schwer ist. Trotzdem würde ich gern mit dir besprechen, was am besten für unsere Kinder ist. Meinst du, du könntest heute mit mir darüber reden?«

»Nein, ich habe die Nase voll davon, mit dir auch nur irgendetwas zu besprechen. Du kannst dich mit meinem Anwalt unterhalten.« Ich ignorierte die Provokation.

»Ich würde wirklich lieber mit dir reden«, fuhr ich fort. »Ich glaube, für die Kinder wäre es am besten, wenn wir uns das Sorgerecht teilen. Doch das Gericht wird es nicht zulassen, wenn wir uns über die Einzelheiten nicht einig sind. Ich habe sie so schrecklich lieb, und ich weiß, dass es dir genauso geht. Ich bin entschlossen, dich so lange immer wieder zu fragen, bis du zu einem Gespräch bereit bist.«

»Jetzt bin ich nicht dazu bereit«, sagte er und schloss die Tür. Ich blieb einen Augenblick davor stehen und dachte: »So schwer es ihm gefallen sein mag, er hat die Tür nicht zugeknallt. Ich werde morgen wiederkommen.«

Ich hatte mir selbst und meinen Kindern versprochen, dass sie beide Eltern haben würden, dass wir die Verantwortung für ihre Erziehung gemeinsam tragen und sie gemeinsam unterstützen würden. Ich hatte mir vorgenommen, so lange meinen Wunsch nach einem gemeinsamen Sorgerecht vorzutragen, wie ich noch Hoffnung hatte, dass er sich vielleicht würde erfüllen lassen. Alan war verletzt und wütend und kämpfte um das alleinige Sorgerecht. Ich musste ihm helfen, mir zu vertrauen, und ihm ein Gefühl der Sicherheit geben, damit er darüber mit mir sprach. Sobald ich bereit war, meine Verletzlichkeit zu zeigen und ohne zu insistieren oder zu drängen oder ihm das Gefühl zu geben, dass er »nicht gut genug« war, um das zu bitten, was ich mir wünschte, sprach er tatsächlich mit mir, und wir fanden zu einer Übereinkunft. Im Februar 1978 erkannte das Gericht auf gemeinsames Sorgerecht. Ich zog in ein Haus ein, das nur drei Blocks von Alans entfernt war, und unsere Kinder wuchsen mit beiden Elternteilen auf. Ich war in ein Kerngespräch hineingestolpert und hatte durch diese Erfahrung meine Kerngefühle, -gedanken und -wünsche entdeckt, weil für Alan nur so genug Sicherheit und Offenheit spürbar wurde, um überhaupt auf mein Gesprächsangebot einzugehen. Ich entdeckte das Kerngespräch erst, nachdem ich alle Vampirismusstrategien ausprobiert hatte, die mir nur eingefallen waren und von denen keine einzige Erfolg gehabt hatte.

Die eigene Kernerfahrung zum Ausdruck bringen

Ich habe mit Hunderten von Gruppen über Kerngespräche gesprochen. Jedes Mal frage ich, was leichter zugänglich war: Gefühle, Gedanken oder Wünsche. Nur fünf Prozent aller Gruppenteilnehmer behaupten von sich, dass sie durchweg genau wissen, was sie wollen. Von den verbleibenden fünfundneunzig Prozent gibt die eine Hälfte an, dass sie sich ihrer Gedanken am stärksten bewusst ist, und die andere, dass sie als Erstes ihre Gefühle wahrnimmt. Wenn ich mit Unternehmensgruppen arbeite, dann erklären mir viele Teilnehmer, dass sie ihr emotionales Bewusstsein nicht gern mit ihren Kollegen teilen.

Wenn wir an einem schwierigen Punkt angelangt sind, dann versuchen wir oft, uns vor unseren Emotionen zu verschließen. Vielleicht haben wir Angst, fühlen uns verloren, verletzt oder leiden unter Kontrollverlust. Wir machen uns möglicherweise Sorgen, ob wir den Tag schaffen, ohne zusammenzubrechen. Sind wir in ein schwarzes Loch getappt, dann könnte es sein, dass wir uns unseren Emotionen auf Gedeih und Verderb ausgeliefert fühlen. Doch auch wenn wir meinen, dass uns unsere Gefühle und Intentionen überwältigen, sie können uns trotzdem als Führer dienen.

Die meisten Menschen ziehen es vor, auf der Basis von einem oder zwei Kernelementen zu funktionieren. Manche haben ein Leben lang ihre Emotionen oder ihre Wünsche vor sich selbst verborgen und geben stattdessen allein ihrem Intellekt das Heft in die Hand. Ich glaube, dass manche Menschen Angst vor ihren Wünschen haben, weil sie sie als unzumutbar abstempeln. Andere wollen der Enttäuschung entgehen, die vorprogrammiert ist, wenn sie nicht bekommen, was sie sich wünschen. Solche Menschen verstecken sich vor ihrer Kernerfahrung. Manche machen sich Sorgen, weil sie nicht wissen, was ihre Leidenschaft zu wecken vermag, und erkennen nicht, dass sie selbst sich daran hindern, es herauszufinden.

Ich glaube, manche Menschen haben Angst vor ihren Emotionen, weil sie keine Übung darin haben, sie zu leben. Sie handeln wie unter Zwang, statt sich von ihren Gefühlen mitreißen zu lassen. Wenn wir uns in unseren Emotionen verlieren, dann scheinen sie außer Kontrolle und überwältigend zu sein, und wir sehen uns gezwungen, automatisch zu reagieren beziehungsweise zu handeln.

Viele von uns machen sich zu den Beobachtern des eigenen emotionalen Ichs. Wir erleben Augenblicke des Staunens über unsere emotionalen Reaktionen. Wenn wir älter werden, lernen wir, uns auf die gleiche Weise zu betrachten, wie wir es vielleicht bei einem geliebten Kind tun würden – mit Neugier und Liebe. Die Auflösung unserer schwarzen Löcher hilft uns, emotionalen Abstand, Bewusstheit und liebevolles Annehmen zu finden. Jede Emotion hat einen Zweck. Keine ist aus unserer Kernerfahrung ausgeschlossen, alle dürfen angenommen werden. Wenn wir uns in die Defensive gedrängt fühlen und meinen, uns schützen zu müssen, dann können wir unsere Wahrheit trotzdem ausdrücken. Wir könnten zum Beispiel sagen: »Ich fühle mich jetzt gerade in der Defensive. Ich brauche ein bisschen Zeit, um zu verstehen, woher das kommt.«

Wir öffnen uns der ganzen Bandbreite an Emotionen, wenn wir lernen, unsere Emotionen zu akzeptieren und zu beobachten, ohne uns sogleich in Handlungen zu flüchten. Ein befriedigendes Leben ist erfüllt von Emotionen – vom Entzücken darüber, in einer leuchtenden Blumenwiese zu liegen, von der Freude am Funkeln in den Augen der Tochter, von der Zuneigung zu einem Haustier, von der Aufregung ob eines gewonnenen Wettlaufs, vom Vergnügen am Wiedersehen mit einem alten Freund, vom Stolz, den ein erfolgreich beendeter Auftrag auslöst. Diese Erfahrungen können uns verloren gehen, wenn wir unserem emotionalen Bewusstsein Schranken auferlegen.

Ich wünschte, wir könnten unsere Gefühle aus der Besenkammer herausholen und emotionale Information von der Art entwickeln, wie wir im Westen das analytische Denken entwickelt haben. Die wissenschaftlichen Untersuchungsmethoden, unser Rechtssystem, Computer und das Internet haben allesamt zur Fortentwicklung menschlichen Denkens beigetragen. Nun entdecken wir gerade, dass auch unsere Emotionen großen Einfluss auf uns haben. Ich hoffe, dass wir eine gesunde emotionale Kerninformation entwickeln, so wie wir auch ein gesundes wissenschaftliches Denken entwickelt haben.

Die Macher von Talkshows wissen um die Bedeutung von Gefühlen. Leider sprechen die meisten Talkshows im Fernsehen und im Radio mit Emotionen und Vampirismusmustern lediglich die Sensationslust ihrer Konsumenten an. In manchen Shows werden die Gäste dazu aufgestachelt, sich gegenseitig mit Anschuldigungen zu überhäufen und andere für ihre Situation im Leben verantwortlich zu machen. Solche Shows sind populär, weil schwarze Löcher und Energie-Vampirismus eine großartige Dramatik erzeugen. Kerngefühle sind weniger dramatisch. Sie werden durch Distanz, Akzeptanz und Verständnis gemäßigt. Kerngespräche beginnen damit, dass man auf die leise innere Stimme lauscht, seine Kerninformation anerkennt und bereit ist, über seine Kernerfahrungen zu sprechen.

Zwischen dem Erkennen einer Kerninformation und dem Rückgriff auf ein Vampirismusmuster verläuft ein schmaler Grat. Vampirismusmuster können normal erscheinen, während Kerninformationen sich unter der Oberfläche verbergen. Wie andere Menschen auf Sie reagieren, hilft Ihnen, den Unterschied zu erkennen. Wenn die anderen sich dem öffnen, was Sie sagen, dann befinden Sie sich vermutlich mit Ihrer Kernerfahrung im Gleichgewicht. Wenn sich die anderen jedoch in die Defensive gedrängt fühlen, Streit suchen oder sich innerlich zurückziehen, dann reagieren Sie möglicherweise auf den Auslöser eines schwarzen Lochs oder Sie rauben ihnen ihre Energie.

Unsere Kernwahrheit ist eine sanfte, liebevolle Wahrheit; sie ist nicht hart oder brutal. Sie handelt davon, dass wir das, was für uns wahr ist, annehmen – unsere Kernreaktionen, Einsichten und Wünsche. Sobald unsere Kerninformation in unser Bewusstsein aufsteigt, fühlen wir uns möglicherweise verletzlich. Es kann sein, dass wir sie wie ein neugeborenes Baby sanft und mit einem Gefühl des Staunens im Arm halten wollen. Sind wir bereit, aus unserem Kern zu sprechen, dann ist, was wir sagen, wie ein Licht in der Dunkelheit, das unsere ehrliche Erfahrung beleuchtet. Befinden sich andere in unserer direkten Nähe, dann werden auch sie angestrahlt und kommen in den Genuss der Energie dieses Lichts. Unsere Mitmenschen fühlen sich von uns angezogen, wenn wir unseren Kern annehmen. Sie spüren das Licht der Wahrheit. Liebevolle Annahme ist wie eine Oase in einer von Schuld erfüllten Welt. Sind wir zentriert in der liebevollen Annahme unseres eigenen Kerns, dann sind wir auch für die Kerninformation anderer offen.

Sobald jede an einem Gespräch beteiligte Person ihre Kerninformation zum Ausdruck bringt, verwandelt sich Verständnis in Übereinkunft. Sind Verständnis und Übereinkunft etabliert, dann bedienen wir uns des

Wortes »wir«, um eine Verschiebung von der individuellen Perspektive hin zur Übereinkunft zu signalisieren. »Wir« ist ein besonders großartiges Wort, wenn wir zusammengearbeitet und gemeinsam etwas geschaffen haben.

Unsere Kernerfahrungen sind die Führer unseres Lebens. Unsere Verhaltensweisen, Handlungen und Worte entstehen auf dem Fundament unserer Gedanken, Gefühle und Wünsche. Kerninformationen geben unserem Leben einen Sinn und eine Richtung. Kerngefühle, -gedanken und -wünsche sind der Wegweiser zum Wohlergehen. Auf jeden Fall aber beeinflussen sie uns und gestatten es uns, die Menschen in unserem Umfeld zu beeinflussen, denn diese Kernelemente sind es, die unsere Entscheidungen und Handlungen im Leben motivieren. Und doch verbergen viele Menschen gerade diese entscheidende Information. Kerninformation ist weniger zuverlässig, wenn wir meinen, sie schützen und verbergen zu müssen. Wenn wir uns irgendwann einmal zu einer emotional gesunden Kultur entwickeln, dann werden diese Kernbotschaften vielleicht als entscheidend für ein gesundes Leben akzeptiert.

Wenn wir uns unsere eigene Erfahrung schaffen, unsere Mitmenschen positiv beeinflussen und ein erfülltes und im höchsten Maß lebendiges Leben führen wollen, dann müssen wir uns mit unseren Kerngefühlen, -gedanken und -wünschen vertraut machen. Unsere Bereitschaft, unsere Kerninformation mit anderen zu teilen, ist für sie die Einladung, sich gleichfalls zu öffnen. Kerngespräche öffnen die Tür zu menschlichen Bindungen, die es uns gestatten, authentisch und mit uns und anderen aufrichtig zu sein.

Unsere Kerninformation kann sich von einem Augenblick zum nächsten ändern. Jede neue Situation, Person oder Interaktion erschließt neue Gefühle, Einsichten und Interessen. Indem wir unsere Kerninformation jederzeit aufrichtig mit anderen teilen, sorgen wir dafür, dass unsere Energie nicht in schwarzen Löchern versickert. Nichts aus unserem Inneren ist vor uns verborgen, auch dann nicht, wenn verletzliche Gefühle und geheimes Verständnis zu Tage treten. Akzeptierte und mitgeteilte Kerninformation hilft unserer Energie, ins Gleichgewicht zu finden.

Kerngespräche werden gefördert, wenn wir unsere Kerninformation verstehen und uns für die Kernerfahrungen anderer öffnen. Im nächsten Kapitel werden Sie lernen, dass Sie anderen helfen können, ihre Kerninformation zu finden, indem Sie ihnen ihre Energie zurückspiegeln. Indem Sie Ihrem Gegenüber Zugang zu Ihrer Kerninformation verschaffen und ihm zugleich helfen, seine eigene Kerninformation zu finden, machen Sie Kerngespräche zu einer zutiefst befriedigenden und von kreativer Energie erfüllten Erfahrung.

Kerngespräche sind an die Lebensenergie angeschlossen. Sie verändern sich und wachsen mit den neuen Ideen und Emotionen, die in ein Gespräch eingebracht werden. In Kerngesprächen wird die Existenz etwaiger schwarzer Löcher anerkannt, damit diese die Kerninformation in ihrem Ausdruck nicht blockieren und Energie frei fließen und ins Gleichgewicht gelangen kann. Kerngespräche setzen kreative Energie frei, die Ihnen dann zur Verfügung steht, um Ihre Träume zu verwirklichen und die Leidenschaften Ihrer Seele zu erfüllen.

Siebtes Kapitel

Zuhören und Energie reflektieren

•••••••••••••••••••••

Als ich noch bei den Stadtwerken arbeitete, war dort eine Frau namens Bobbie beschäftigt, die telefonische Beschwerden entgegennahm. Sie erzählte mir von dem folgenden Gespräch mit einem wütenden Kunden, der damit drohte, unsere öffentliche Anhörung zur Festlegung der Preise zu stören. Nachdem sie mit ihm gesprochen hatte, kam er zwar zu der Anhörung, doch anstatt sich zu beklagen, dankte er uns dafür, dass wir ihm geholfen hatten. Sein Gespräch mit Bobbie ist ein großartiges Beispiel für gutes Zuhören und das richtige Reflektieren von Energie.

——— ••••• ———

»Sie sollten eine öffentliche Versammlung einberufen, bevor Sie die Preise derart erhöhen! Manche Leute können nicht so viel für Strom bezahlen! Ich will mit jemandem vom Vorstand sprechen!«, brüllte der Mann ins Telefon.

»Sie sind ja wirklich wütend auf uns«, bemerkte Bobbie.

»Allerdings, das bin ich! Deshalb rufe ich an. Meine Rechnung ist diesen Monat doppelt so hoch wie im letzten. Es fehlt nicht viel, und ich muss für Strom mehr bezahlen als für die Wohnung selbst. Das kann ich mir nicht leisten!«

»Es bereitet Ihnen also Sorgen, dass Ihre Rechung so sehr in die Höhe gegangen ist«, sagte Bobbie.

»Mehr noch«, fügte der Mann hinzu, »ich weiß nicht, woher ich das Geld nehmen soll, und wenn Sie mir den Strom abdrehen, dann kann ich meine Arbeit nicht tun. Ich arbeite zu Hause am Computer. Ich habe mich gerade erst selbständig gemacht und habe noch kein großes Einkommen.«

»Sie brauchen Hilfe statt höhere Rechnungen.«

»Ja, genau. Ich kann nicht doppelt so viel für Strom bezahlen. Und deshalb verlange ich, mit jemandem vom Vorstand zu sprechen.«

»Sie möchten ihn bitten, die Preise zu senken«, sagte Bobbie.

»Genau das will ich tun!«, bestätigte der Mann.

»Gibt es sonst noch irgendetwas, das Sie möchten?«, erkundigte sich Bobbie.

»Ich möchte, dass Sie meine Stromrechnung senken und mich am Netz lassen, bis ich aus dem Gröbsten heraus bin.«

»Sie möchten mit einem Vorstandsmitglied sprechen, weniger für Strom bezahlen und weiterhin Strom beziehen«, fasste Bobbie zusammen.

»Ja, das ist genau das, was ich möchte.«

Sobald Bobbie klar war, welche Vorstellungen er hatte, stellte sie ihn zur Kundenberatung durch. Die Mitarbeiter dort zeigten ihm Wege, wie er seinen Stromverbrauch senken konnte, und nahmen Kontakt zu seinem Vermieter auf, um diesen im Hinblick auf eine bessere Isolation des Hauses zu beraten.

Wenn Sie in den Mitteilungen Ihres Gegenübers nach Kerninformation suchen, dann können Sie die Energie dessen, was Sie hören, zurückspiegeln. Das Geheimnis liegt darin, dass man die Gefühle, Gedanken und Wünsche des anderen berührt. Indem wir Energie auf diese Weise reflektieren, erkennen wir Kerninformation als solche an. Wir alle verbergen hinter unseren oberflächlichen Gesprächen tiefere Schichten aus Emotion und Intention. Geschicklichkeit im Energiereflektieren hilft dem anderen, den Ursprung seiner Worte und Handlungen besser zu verstehen. Sobald wir Zugang zu unserer eigenen Kerninformation haben, steht es uns frei, den »Autopiloten« abzuschalten. Sorgfältiges Zuhören ist hier der Schlüssel.

Bobbie hörte sich aufmerksam an, was der Kunde zu sagen hatte. Als sie die Emotion erkannte, die ihn motivierte, reflektierte sie das Verständnis für seine Wut und auch für seine Sorgen. Sobald der Kunde sah, dass er verstanden wurde, konnte er zu seinen weiteren Sorgen und Interessen übergehen. Schließlich fasste Bobbie zusammen, was er wollte. Als der Kunde erkannte, dass Bobbie verstanden hatte, wie er fühlte, welche Sorgen ihn plagten und was er sich wünschte, war er bereit, eine Lösung zu suchen.

Diese Fähigkeit gestattet es uns, einander wirklich anzunehmen und zu verstehen. Kerngespräche beginnen mit Kerninformation. Zuhören und Reflektieren ist ein Mittel, mit dem wir anderen helfen, ihre Kerninformation zu finden. Wer sich im Zuhören übt, der sorgt dafür, dass Gespräche größere Tiefe erreichen und zur Basis befriedigenderer Beziehungen werden.

Zuhören in Verbindung mit dem Reflektieren von Energie belebt das Gegenüber, weil dem, was es sagt, echte Aufmerksamkeit gezollt wird. Die Energie des Zuhörers unterstützt es, indem sie Verständnis für seine

Gedanken und Gefühle aufbringt. Das gemeinsame Energiefeld, das Zuhörer und Sprecher miteinander erzeugen, gestattet es dem Sprecher, sich selbst zu hören und seine eigenen Worte besser zu verstehen. Zuhören und Reflektieren erweitert unser kollektives Verständnis und beleuchtet tiefe persönliche Wahrheiten. Wenn zwei oder mehrere Menschen einander in einem Feld liebevoller Anteilnahme an ihren Kernerfahrungen teilhaben lassen, dann entstehen tiefe Verbindungen zwischen ihnen.

Die Kunst des Reflektierens schützt uns zudem vor Energie-Vampiren. Wer versucht, uns unsere Energie zu stehlen, tut es zum Beispiel durch Wut, Verurteilung, Schuldzuweisung, Vorwürfe, Rückzug nach innen, indem er sich über uns lustig macht oder uns vor anderen schlecht macht. Zuhören und Reflektieren schickt solchen Energie-Vampirismus zurück an den Absender. Bedient sich der Energie-Vampir der Schuldzuweisung und der Wut, dann wird diese Energie auf ihn zurückgeworfen. Wenn sich jemand über uns lustig macht oder uns mit Vorwürfen eindeckt, dann können wir diese Energie auf ihn zurückspiegeln. Jemand, der bereit ist, in einen sein wahres Ich offenbarenden Spiegel zu blicken, sieht sich selbst vielleicht in neuem Licht. In jedem Fall hält der Spiegel des Zuhörens und Reflektierens die Energie des anderen von uns fern. Unsere eigene Energie wird geschützt hinter einem Spiegel aus reflektierender Energie.

Zuhören und Reflektieren zapft emotionale Energie an und setzt sie frei. Wem es gelingt, nach und nach verborgene Emotion anzuerkennen, der befreit Energie und Verstehen. Zuhören und Reflektieren hilft uns, unsere Interessen, unsere Wünsche und unsere Motivationen besser zu verstehen.

Wer etwas davon versteht, Energie zu spiegeln, der fühlt sich von den emotionalen Gesprächen angeregt, die anderen Probleme bereiten. Er akzeptiert einfach die Gefühle der Person, der er zuhört, und verfolgt selbst kein eigenes Ziel. Er versucht nicht, sein Gegenüber zu verändern oder es dazu zu bewegen, anders zu empfinden oder zu handeln. Durch liebevolle Annahme und Anerkennung schafft ein solcher Zuhörer ein von Verständnis und Akzeptanz erfülltes Energiefeld, das bisher Verborgenes zu Tage fördert. Gute Zuhörer fühlen sich mit sich selbst wohl. Sie sind fähig zuzuhören, ohne Beifall oder Hilfe dafür zu benötigen. Je harmonischer das Energiefeld eines Menschen ist, desto mehr Akzeptanz und Verständnis kann er beim Zuhören aufbringen.

Zuhören und Reflektieren basieren auf einem Fundament der liebevollen Annahme dessen, was einen anderen Menschen bewegt. Akzeptanz und Verständnis erleichtern die Freisetzung blockierter emotionaler Energien. Es fällt uns leichter, unsere schmerzhaften emotionalen Erinnerungen anzunehmen und freizusetzen, wenn wir uns in einem erweiterten und von liebevoller Annahme getragenen Energiefeld befinden. In unseren Emotionen speichern wir persönliche Energie; indem wir unsere Emotionen annehmen, setzen wir diese Energie frei.

Emotionale Energie kann wirken wie ununterbrochen angeschwemmter Sand, der ein Abflussrohr nach und nach verstopft. Umgekehrt werden die Emotionen eine nach der anderen zugänglich, sobald man diejenige, die sich zuvorderst befindet, anerkennt und freisetzt. Freigesetzte persönliche Energie kann neu in Wahlmöglichkeiten, Entscheidungen und Handlungen investiert werden. Unsere primären Emotionen sind Freude und Angst. Diese Emotionen in all ihren Formen zum Ausdruck zu bringen stellt Energie bereit. Möglicherweise ist es Ihnen nicht bewusst, dass Sie natürliche Emotionen und Interessen unter Verschluss halten. Wenn ein Mensch, der

Ihnen nahe steht, stirbt und Sie unfähig sind, normale menschliche Trauer und Schmerz zu empfinden, dann wenden Sie einen Teil Ihrer Energie dafür auf, sich vor diesen Gefühlen zu schützen. Wenn Sie sich danach sehnen, Ihren Arbeitsplatz zu wechseln oder umzuziehen, Ihre Familie jedoch an Ihrem Wohnort fest verwurzelt ist, dann verbergen Sie Ihren Wunsch möglicherweise vor sich selbst. Soldaten, die im Krieg Entsetzen und Tragödien erleben, verdrängen ihre Emotionen, weil die Masse der emotionalen Energie zu groß ist, um sie noch vor Ort zu bewältigen. Solche in schwarze Löcher verschobene Erfahrungen hindern uns daran, unserem Gegenüber im erforderlichen Maß zuzuhören und seine Energie zu reflektieren.

Meine Freunde Shannon und Ted sind ein verheiratetes Paar und leben in Portland, Oregon. Sie ringen immer wieder mit dem gleichen Thema, weil im Zusammenhang mit diesem Thema Shannons Fähigkeit zuzuhören durch Angst blockiert ist. Es ist ihr noch nicht gelungen, sich für dieses eine Kernthema mit liebevoller Annahme zu öffnen. Ted, ein rauer Geselle, der gern an der frischen Luft und alles andere als ein Stubenhocker ist, geht oft Jagen und Fischen. Zu diesem Zweck bringt er mit Freunden jedes Jahr mehrere Wochen in Montana zu. Shannon hat Freude daran, ihre Geschäftskunden in Portland zu beraten und in der Stadt zu leben. Jedes Mal, wenn Ted darüber spricht, wie sehr er seine Zeit in Montana genießt, kann Shannon nicht wirklich zuhören und ihm kein Spiegel sein, weil sie von der Angst erfasst wird, dass sie möglicherweise ihren Beruf wechseln und aus der Stadt, die sie liebt, fortziehen muss. Sie kann sich nicht auf Teds Traum einlassen und ihn reflektieren, weil er damit ihre Angst auslöst. Wenn sie miteinander über Montana sprechen, dann geht ihnen ein wertvolles Stück ihrer Bindung zueinander verloren, und sie fühlen sich beide ihrer Energie beraubt. Ted fühlt sich unverstanden, und Shannon hat Angst, dass sie eines Tages zwischen Ted und einem Leben in der Stadt wählen muss. Shannon und Ted sind in ihrer Situation festgefahren. Wenn es Shannon gelänge, Ted zuzuhören und seine Energie zu reflektieren, damit Ted sich verstanden fühlt, dann würden sie vielleicht gemeinsam zu einer kreativen Lösung finden.

Dieses Beispiel, in dem sich Shannon von Teds Liebe zu Montana bedroht fühlt, macht deutlich, dass die Emotionen und Interessen anderer manchmal unsere eigenen Emotionen auslösen. Haben Sie beispielsweise schon einmal an sich beobachtet, dass die Tränen anderer bei Ihnen Wut oder Trauer auslösen? Wünschen Sie sich dann, der andere möge aufhören zu weinen? Wenn wir auf unsere eigenen Emotionen zurückgeworfen werden, fällt es uns schwerer, uns Offenheit für die Kernerfahrung unseres Gegenübers zu bewahren. Dabei kann es geschehen, dass wir völlig in unserem eigenen emotionalen Aufruhr versinken. Das Kunststück des Zuhörens und Reflektierens gelingt uns besser, wenn wir mit der Aufarbeitung unserer eigenen schwarzen Löcher beginnen und die Zahl der darin versteckten empfindlichen Emotionen reduzieren. Es folgt ein Beispiel für wirkungsvolles Zuhören und Reflektieren. Es zeigt, was möglich ist, wenn schwarze Löcher sich nicht in den Vordergrund drängen.

───── ••••• ─────

Joans Schwester Penny hatte erfahren, dass das Haus, in dem sie zur Miete wohnte, verkauft worden war und dass ihr für ihren Umzug nur sechs Wochen blieben. In Panik rief sie Joan an und erzählte: »Ich kann es einfach nicht fassen, dass sie mein Haus verkauft haben.

Sie haben mir nicht einmal mitgeteilt, dass es überhaupt zum Verkauf stand. Wie können sie so etwas mit mir machen?«

»Dein Haus wurde verkauft?«, entgegnete Joan. »Das muss schrecklich für dich sein.«

»Allerdings«, bestätigte Penny aufgebracht. »Sie haben mit Mark, der in dem kleinen Haus am Rand der Anlage wohnt, einen Vertrag geschlossen. Sie haben ihm die komplette Anlage und eben auch unser Haus verkauft, ohne je ein Wort zu uns darüber zu verlieren. Nun will Mark in unser Haus einziehen, und wir sollen raus.«

»Ich kann mir vorstellen, wie wütend du darüber bist«, kommentierte Joan.

»Das kannst du mir glauben. Ich stecke gerade wieder einmal bis zum Hals in Arbeit, und nächste Woche wollten wir in Urlaub fahren. Wir haben überlegt, ob wir ein Haus kaufen sollen, doch es geht alles viel zu schnell.«

»Du stehst offensichtlich unter großem Druck«, sagte Joan.

»Allerdings, der Druck ist einfach zu groß. Dieses zusätzliche Problem ist wirklich zu viel. Ich weiß nicht, wo wir jetzt hinsollen.«

»Du machst dir große Sorgen darüber, was nun werden soll.«

»Ja, du sagst es«, bestätigte Penny. »Es fällt mir schrecklich schwer hier auszuziehen, ich mag das Haus so gern. Wir haben einen Garten und ein eigenes Studio nach hinten hinaus. Die Lage ist ideal. Ich weiß nicht, wie wir etwas ähnlich Günstiges finden sollen.«

»Es ist ein großartiges Haus, in dem du gern gewohnt hast«, erwiderte Joan.

»Und ich habe wirklich keine Zeit, mich jetzt um solche Sachen zu kümmern.«

»Wahrscheinlich fühlst du dich überfordert von dieser Aufgabe«, sagte Joan.
»So ist es. Für gewöhnlich kann ich ja einiges vertragen. Aber das ist selbst mir eine Nummer zu groß«, klagte Penny.
»Du stellst immer so hohe Anforderungen an dich selbst«, beobachtete Joan.
»Das stimmt«, gab Penny zu.
»Was willst du also nun tun?«, fragte Joan.
»Ich muss nach einem neuen Haus für uns suchen.«
»Kann ich dir dabei vielleicht irgendwie behilflich sein?«, erkundigte sich Joan.
»Kennst du einen guten Immobilienmakler?«, fragte Penny.
»Ja, ich kenne einen, der mir vertrauenswürdig scheint. Ich gehe eben die Telefonnummer holen«, bot Joan an.
Joan hatte sorgfältig zugehört, damit sie Pennys Gefühle spiegeln konnte. Sie reflektierte außerdem die Kernelemente der Situation und half Penny herauszufinden, was sie nun tun wollte.

——— ••••• ———

Es gibt zwei Arten des Zuhörens, die Energie nicht spiegeln: automatisches Zuhören und auf Problemlösung ausgerichtetes Zuhören. Dieser beiden Kommunikationsmuster bedienen sich die meisten von uns in normalen Gesprächen. Sie verhindern die Entstehung einer Bindung zwischen den Gesprächspartnern und schaffen Raum für Energie-Vampirismus.

Automatisches Zuhören

Automatisches Zuhören basiert auf der Vorstellung, dass wir bereits verstehen, was unser Gegenüber uns sagen will. Wir haben uns eine Meinung zu der Angelegenheit gebildet, noch bevor unser Gesprächspartner mit seinem Bericht zu Ende ist. Zu automatischem Zuhören kommt es dann, wenn jemand ein Gespräch beginnt und denkt, der andere sei im Irrtum oder verwirrt und müsse korrigiert werden. Automatisches Zuhören ist kein Zuhören im eigentlichen Sinne – stattdessen reagieren wir lediglich auf das, was ein anderer sagt, um im Inneren unser eigenes Programm abzuspulen. Viele von uns sind, während der andere noch spricht, innerlich bereits damit beschäftigt, eine Entgegnung vorzubereiten, und hören nicht richtig zu. Wir öffnen uns nicht wirklich der Kernerfahrung des anderen. Stattdessen suchen wir seinen Bericht nach Beweisen für die Richtigkeit unserer eigenen vorgefassten Meinungen ab und setzen, sobald sie uns geliefert werden, dazu an, unser Gegenüber zu widerlegen. Wenn wir dann an der Reihe sind, uns zu äußern (oder aber den anderen bereits vorher unterbrochen haben), liefern wir unsere vorgefertigte Entgegnung, ignorieren oder leugnen dabei meist seine Aussage und machen uns daran, ihn zu berichtigen. Diese Technik ist für beide Parteien in der Regel wenig befriedigend. Das unbewusste Ziel automatischen Zuhörens ist es, neue Informationen zurückzuweisen und den anderen auf unseren Weg einzuschwören.

Automatisches Zuhören ist durch fünf Verhaltensweisen charakterisiert:

- Ignorieren, was der andere sagt
- davon ausgehen, dass wir bereits wissen, was der andere uns erzählen will

- den anderen in seinem Bericht unterbrechen
- seine Gefühle ignorieren oder leugnen
- ihn verändern oder »reparieren« wollen

Als ich heranwuchs, lernte ich, meine Mitmenschen zu retten und zu »reparieren«. Wenn sich in meiner Familie einer aufregte oder Sorgen hatte, dann waren alle Übrigen sofort zur Stelle, um ihn zu richten beziehungsweise zu anderen Gefühlen oder einer anderen Verhaltensweise zu veranlassen. Wir alle waren so sehr damit beschäftigt, den jeweils anderen zu verändern, dass wir kaum Zeit hatten, einen Blick auf seine oder auf unsere eigenen Probleme zu werfen.

Ich lernte, zuerst andere dafür verantwortlich zu machen, wie ich mich fühlte, und mich dann der Aufgabe zu widmen, sie in bessere Menschen zu verwandeln. (Dass niemand meine Ratschläge hören wollte, berührte mich kaum!) Es dauerte lange, bis ich endlich begriff, dass ich mich mit einem solchen Verhalten zum Energie-Vampir machte – zum selbstgerechten Energie-Vampir. Ich wollte, dass die Leute sich meinen Verhaltensregeln unterwarfen. Ich war der Meinung, dass ich besser wusste als sie, was gut für sie war; doch statt ihnen zu helfen, stahl ich ihnen mit meinen Verbesserungsvorschlägen nur ihre Energie.

Meisterhafte Energie-Vampire sind besonders gut in automatischem Zuhören. Energie-Vampire gehen davon aus, dass sie Recht haben, weisen unsere Sicht der Dinge zurück, unterbrechen uns mitten in unseren Darlegungen und ignorieren im Wesentlichen das, was wir zu sagen haben. Sie wollen, dass wir das tun, was sie für richtig halten, entweder weil sie meinen, dass mit uns etwas nicht stimmt, oder weil wir eines ihrer schwarzen Löcher aktiviert haben. Sehr häufig gehen Gesprächspartner, die sich aufs automatischen Zuhören verstehen, äußerst subtil und an der Oberfläche höflich vor.

───── ••••• ─────

Automatisches Zuhören kann völlig normal erscheinen. Meine beiden miteinander verheirateten Freunde Jim und Sandy mussten feststellen, dass sie sich in diesem Gesprächsmuster verfangen hatten, doch sie konnten sich, als sie daran arbeiteten, daraus befreien. Sandy verlegte ihre Autoschlüssel so oft, dass Jim die Gewohnheit des automatischen Zuhörens entwickelte. Er ging davon aus, dass sie nicht fähig war, sich zu merken, wo sie ihre Schlüssel abgelegt hatte. Eines Morgens, als Jim auf der Bettkante saß und seine Schuhe zuband, um dann zur Arbeit zu fahren, kam Sandy ins Schlafzimmer gestürmt. Sie öffnete die oberste Schublade der Kommode und suchte verzweifelt zwischen Tüchern und Unterwäsche. Dann eilte sie ins Badezimmer. Jim hörte, wie sie auch dort Schubladen aufzog und mit Schranktüren knallte. Sandy kam aus dem Badezimmer zurück und flehte: »Jim, hast du vielleicht meine Autoschlüssel gesehen? Ich habe doch heute Morgen um acht Uhr diese wichtige Konferenz, und nun kann ich meine Schlüssel nirgendwo finden.«

»Wenn du deine Schlüssel immer am gleichen Platz ablegen würdest, wie ich es mache«, antwortete Jim ruhig, »dann würden wir diesen Wettlauf gegen die Zeit nicht jede Woche erneut durchstehen müssen. Warum legst du deine Schlüssel abends nicht auf die Kommode? Dann hättest du sie am nächsten Morgen griffbereit.«

Wie sehr, meinen Sie, gefiel Sandy wohl Jims Antwort? Hat sie sich über seinen Vorschlag gefreut? Fühlte sie sich durch ihn gestärkt oder geschwächt? Versuchte Jim nicht, Sandy zu »reparieren«? War sie denn kaputt? Weil sie Angst hatte, zu spät zu ihrer Konferenz zu kommen, verdoppelte Sandy nun ihre Anstrengungen. Diesmal war es Wut, die sie anstachelte. Schließlich fand sie ihre Schlüssel in der Küche und machte sich auf den Weg.

Jim wollte Sandys Angewohnheit, ihre Schlüssel zu verlegen, abstellen, damit er ihr nicht beim Suchen helfen oder sich über ihre lästige Schwäche ärgern musste. Nach ihrem kurzen Gespräch an diesem Morgen wusste er, dass etwas nicht in Ordnung war. Ihre Haltung ihm gegenüber war seit seiner kleinen Rede bis zu dem Augenblick, da sie das Haus verließ, frostig gewesen.

Jim hatte sich in automatisches Zuhören geflüchtet, hörte also nicht zu und reagierte auf der Basis seiner eigenen Annahmen. Automatisches Zuhören ähnelt zwei Schiffen, die in der Nacht aneinander vorbeifahren und Verbindung miteinander aufnehmen wollen, es jedoch nicht schaffen. Wer sich auf automatisches Zuhören verlässt, bietet seinem Gegenüber wenig Gelegenheit, sich verstanden und angenommen zu fühlen.

——— ••••• ———

Wie viele von uns hören nur mit halbem Ohr zu, wenn unsere Kinder vor sich hin plappern? Vielleicht wünschen wir uns, sie mögen doch ruhig sein, vor allem wenn wir müde oder beschäftigt sind. Möglicherweise haben Sie bereits erlebt, dass ein Kollege Ihnen einen Sachverhalt wieder und wieder erklärt. Kann sein, dass Sie Ärger in sich aufsteigen fühlten, wenn sich der Kollege wiederholte, und nicht begriffen, dass er reden musste, bis er das Gefühl hatte, verstanden zu werden. Automatisches Zuhören ist eine Art des Energie-Vampirismus, ein Prozess, in dem Energie verschwendet wird, die besser in das Bemühen um größeres Verständnis fließen.

Auf Problemlösung ausgerichtetes Zuhören

In den Vereinigten Staaten sind wir sehr gut darin zuzuhören, um Probleme zu lösen. Wir sind ein Volk, das auf die Machbarkeit von allem und jedem vertraut, und haben mit der Hilfe unserer Problemlösungsstrategien eine große Nation begründet. Doch Problemlösungsstrategien sind nicht in jeder Situation eine gute Wahl. Wenn sie falsch angewendet werden, sind sie sogar eine Form von Energie-Vampirismus.

Bei automatischem Zuhören wollen wir unser Gegenüber »reparieren«. Bei auf Problemlösung ausgerichtetem Zuhören wollen wir die Situation richten. Wir alle freuen uns, wenn wir für ein Problem eine eigene Lösung finden. Dies erfüllt uns mit einem Gefühl der Befriedigung, weil wir etwas erreichen oder jemandem helfen konnten. In Schule und Beruf haben wir Strategien der Problemlösung kennen gelernt: Benennen des Ziels oder Problems, alternative Lösungen finden, Einschätzen der möglichen Lösungen, gute Fragen stellen.

Wenn wir selbst ein Problem haben, dann helfen uns diese Techniken ausgezeichnet – so ausgezeichnet, dass wir in Versuchung geraten, damit auch die Probleme anderer zu lösen, selbst wenn sie uns gar nicht um Unterstützung gebeten haben. Insbesondere Männer haben Freude an der Lösung von Problemen, weil sie darin besonders gut sind. Für gewöhnlich ist es die Aufgabe von Vätern, zu Hause anfallende Reparaturen vorzunehmen, also wollen ihre Söhne gleichfalls Dinge richten und werden für gewöhnlich dafür belohnt. Auch viele Frauen sind führend in der Kunst des Problemlösens. In meinem Fall war es vor allem meine Geschicklichkeit im Lösen von Problemen, die es mir ermöglichte, mich auf der Erfolgsleiter immer weiter nach oben zu arbeiten.

Wer zuhört mit dem Ziel, Probleme zu lösen, für den sind alle Fragen hilfreich. Im Gerichtssaal stehen insbesondere Suggestivfragen hoch im Kurs. Siegesgewohnte Anwälte brillieren darin, Zeugen durch geschickte Befragung zu vorgefassten Schlussfolgerungen zu dirigieren. Solchen Anwälten und anderen, die ausgebuffte Profis im Stellen von Suggestivfragen sind, fällt es schwer, Kerninformationen zu lauschen.

Begabte Problemlöser sind gut darin, zusammenzufassen, zu sondieren, Lösungen zu ersinnen und Ratschläge zu erteilen. Jemand, der zuhört, um ein Problem zu lösen, will letztlich vor allem feststellen, welchen Rat er geben soll. Ein solcher Zuhörer überprüft sein eigenes Leben auf vergleichbare Situationen, und seine Entgegnung beginnt nicht selten mit »Ich hatte auch einmal ein ähnliches Problem« oder »Ich erinnere mich noch daran, dass ich einmal in einer ähnlichen Situation war«. Manchmal bedient er sich auch der freimütigen Einleitung: »Lass mich dir einen Rat geben ...« Rat kann nützlich sein – vorausgesetzt, er ist erbeten. Auch wenn er unerbeten ist, ist er vielleicht wenigstens interessant. Doch Problemlöser geraten besonders leicht in Versuchung, anderen ihren Rat aufzudrängen, weil es sie belebt, wenn ihr Rat angenommen wird. Sie fühlen sich dann nützlich und gescheit – die Würdigung durch andere gibt ihnen Auftrieb.

Wer im Lösen von Problemen begabt ist, hört zu, um das Problem zu begreifen, die Situation zu analysieren, nach weiteren Informationen zu forschen, die Tatsachen zu hinterfragen, Lösungen vorzuschlagen, Alternativen einzuschätzen und Rat zu erteilen.

Viele Menschen bitten beim Lösen ihrer Probleme um Hilfe und wissen einen gelegentlichen guten Rat zu schätzen. Wenn Ihrem Gegenüber jedoch nicht daran gelegen ist, die Lösung für sein Problem von Ihnen präsentiert zu bekommen, wenn er von seinen Emotionen überschwemmt oder für Lösungen nicht offen scheint, dann ist Vorsicht geboten. Zuhören mit dem Ziel, Probleme zu lösen, ist kein echtes Zuhören. Es ist nur auf der Suche nach Informationen, die dem Problemlöser ins Programm passen. Problemlöser können den Bericht des Gegenüber beeinflussen und an sich reißen. Jemand, der sich einfach nur verstanden fühlen will, betrachtet einen nach Problemlösungen Ausschau haltenden Zuhörer schnell als Energie-Vampir. Wer in einem Gespräch sein eigenes Programm durchboxt, ohne die Interessen des Gesprächspartners zu berücksichtigen, wird zum Einschüchterer oder selbstgerechten Energie-Vampir.

Während der Problemlöser durch seine Problemlösungsmission Auftrieb erhält, fühlt sich die Person mit dem Problem möglicherweise nur unverstanden. Es kann schwierig sein, einem Problemlöser eine Lösung auszureden, die wir gar nicht wollen. Haben wir es mit einem übereifrigen Problemlöser zu tun, dann fühlen wir uns nach einem Gespräch mit ihm vielleicht sogar ausgepowert und beginnen zu zweifeln, ob wir denn überhaupt selbst mit unseren Problemen fertig werden können. Die meisten Menschen ziehen es vor, ihre Probleme selbst zu lösen. Wenn das einmal nicht klappt, dann kann man immer noch um Hilfe bitten.

Die folgenden Fallbeispiele verschaffen Ihnen eine Vorstellung davon, in welche Schwierigkeiten wir geraten können, wenn wir mit dem Ziel zuhören, unaufgefordert Lösungen zu präsentieren.

───── ••••• ─────

Eines Morgens saß Paul am Frühstückstisch, als sich seine Frau Linda mit ernstem Gesichtsausdruck zu ihm setzte. »Paul«, sagte sie, »ich fürchte, ich werde Liza verkaufen müssen.« Liza war Lindas alter VW-Käfer.

Paul hasste Lindas Auto. Es war ständig irgendetwas daran kaputt, und er brachte Stunden damit zu, es wieder zum Laufen zu bringen. Begeistert von der Vorstellung, die alte Rostlaube endlich loszuwerden, rief er: »Großartig, ich bring sie zur Werkstatt und lasse den Vergaser und die Bremsen richten. Dann setze ich für Samstag eine Anzeige in die Zeitung. Bis Sonntag sind wir das Ding mit Sicherheit los.«

Was meinen Sie, wie Linda auf Pauls auf Problemlösung ausgerichtetes Zuhören reagierte? Er hörte zu und dachte dabei nur daran, wie er das Auto loswerden konnte, um auf diesem Weg mit einem Schlag Lindas Problem zu lösen. Darüber hätte sie doch glücklich sein müssen? Falsch! Bei seiner Art des Zuhörens entgingen ihm eine Reihe von Hinweisen. Zuallererst einmal hatte das Auto einen Namen, was darauf schließen ließ, dass Linda sich dem Wagen verbunden fühlte. Zweitens hatte Linda ihn nicht gebeten, das Auto zu verkaufen. Sie hatte gesagt, dass sie fürchte, es verkaufen zu müssen. Linda war traurig und nicht sehr erbaut. Paul hatte ihre Kerninformation gar nicht mitbekommen.

Aufgrund von Pauls Reaktion war Linda nun wütend und frustriert, doch sie wusste nicht recht, warum. Später im Verlauf des Tages, als sie Zeit hatten, über die Sache zu sprechen, stellte Paul fest, dass Linda das Auto liebte, weil sie es schon vor ihrer Hochzeit gefahren hatte – es hatte entscheidend zu dem Spaß beigetragen, den Linda und ihre Freunde in der Stadt gehabt hatten. Nun lebte sie mit Paul auf dem Land und vermisste ihre Freunde in der Stadt.

Linda andererseits fand heraus, dass Paul genervt war von den zahlreichen Reparaturen, die erforderlich waren, um Liza am Laufen zu halten. Schließlich entschieden sie sich, bei Pauls Idee zu bleiben und den Wagen zu verkaufen. Aber sie machten zugleich Pläne, in die Stadt zu fahren, um dort Lindas alte Freunde zu besuchen. Die in mehreren Stunden verschwendete Energie in Form von Frustration, Ärger und Missverständnissen hätte besser genutzt werden können, wenn Paul Linda beim Frühstück gleich richtig zugehört, ihre Kernerfahrung wahrgenommen und sich, indem er sich ihr gleichfalls öffnete, mit ihr verbunden hätte.

——— ••••• ———

Noch eine Problemlösungssituation. Meine Freundinnen Heather und Terry hatten gerade ein Projekt zum Abschluss gebracht, an dem sie dank eines auf ein Jahr befristeten Arbeitsvertrags bei Hewlett Packard gemeinsam gearbeitet hatten. Im Verlauf dieses Jahres waren sie gute Freundinnen geworden. Terry war gerade dabei, in ihrem Büro ihre Sachen zusammenzupacken, als Heather hereinkam.

»Weißt du, Heather«, sagte Terry und setzte sich hin, »es ist wirklich anstrengend, dieses Büro auszuräumen.«

»Das ist doch kein Problem«, rief Heather. »Das Tolle an der Arbeit bei HP ist doch, dass sie für solche Dinge einen Servicedienst haben. Sie kommen mit Umzugskartons und allem Pipapo, um deinen Kram für dich einzupacken. Sie kommen jederzeit. Soll ich sie für dich anrufen?«

»Das ist nett von dir, aber so habe ich das nicht gemeint. Das Packen selbst ist es gar nicht, das mir Schwierigkeiten bereitet. Es ist vielmehr das Projekt, das nun zu Ende ist. Ich habe hier gute Freunde gefunden, und sie werden mir fehlen. Vor allem wirst du mir fehlen, und ich weiß auch noch gar nicht, welche Art Arbeit ich in Zukunft tun werde.«

»Ach, entschuldige Terry, ich habe mich deshalb gleich auf die Lösung deiner Probleme gestürzt, weil ich meine Traurigkeit wegen deines Weggangs nicht spüren möchte. Die Wahrheit ist, dass auch du mir wirklich fehlen wirst.«

Heather und Terry gingen hinaus und unterhielten sich eine Weile. Sie sprachen über all die Leute, mit denen sie sich angefreundet, und über die gute Zeit, die sie miteinander verbracht hatten. Nachdem Heather sich auf Terrys Erfahrung eingelassen und sie anerkannt hatte, war Terry bereit, den Servicedienst zu rufen, um ihre Sachen einpacken zu lassen.

Heather kannte sich aus mit Problemlösung und dem Reflektieren von Energie. Sie erkannte rasch, dass Terry bei der Lösung ihrer Probleme keine Hilfe brauchte und ja auch gar nicht darum gebeten hatte. Heather schaltete um auf Zuhören und Reflektieren.

Paul und Heather hatten beide eigene Vorstellungen. Pauls Plan war es, Lindas Auto zu verkaufen. Solange er allein mit seinem Plan beschäftigt war, konnte er Linda nicht wahrnehmen und keine Verbindung zu ihren Gefühlen herstellen. Heather wollte Terry helfen, sich mit ihrer Situation besser zu fühlen. Als sie erkannte, dass Zuhören hierbei das beste Mittel war, hörte sie auf, sich um die Lösung von Terrys Problemen zu bemühen, und öffnete sich für das, was Terry wirklich wollte.

Um herauszufinden, ob ich mich in automatisches oder auf Problemlösung ausgerichtetes Zuhören flüchte, frage ich mich, wessen Programm ich verfolge. Habe ich mir das Ziel gesetzt, die Situation zu verbessern oder jemandem zu helfen, damit er sich besser fühlt, dann versuche ich wahrscheinlich, dessen Probleme zu lösen. Will ich jemandem helfen, sich zu verändern, damit ich mich besser fühle, dann habe ich mich beim automatischen Zuhören erwischt. Bin ich aber aufrichtig neugierig darauf, was jemand will, dann ist es möglich, dass ich wirklich zuhöre und seine Energie reflektiere.

Wie man richtig zuhört und Energie reflektiert

Einem anderen Menschen wirklich zuzuhören heißt nicht, zwangsläufig mit ihm übereinzustimmen. Wenn jemandem Unrecht geschehen ist und Sie mit dem Betreffenden über diesen Sachverhalt einer Meinung sind, dann bestätigen Sie ihn als Opfer und schließen sich ihm in der Beschuldigung anderer an. Suchen Sie bei anderen die Schuld, dann verteidigen Sie lediglich Ihre schwarzen Löcher, auch wenn Sie sich dem anderen in Ihren gemeinsamen Schuldzuweisungen verbunden fühlen. Zuhören und Reflektieren heißt, Gefühle mit liebevoller Annahme und Unterstützung anzuerkennen, ohne zuzustimmen oder anderer Meinung zu sein. Es heißt nicht, mit jemandem Mitleid zu haben, wenn man ihn davon zu überzeugen versucht, dass er anders reagieren oder etwas anderes wollen sollte. Der Versuch, jemandem seine Gefühle auszureden, ist nutzlos. Je mehr Sie versuchen, Ihr Gegenüber zu überzeugen, desto vehementer wird es seine Einstellung verbal oder nonverbal verteidigen. Andererseits aber ...

Hier sind einige Beispiele, die Ihnen helfen, zwischen Übereinstimmung, einer Meinungsdifferenz und dem Reflektieren von Energie zu unterscheiden. Pat sucht nach einem neuen Arbeitsplatz: Welcher seiner Freunde gibt ihm Energie, indem er ihm zuhört, welcher betätigt sich als Energie-Vampir, indem er anderer Meinung ist und Pat kritisiert, und welcher übt sich mit ihm in Schuldzuweisungen?

Pat sagt: »Gerade habe ich wieder eine Absage bekommen. Die Suche nach einem neuen Arbeitsplatz ist wirklich eine anstrengende Sache.«

Freund 1: »Wie können sie dich nur ablehnen?«

Freund 2: »Ablehnungen steckt man nur schwer weg.«

Freund 3: »Du musst sofort eine neue Bewerbung schreiben und dich diesmal mehr anstrengen.«

Der erste Freund stimmt mit Pat überein, bestätigt ihn als Opfer und schließt sich ihm in der Beschuldigung des Chefs und der Infragestellung der Absage an. Diese Haltung legt nahe, dass Pat wenig dazu tun kann, um zu bekommen, was er will. Seine vermeintlich hoffnungslose Situation raubt ihm Energie.

Der dritte Freund ist anderer Meinung als Pat und kritisiert ihn, indem er vorschlägt, dass Pat sich mehr anstrengen muss. Er geht davon aus, dass Pat nicht genug getan hat. Dieser Freund betätigt sich als Energie-Vampir, indem er Pats Angst aktiviert, vielleicht keine Arbeit zu finden. Dieser Freund fühlt sich möglicherweise dadurch belebt, dass er sich überlegen vorkommt.

Der zweite Freund reflektiert Pats Kernerfahrung. Die Anerkennung, dass man Absagen nur schwer wegsteckt, legt nahe, dass dieser Freund versteht, wie Pat sich fühlt und was er durchmacht. Der Satz signalisiert liebevolle Annahme und belebt ihre Beziehung, indem er eine Bindung herstellt.

Achten Sie auf die unterschiedlichen Reaktionen in der nächsten Situation.

Randy sagt: »Ich komme mit diesem Projekt nicht zurecht, und sie wollen doch morgen die Ergebnisse haben.«

Freund 1: »Die haben dir wirklich nicht viel Zeit gegeben.« (*Übereinstimmende Schuldzuweisung*)

Freund 2: »Wenn du zuvor nicht so viel Zeit verschwendet hättest, dann wärst du jetzt schon fertig.« (*Vampirismus*)

Freund 3: »Du bist wirklich in einer schwierigen Situation.« (*Zuhören und Reflektieren*)

Zuhören und Reflektieren anerkennt die Kerngefühle, -gedanken und -wünsche des anderen. Die meisten Menschen haben mit dieser Art der Reaktion nicht viel Erfahrung. Wir werden nur selten dazu ermutigt, unsere eigenen Emotionen und Intentionen anzuerkennen, von denen anderer ganz zu schweigen. Der erste Schritt, um zuhören und reflektieren zu lernen, besteht darin, dass wir in uns Raum schaffen, um die Reaktionen, Erfahrungen und Wünsche der anderen Person vollständig anzunehmen. Liebevolle Annahme ist nicht dasselbe wie Zustimmung. Liebevolle Annahme heißt vielmehr: zu akzeptieren, dass der Betreffende seine Situation am besten kennt; zu akzeptieren, dass wir ihm entweder helfen können oder auch nicht; zu akzeptieren, dass er, wo immer er sich auch gerade befindet, am für ihn richtigen Platz ist; zu akzeptieren, dass wir uns um unsere eigenen Emotionen kümmern müssen, wenn wir auf seine Kernerfahrung eingehen wollen.

Die Begegnung mit der Kernerfahrung eines anderen kann in uns schwarze Löcher aktivieren. In der Geschichte über Joans Schwester Penny zeigte Joan Mitgefühl mit ihrer Schwester und wollte ihr helfen, eine neue

Wohnung zu finden. Doch wenn Joan davon angefangen hätte, über ihr Mitgefühl zu reden, und von einer Situation erzählt hätte, in der sie selbst auf die Straße gesetzt worden war, dann wäre Penny nicht damit geholfen worden, ihre eigene Kernerfahrung zu verstehen. Wer etwas von Zuhören und Reflektieren versteht, der lässt seine eigenen Reaktionen eine Weile beiseite, um dem anderen als Spiegel zu dienen. Später ist es möglich, das Gespräch auszuweiten, indem man von seiner eigenen Kernerfahrung berichtet. Sobald wir auf eine Person oder Situation reagieren, stehen wir nicht mehr zur Verfügung, um zuzuhören und zu akzeptieren, was der andere zu sagen hat. Wir haben mit unserer eigenen Reaktion zu tun, statt die Energie des anderen zu reflektieren. Wenn es uns gelingt, uns von unserer eigenen Reaktion zu lösen und uns auf das zu konzentrieren, was der andere zu sagen hat, dann ist das großartig. Gelingt es uns nicht, dann müssen wir zunächst unsere eigene Reaktion beim Namen nennen und anerkennen, um sie loslassen zu können. Die Kunst eines Kerngesprächs besteht darin, sich geschickt zwischen dem Mitteilen von Kerninformation, Zuhören und dem Reflektieren von Energie hin und her zu bewegen.

Die Kunst des Zuhörens und des Reflektierens der Kernerfahrung anderer gliedert sich in drei Bereiche:

- erraten, wie der andere sich fühlt
- seine Gedanken reflektieren
- ihn nach seinen Wünschen fragen

Erraten, wie der andere sich fühlt
Wenn Sie sich mit einem anderen Menschen unterhalten und feststellen, dass seine Emotionen ihn überwältigen, dann achten Sie auf seine Augen, seine Körper-

haltung, seinen Gesichtsausdruck und auf seine Stimme. Danach versuchen Sie, so gut wie möglich zu erraten, was der andere fühlt. Es ist nicht weiter schlimm, wenn Sie sich irren. Indem Sie ihm Ihre Gedanken mitteilen, geben Sie Ihrem Gegenüber einen Anreiz, seinen Gefühlszustand zu überprüfen. Ihr Gesprächspartner kann bestätigen, was Sie erraten haben, oder Sie korrigieren. Ob Sie Recht haben oder nicht, spielt keine Rolle. Mit Ihrer Herangehensweise helfen Sie dem anderen, seine Emotionen und Empfindungen zu identifizieren.

Wenn Sie vermuten, dass jemand angespannt ist, dann wird er Sie wissen lassen, ob Sie Recht haben. Wenn Sie eine gewisse Erregung annehmen und Ihr Gegenüber außer sich ist, dann wird er Ihre Vermutung überprüfen und sich zumindest ein gewisses Maß an Angst eingestehen. Wenn Sie auf Trauer tippen, er sich aber zurückgewiesen fühlt, dann wird er Sie darüber nicht im Unklaren lassen. Wenn Sie auf Wut schließen und er wütend ist, es jedoch nicht zugeben möchte, dann wird er einen schwächeren Begriff suchen und etwas sagen wie »nicht so sehr wütend wie beunruhigt« oder »unglücklich«. Ihre Aufgabe ist es, Ihrem Gesprächspartner dabei zu helfen, seiner Emotion einen Namen zu geben, damit Sie beide besser verstehen, was ihn bewegt. Wenn Sie Glück haben oder geschickt sind und richtig raten, dann wird er Ihre Vermutung mit großer Wahrscheinlichkeit bestätigen. Glauben Sie, was immer er Ihnen auch sagt. Wenn es sich herausstellt, dass es doch der falsche Begriff war, dann ist auch später noch Zeit genug für eine Korrektur.

Dieser Prozess funktioniert jedoch nur, wenn Sie ein Gefühl beschreiben. Im alltäglichen Sprachgebrauch werden leicht Gefühle und Gedanken verwechselt. Zum Beispiel: »Ich *glaube*, ich möchte jetzt in die Stadt gehen.« – »Ich habe das *Gefühl*, dass Sie sich beschweren wollen.« Wenn ein Satz mit »Ich glaube« oder »Ich habe das Gefühl« eingeleitet wird, dann ist das, was folgt, fast immer ein Gedanke. Sich beschweren, irgendwo hingehen und Fehler machen sind keine Gefühle. Die Grundlagen dieser Aussagen sind Gedanken. Man kann ohne weiteres »Ich glaube« und »Ich habe das Gefühl« fortlassen oder durch »Ich denke« ersetzen, und der Satz hört sich noch immer richtig an: »Ich möchte jetzt in die Stadt gehen.« – »Ich denke, Sie wollen sich beschweren.« – »Ich meine, du machst einen großen Fehler.«

Das Erraten von Gefühlen funktioniert am besten, wenn Sie sich auf kurze Sätze beschränken – je weniger Worte, desto besser: »Das hört sich sehr traurig an.« – »Sie regen sich auf.« – »Du scheinst besorgt.« – »Das tut bestimmt weh.« Verlassen Sie sich auf Ihre bewusste Wahrnehmung, um den Kern der emotionalen Erfahrung Ihres Gegenübers zu treffen.

Sobald Ihre Vermutung auch nur einen Hauch unaufrichtig erscheint oder ihr die liebevolle Annahme fehlt, wird der andere seine Jalousien der Selbstverteidigung herunterlassen. Die energetische Anbindung kann dabei leicht verloren gehen. Beispielsweise hört sich die Aussage »Du scheinst mir wirklich wütend zu sein« eher nach Anklage an als nach dem liebevollen Annehmen seiner erlebten Wut. Die Aussage »Sie haben einfach nur Angst« enthält ein Element der Kritik, als ob es nicht angemessen sei, Angst zu haben. Jedes Erraten, das auch nur eine Spur von Anklage oder Verurteilung enthält, wirkt trennend und reflektiert weder die betreffende Emotion, noch wirkt es verbindend. Wenn man Wut oder Angst in Verbindung mit liebevoller Annahme spiegeln will, könnte man sagen: »Du scheinst wütend« oder »Macht Ihnen das Angst?«.

Sobald Empfindungen und Emotionen geltend gemacht wurden, verändern und entwickeln sie sich. So wie es unmöglich ist, für alle Zeiten glücklich zu bleiben, so kann man auch nicht fortgesetzt wütend oder verletzt sein, nachdem man diese Emotionen erst einmal erkannt und sich eingestanden hat. Gefühle werden freigesetzt, sobald sie gespiegelt wurden. Freigesetzte Gefühle bilden einen Strom in Richtung Gleichgewicht. Emotionen und Empfindungen blockieren nur dann, wenn sie unterdrückt oder ins Unbewusste verdrängt werden. Daher ist es wichtig, in diesem Prozess des Erratens alle Gefühle anzunehmen, die Ihr Gesprächspartner als wahrhaftigen Bestandteil seiner Erfahrung aufs Tablett bringt, und so lange weiterzuraten, wie seine Sprache oder sein Gesichtsausdruck Emotionalität verrät. Raten Sie weiter, bis einer von Ihnen oder Sie beide all Ihre Gefühle angenommen haben.

Die Gedanken des anderen reflektieren

Das Reflektieren der Gedanken anderer kann man auch als Umschreiben oder umformuliertes Wiederholen ihrer Gedanken bezeichnen. Ich versuche, die Aussage möglichst so umzuformulieren, dass mein Gesprächspartner merkt, dass ich ihn verstanden habe. Hüten Sie sich davor, Aussagen nur einfach wortwörtlich zu wiederholen, da dies als Ironie oder Spott aufgefasst werden könnte. Zum Beispiel könnte eine Freundin zu Ihnen sagen: »John hat sich meine Idee unter den Nagel gerissen, und nun streicht er die Anerkennung dafür ein«, und Sie umschreiben: »Du sagst also, dass John sich deine Idee unter den Nagel gerissen hat und nun die Anerkennung dafür einstreicht.« Ihre Freundin wird sich durch diese Art des Reflektierens wohl eher veralbert als verstanden fühlen. Der Schlüssel zu gutem Widerspiegeln besteht darin, den Kern der Situation zusammenzufassen, ohne dabei dieselben Worte zu verwenden. Der Kern der Situation im vorliegenden Fall ist die Tatsache, dass Ihre Freundin für ihre Idee nicht die Anerkennung erhält, die ihr zukommt. Sie helfen Ihrer Freundin (oder einem Energie-Vampir, mit dem Sie konfrontiert sind), indem Sie ihr als Spiegel der Wahrheit ihrer Situation dienen. Manchen Sie sich keine Sorgen darüber, ob Sie richtig liegen. Die meisten Menschen sind gern bereit, Sie zu korrigieren, vorausgesetzt, Ihre Bemühungen sind aufrichtig. Wenn das Spiegelbild, das Sie liefern, nicht genau zutrifft, dann wird Ihr Gegenüber die Situation noch einmal beschreiben. Das gibt Ihnen beiden die Gelegenheit, sich besser zu verstehen.

In der Situation mit Joans Schwester Penny, die innerhalb von sechs Wochen ausziehen sollte, fasste Joan die Situation und die Gedanken von Penny zusammen. Joans Satz »Es ist ein großartiges Haus, in dem du gern gewohnt hast« spiegelt den Wert des Zuhauses für Penny und anerkennt, dass all dies nun Geschichte ist. »Du stellst immer große Anforderungen an dich selbst« trägt Pennys Überzeugung, dass die Situation sie überfordert, Rechnung. Häufig beschreibt Ihr Gegenüber seine Situation so gut, dass Sie nur zuhören und Verständnis zeigen müssen. Bei tiefen Bindungen ist ein geringeres Maß verbalen Reflektierens erforderlich.

Nach den Wünschen des anderen fragen
Der dritte Bereich des Zuhörens und Reflektierens der Kernerfahrung eines anderen besteht aus dem Feststellen seiner Interessen und Intentionen. Sobald Ihr Gegenüber seine Gefühle angenommen und seine Situation durchschaut hat, möchte er für gewöhnlich über seine Wünsche sprechen. Sollten Sie eine Gesprächspause bemerken, dann ist es vielleicht an der Zeit für Sie, Ihren Gesprächspartner nach seinen Wünschen zu fragen.

Die Frage »Was willst du jetzt tun?« öffnet Ihrem Gegenüber die Tür zu seinen persönlichen Interessen. Sie können auch zielgerichteter fragen: »Was willst du jetzt in dieser Angelegenheit unternehmen?« In ihrem Gespräch mit ihrer Schwester fragte Joan einfach: »Was willst du also nun tun?« Sie hätte auch formulieren können: »Was willst du nun im Hinblick auf eine neue Wohnung unternehmen?« Diese einfache Frage spielt Ihrem Gegenüber den Ball zu. Sie als der Zuhörer müssen sich nicht mit dem Dilemma des Sprechers belasten. Energie-Vampire meinen, alles besser zu wissen, reißen das Problem ihres Gesprächspartners an sich und versuchen es für ihn zu lösen. Das ist nichts anderes als ein auf Problemlösung ausgerichtetes Zuhören, wie es weiter oben beschrieben wurde.

Hält Ihr Gesprächspartner inne, um über Ihre Frage nach seinem nächsten Schritt nachzudenken, dann ist das perfektes Timing. Kehrt er zu seinen Gefühlen zurück, dann nehmen Sie auch weiterhin all seine Gefühle liebevoll an und schenken ihnen Anerkennung. Würdigen Sie seine Einsichten im Hinblick darauf, wie alles zusammenpasst, und kehren Sie später noch einmal zu Ihrer Frage nach seinen Wünschen zurück. Am Ende wird er sich vollständig fühlen und herausgefunden haben, was er unternehmen will.

Gespräche, die auf Zuhören und Reflektieren beruhen, enden häufig mit dem Erkennen dessen, was der Sprecher sich wünscht. Sobald Ihr Gegenüber Ihnen seine Emotionen und Intentionen vorgetragen hat, könnte er daran interessiert sein, dass Sie ihm bei der Lösung seines Problems helfen. Fragen Sie ihn, ob Ihre Hilfe erwünscht ist. Möglicherweise sind ihm Ihre Ratschläge oder Ihre klugen Fragen im Hinblick auf das Erreichen seines Ziels willkommen. Wenn Ihr Gesprächspartner, nachdem Sie zugehört und seine Energie reflektiert haben, Sie zur Mithilfe bei der Problemlösung einlädt, dann kann sich daraus ein fruchtbarer Prozess entwickeln.

———— ••••• ————

Wir wollen uns noch einmal mit Pennys Situation beschäftigen und nachsehen, wie alle Teile zusammenpassen. Joans Schwester Penny hatte erfahren, dass das Haus, in dem sie zur Miete wohnte, verkauft worden war und dass ihr sechs Wochen blieben, um auszuziehen. Außer sich rief sie Joan an und erzählte: »Ich kann es einfach nicht fassen, dass sie mein Haus verkauft haben. Sie haben mir nicht einmal mitgeteilt, dass es überhaupt zum Verkauf stand. Wie können sie so etwas mit mir machen?«

»Dein Haus wurde verkauft?«, entgegnete Joan. »Das muss schrecklich für dich sein.« (*Pennys Gedanken reflektierend*)

»Allerdings«, ließ sich Penny vernehmen. »Sie haben mit Mark, der in dem kleinen Haus am Rand der Anlage wohnt, einen Vertrag geschlossen. Sie haben ihm die komplette Anlage und eben auch unser Haus verkauft, ohne je ein Wort zu uns darüber zu verlieren. Nun will Mark in unser Haus einziehen, und wir sollen raus.«

»Ich kann mir vorstellen, wie wütend du darüber bist«, kommentierte Joan (*Pennys Gefühle erratend*).

»Das kannst du mir glauben. Ich stecke gerade wieder einmal bis zum Hals in Arbeit, und nächste Woche wollten wir in Urlaub fahren. Wir haben überlegt, ob wir ein Haus kaufen sollen, doch es geht alles viel zu schnell.«

»Du stehst offensichtlich unter großem Druck«, sagte Joan (*Pennys Gefühle erratend*).

»Allerdings, der Druck ist einfach zu groß. Dieses zusätzliche Problem ist wirklich zu viel. Ich weiß nicht, wo wir jetzt hinsollen.«

»Du machst dir große Sorgen darüber, was nun werden soll.« (*Pennys Gefühle erratend*)

»Ja, du sagst es«, bestätigte Penny. »Es fällt mir schrecklich schwer, hier auszuziehen, ich mag das Haus so gern. Wir haben einen Garten und ein eigenes Studio nach hinten hinaus. Die Lage ist ideal. Ich weiß nicht, wie wir etwas ähnlich Günstiges finden sollen.«

»Es ist ein großartiges Haus, in dem du gern gewohnt hast«, erwiderte Joan (*Pennys Gedanken reflektierend*).

»Und ich habe wirklich keine Zeit, mich jetzt um solche Sachen zu kümmern.«

»Wahrscheinlich fühlst du dich überfordert von dieser Aufgabe«, sagte Joan (*Pennys Gefühle erratend*).

»So ist es. Für gewöhnlich kann ich ja einiges vertragen. Aber das ist selbst mir eine Nummer zu groß«, klagte Penny.

»Du stellst immer so hohe Anforderungen an dich selbst«, beobachtete Joan (*Pennys Gedanken reflektierend*).

»Das stimmt«, gab Penny zu.

»Was willst du also nun tun?«, fragte Joan (*nach Pennys Wünschen fragend*).

»Ich muss nach einem neuen Haus für uns suchen.«

»Kann ich dir dabei vielleicht irgendwie behilflich sein?«, erkundigte sich Joan (*ihre Hilfe anbietend*).

»Kennst du einen guten Immobilienmakler?«, fragte Penny.

»Ja, ich kenne einen, der mir vertrauenswürdig scheint. Ich gehe eben die Telefonnummer holen«, bot Joan an.

Sie werden bemerkt haben, dass Zuhören, Reflektieren und das Ermitteln der Wünsche nicht immer in dieser Reihenfolge abläuft. Die meisten Menschen vermischen im Gespräch ihre Gefühle und Gedanken. Der Zuhörer folgt dem Sprecher. Wünsche tauchen für gewöhnlich erst gegen Ende eines Kerngesprächs auf; doch auch darauf ist kein Verlass. Gelegentlich kehrt der Sprecher noch einmal zu seinen Gefühlen zurück, oder es fallen ihm, nachdem er bereits seine Wünsche anerkannt hat, noch andere Dinge ein.

——— ••••• ———

Das nächste Beispiel ist ein Gespräch, das ich mit meinem Freund Jack führte. Achten Sie während der Lektüre auf die drei Bereiche des Zuhörens und Reflektierens: das Erraten von Jacks Gefühlen, das Reflektieren seiner Gedanken und das Fragen nach seinen Wünschen. Achten Sie auch darauf, wann und wo das Gespräch zu einem auf Problemlösung ausgerichteten Zuhören wechselt.

»Erst haben sie verlangt, dass ich von meinem Posten zurücktreten soll«, erzählte Jack. »Nun wollen sie, dass ich niemandem sage, dass ich gehe, weil sie mich ja praktisch zur Kündigung gezwungen haben. Sie wollen doch tatsächlich, dass ich lüge. Dabei erpressen sie mich mit einer Abfindung, die sie mir wieder wegnehmen, wenn ich die Wahrheit sage.«

»Sie wollen also deinen Kopf auf einem Tablett und, dass du ihn selbst darauf legst, damit sie sich die Hände nicht schmutzig machen?«, fasste ich für ihn zusammen.

»Genauso ist es. Der Sender hat Angst, dass es sich ungünstig auf die Berichterstattung auswirkt, wenn mein Team die Wahrheit erfährt. Die Mitarbeiter sind auf meiner Seite, aber der neue Chef will mich loswerden.«

»Du bist wirklich in einer schwierigen Lage«, sagte ich.

»Ich finde sie zum Kotzen. Ich fühle mich so ausgeliefert. Sie haben mich in der Zange. Wenn ich nicht kooperiere, dann weiß ich nicht, wie ich meinen Kindern das nächste Jahr im College finanzieren soll. Mir dreht sich jedes Mal der Magen um, wenn einer aus meinem Team mich fragt, ob ich mich schon auf die Pensionierung freue.«

»Du hast das Ganze bestimmt gehörig satt.«

»Und wie. Sie zwingen mich, gerade den Leuten, die mir am meisten bedeuten, etwas vorzumachen. Ich weiß nicht, was ich tun oder sagen soll.«

»Bestimmt bist du ganz schön wütend«, riet ich.

»Ich habe ein Recht darauf, mich darüber zu ärgern«, bestätigte er.

»Du bekommst nicht, was du willst«, vermutete ich.

»Nein. Ich möchte, dass das alles ein Ende hat. Ich will meinen Job zurück. Ich möchte wieder in die Nachrichtenredaktion marschieren und Beiträge über den Kongress, den Balkan und den Nahen Osten planen. Ich will, dass sich der Chef des Senders heraushält, wenn wir unsere Nachrichtensendungen konzipieren. Innerbetriebliche Politik hat im Nachrichtenstudio nichts zu suchen«, betonte Jack.

»Du liebst deine Arbeit«, überlegte ich.

»Es ist mir wirklich wichtig, was berichtet wird, und die Leute, die sich abmühen, um Abend für Abend alles, wie es sein soll, auf die Reihe zu kriegen, liegen mir besonders am Herzen. Und ich mache meine Arbeit wirklich gut. Du weißt doch, wir haben in den acht Jahren, seitdem ich das Nachrichtenstudio leite, drei Preise gewonnen und die Zuschauerzahl verdoppelt.«

»Du bist stolz auf deine Leistung, und sie bemerken sie offenbar gar nicht. Das muss sehr wehtun.«

»Allerdings, das tut es. Der Chef meint, ich hätte keinen Teamgeist. Was will er mir damit sagen? Doch nur, dass ich es nicht so mache, wie er es will.«

»Der Chef will das Nachrichtenstudio nach seiner und du nach deiner Vorstellung führen«, überlegte ich.

»Stimmt, aber mein Ansatz ist der richtige.«

»Nach all den Preisen und dem Vertrauen, das euch die Zuschauer zugesprochen haben, muss es dir so erscheinen«, räumte ich ein.

»Warum kann er das nicht sehen?«, fragte Jack.

»Das ist eine gute Frage. Warum ist er dazu wohl nicht in der Lage?«

»Er hat andere Pläne. Er betrachtet die Zuschauerzahlen und die gewonnenen Preise als selbstverständlich. Er will, dass seine Leute die prestigeträchtigen, sichtbaren Rollen übernehmen. Er sagt mir, welche Berichte wir bringen sollen.«

»Hört sich nach einer unmöglichen Situation an«, gab ich zu.

»Diese Art der Einmischung kann ich nicht dulden. Ich wünschte nur, sie würden sehen, was ich für den Sender schon alles geleistet habe.«

»Dass du dich für den Sender aufgerieben hast.«

»Das habe ich wirklich. Ich glaube nicht, dass ein anderer es hätte besser machen können.«

»Keiner hätte deine Arbeit besser tun können«, bestätigte ich.

»Das alles ist einfach erbärmlich«, sagte Jack.

»Es muss sehr schwer für dich sein. Was wirst du nun tun?«

»Die Entscheidung fällt mir wirklich schwer. Ich bin es gewohnt, dass die Dinge sich so entwickeln, wie ich mir das vorstelle, aber in der gegenwärtigen Situation ist es wohl am besten, wenn ich freiwillig gehe. Und mit der Abfindung kann ich meine Kinder auch weiterhin aufs College schicken.«

»Deine Kinder sind dir sehr wichtig«, stellte ich fest.

»Meine Kinder sind großartig, und meine Frau hat mich sehr unterstützt«, stimmte er zu.

»Du fühlst dich bei Kate gut aufgehoben.«

»Ja, das tue ich, und auch mein Team war immer auf meiner Seite. Ich weiß nur nicht, was ich ihnen sagen soll.«

»Es wird dir schwer fallen, dich zu verabschieden. Wie willst du es ihnen mitteilen?«, fragte ich.

»Ich muss ihnen sagen, wie schwer es mir fällt, fortzugehen. Aber ich kann ihnen außerdem versichern, dass wir gemeinsam großartige Arbeit geleistet haben, dass mir jeder von ihnen wichtig ist und dass ich mich schon darauf freue, an meinem Buch zu arbeiten.«

»Fühlt sich das richtig an?«, wollte ich wissen.

»Es fühlt sich nicht gut, aber richtig an.«

Jack wollte, dass ich ihm half, seine Gefühle im Hinblick auf seine Situation zu verstehen und sich Klarheit über seine nächsten Schritte zu verschaffen. Ich spiegelte für ihn die Information, an der er mich teilhaben ließ, damit er seine Gefühle freisetzen und seine Interessen erkennen konnte. Ich selbst gab ihm nichts Neues zu bedenken – er verfügte bereits über alle Informationen, die er brauchte, um zu wissen, was er tun würde. Ich half ihm, indem ich erriet, dass er wütend war und die Sache satt hatte, dass er seine Arbeit liebte und stolz auf sie war und dass er verletzt und die Situation äußerst schwierig für ihn war. Mit Sätzen wie »Sie wollen also deinen Kopf auf einem Tablett«, »Du bekommst nicht, was du willst«, »Der Chef will das Nachrichtenstudio nach seiner und du nach deiner Vorstellung führen«, »Keiner hätte deine Arbeit besser tun können«,

»Deine Kinder sind dir sehr wichtig« spiegelte ich ihm seine Lage. Nachdem er sich eingestehen konnte, dass er sich entsetzlich fühlte, fragte ich ihn, was er wirklich wollte. Später wandte er sich der Lösung seiner Probleme zu, als ich mich danach erkundigte: »Wie willst du es ihnen [seinen Mitarbeitern] mitteilen?«

Sobald Jack seine Kerninformation – seine Gefühle, Gedanken und Wünsche – verstanden hatte, konnte er handeln, um auf der Basis der gegebenen Situation seine Vorstellungen zu verwirklichen. Das Gespräch mit Jack dauerte eine Stunde. Zuhören und Reflektieren kann aber auch in sehr viel kürzerer Zeit stattfinden – in einer Art abgekürztem Verfahren zur Gewinnung von Einsichten und als Entscheidungshilfe.

———— ••••• ————

Hier ein weiteres Beispiel für Zuhören und Reflektieren. Dieses Gespräch gestaltete sich wesentlich kürzer. Nur einmal wurde Zuhören und Reflektieren aktiviert, um eine Einigung über die Vorgehensweise herbeizuführen.

Pat und Jerry saßen auf dem Boden an der Wand des Raumes, in dem wir unseren Workshop abhielten. Die übrigen Teilnehmer saßen auf Stühlen, die in Reihen mitten im Zimmer aufgestellt waren. Der Workshopleiter forderte alle auf, mit ihren Stühlen einen großen Kreis zu bilden. Die Stühle wurden zu einem Kreis umgestellt und kamen dabei unmittelbar vor Pat und Jerry zu stehen, die auf dem Boden sitzen geblieben waren.

Gary bemerkte die beiden auf dem Boden und sagte: »Kommt, ihr zwei, nehmt euch Stühle, und reiht euch in den Kreis ein.«

Pat spiegelte Garys Emotion mit dem Satz: »Es muss dir unangenehm sein, dass wir auf dem Boden sitzen.«

Gary hielt inne, um seine Erfahrung zu überprüfen und antwortete: »Nein, es stört mich vielmehr, dass ich vor euch sitze und euch aus dem Kreis ausschließe.«

Die Teilnehmer machten daraufhin Platz im Kreis, damit sich Pat und Jerry, weiterhin auf dem Boden sitzend, in den Kreis einfügen konnten.

───── ••••• ─────

Immer, wenn sich jemand über Sie oder über etwas, das Sie getan haben, ärgert, setzen Sie Ihre Energie am besten ein, indem Sie zuhören und die Energie des anderen auf ihn zurückspiegeln. Zuhören und Reflektieren lässt alle Versuche eines Energie-Vampirs, sich Ihrer Energie zu bemächtigen, wirkungslos abprallen. Die meisten Menschen können, selbst wenn sie darauf aus sind, Ihre Energie zu stehlen, durch Zuhören und Reflektieren zu größerem Verständnis bewegt werden. Handelt es sich nicht gerade um eine funktionsgestörte Beziehung, so nimmt die Anerkennung der Kernwahrheit des Gegenübers seiner Reaktion fast immer die Heftigkeit – jedoch nur dann, wenn diese Anerkennung mit aufrichtigem Interesse und echter Offenheit vorgetragen wird.

Nachfolgend einige typische Kommentare von Energie-Vampiren und spiegelnde Erwiderungen, die deren Energie mit liebevoller Annahme und Verständnis zurückweisen.

»Diese Arbeit ist Zeitverschwendung.« (*Energie-Vampirismus*) – »Gefällt dir das, was du tust, denn nicht?« (*Zuhören und Reflektieren*)

»Sie hätten mir eine bessere Note geben sollen.« (*Energie-Vampirismus*) – »Sie sind über Ihre Note enttäuscht.« (*Zuhören und Reflektieren*)

»Ich rege mich überhaupt nicht auf, mach doch, was du willst, so, wie du es immer tust.« (*Energie-Vampi-*

rismus) – »Dir gefällt die Art nicht, wie ich mit den Dingen umgehe.« (*Zuhören und Reflektieren*)

»Du hast einen Kontroll- und Manipulationswahn.« (*Energie-Vampirismus*) – »Etwas, das ich gesagt oder getan habe, beunruhigt dich.« (*Zuhören und Reflektieren*)

»Habe ich Sie etwa mitten in meinem Satz unterbrochen?« (*Energie-Vampirismus*) – »Es hört sich so an, als würden Sie gern noch mehr sagen.« (*Zuhören und Reflektieren*)

Wenn sich jemand über Sie ärgert und Sie offen versuchen, seine Gefühle zu erraten, dann kann er zwischen zwei Reaktionsweisen wählen: Entweder wird ihm Ihr Interesse an seiner Wahrheit gefallen, und er wird das Gespräch fortsetzen wollen, oder es wird ihm nicht gefallen, und er wird Ihnen aus dem Weg gehen, denn Zuhören und Reflektieren ist ein wirkungsvolles Instrument, und er weiß nicht, wie er darauf reagieren soll. Zuhören und Reflektieren bewahrt Ihnen Ihre Offenheit für die Wahrheit eines anderen und sorgt dafür, dass Sie in sich gefestigt bleiben. Wenn Sie Energie spiegeln, dann verzichten Sie darauf, andere zu verändern, und konzentrieren sich stattdessen auf die Fortentwicklung Ihrer Geschicklichkeit im Zuhören und Reflektieren als bestem Mittel, um Ihren Energiepegel angesichts von Energie-Vampiren aufrechtzuerhalten.

Der Schlüssel liegt darin zu akzeptieren, dass der andere sein Bestes tut, um sein Leben so vollständig und zufrieden stellend wie möglich auszuschöpfen. Er bedient sich dabei jener Muster, die ihm das gewünschte Ergebnis garantieren. Er kann sich aufgrund seiner Vampirismusstrategien den Herausforderungen des Lebens stellen. Wir sind fähig, unsere Energie vor anderen zu schützen und ihnen, indem wir ihre Kerngefühle und -intentionen benennen, dazu zu verhelfen, ihre Vampirismusstrategien als das zu erkennen, was sie sind. Falls sie offen für eine derartige Analyse sind, stehen sie dann vor zusätzlichen Wahlmöglichkeiten, die ihren Ursprung in größerem Verständnis haben.

Zuhören und Reflektieren lenkt Energie-Vampirismus ab; doch sobald wir die andere Person verändern wollen, machen wir uns gleichfalls zu Energie-Vampiren. Wenn wir die Energie aber spiegeln, damit wir beide es besser verstehen, dann können wir unserem Gesprächspartner möglicherweise sogar helfen. Aufgrund der durch Zuhören und Reflektieren entstehenden Klarheit kann der andere sich entscheiden, sein Verhalten im Umgang mit uns zu ändern, oder ein Muster erkennen, das er verändern möchte. Jegliche Wahl, die der andere trifft, ist allein die seine – und sei es, dass er sich entscheidet, so zu bleiben, wie er ist. Mit Zuhören und Reflektieren betätigen wir uns als Spiegel der Klarheit und akzeptieren die Wahl des anderen, welche immer es auch sein mag. Wenn wir lernen, gemeinsam zuzuhören und zu reflektieren, dann können wir Gespräche tiefster Bedeutung miteinander führen. Kerngespräche wechseln hin und her zwischen dem Teilhabenlassen an Kernerfahrungen, Zuhören und Reflektieren. Solche tief greifenden Gespräche verschaffen uns wichtige Einblicke in Menschen, die uns etwas bedeuten, und in uns selbst. Kerngespräche bedürfen lebenslanger Übung. Wir bringen nicht eines zum Abschluss, und das war's dann. Jeder neue Augenblick ist eine neue Gelegenheit, den anderen und uns selbst zu entdecken und besser zu verstehen. Am besten ist es, wenn wir uns selbst treu bleiben und spiegeln, was uns andere zeigen und wir von ihnen mitbekommen.

Es ist sinnvoll, Kerngespräche mit engen Freunden oder Familienmitgliedern zu üben, um einander zu helfen. Die energetische Verbindung, die durch Kerngespräche entsteht, ist machtvoll. Eine solche Verbindung gestattet es uns, zum Zentrum einer Sache vorzudringen und in Erfahrung zu bringen, was wir auf der Seelenebene erreichen wollen. Die Energie, die durch Kerngespräche entsteht, ist nicht nur zutiefst befriedigend – sie ist auch belebend und kreativitätsfördernd.

Zuhören und Reflektieren ist eine Begabung. Indem wir auf die beschriebene Weise zuhören, bieten wir unserem Gegenüber liebevolle Annahme, Verständnis und Klarheit an. Weder beurteilen wir ihn, noch versuchen wir, ihn zu verändern. Wir reißen nicht seine Probleme an uns oder nehmen ihm die Lösung ab. Wir verzichten auf unseren Autopiloten und reagieren nicht mit Automatismen auf etwas, das wir gar nicht richtig mitbekommen haben. Wir lassen uns vollständig auf unser Gegenüber ein und suchen nach den Kernbedeutungen dessen, was er uns mitteilt. Diese Gabe des Verstehens ist selten und wertvoll. Wenn wir uns wahrhaft angenommen und verstanden fühlen, dann berührt uns dies im Kern.

Achtes Kapitel

Energie ausgleichen und ausrichten

Indem wir unsere schwarzen Löcher schließen und unser Energiefeld harmonisieren, erfüllt uns lebenserhaltende Energie. Indem wir zuhören und Verbindung mit anderen suchen, erweitert sich unsere kreative Energie aus. Es gibt eine Energiequelle, die sich ausdehnt und uns erfüllt, die unsere Lebenskraft speist und uns zum Leben erweckt. In der östlichen Religionsphilosophie trägt diese Energie den Namen Chi. Je mehr Chi wir haben, umso lebendiger ist unser Energiefeld von kreativer Energie erfüllt. Diese Vitalenergie ist möglicherweise verantwortlich für das Überleben von Menschen unter Bedingungen, unter denen Leben im Allgemeinen nicht mehr möglich ist. Manche von uns durchleben im wahrsten Sinne des Wortes scheinbar unmögliche Erfahrungen. Viele kommen mit grauenhaften und unglaublichen Geschichten nach Hause. Bei einigen Patienten, deren Diagnose Krebs lautet, bewahrheiten sich die schlimmste Prognosen, während andere zu einem vollen, gesunden, kreativen Leben zurückkehren. Wie gelingt es diesen Überlebenden, sich gegen die biologische Übermacht zur Wehr zu setzen? Welche Energiequelle speist sie? Wie zapfen die Überlebenden solch schrecklicher Krankheiten diese Energiequelle an?

Wir werden mit Vitalenergie geboren. Wenn Sie bereits einmal einen Sterbenden begleitet haben, dann haben Sie vielleicht den Verlust dieser Vitalenergie miterlebt. Im Augenblick des Todes verlässt der Geist den Körper. Der Körper bleibt zurück, doch der Mensch, den wir einmal kannten, ist fort. Die Vitalenergie flößt unserem Körper Bewusstsein ein. Sie ist der Seher, der Beobachter, der uns bei allem zuschaut, der unsere Mentalaktivität als Gedanken erkennt. Ihr innerer Beobachter denkt jetzt, in diesem Augenblick, über diesen Gedanken nach. Der Beobachter unserer Gedanken, Emotionen, Intentionen und Handlungen ist unsere Vitalenergie, unsere Seele. Ich betrachte unsere Seele und unsere Vitalenergie als ein und dasselbe. Unsere Vitalenergie belebt und vergrößert unser Energiefeld. Wenn ein Teil unserer Vitalenergie in schwarze Löcher gesogen wird, dann macht uns das müde und depressiv oder sogar körperlich krank. Wir sind dann für den Fluss Leben spendender Energie nicht so offen.

Ich glaube, dass es eine universelle »Quelle« gibt. Wenn wir diese Quelle anzapfen, dann laden wir uns, unser Energiefeld und unsere Kreativität mit Vitalenergie auf. Es ist also möglich, unsere Vitalenergie zu harmonisieren und auszudehnen, ohne sich dabei als Energie-Vampir zu betätigen. Die Quelle der Vitalenergie ist eine Gegenwart und eine Kraft, die alles bewusste Leben durchdringt. Diese Energiequelle trägt viele Namen – Allah, Brahma, Buddha, Schöpfer, höchste Weisheit, Gaia, Gott, heiliger Geist, unendliche Quelle, Tao und Jahwe, um nur einige zu nennen. Die Zahl der voneinander unabhängigen spirituellen Wege ist groß. Welchen Namen Sie dem Ihren geben, steht Ihnen frei.

Heutzutage lernen viele spirituell Suchenden von verschiedenen religiösen Perspektiven zugleich. Wir werden uns langsam dessen bewusst, dass die grundlegenden Prinzipien der großen Weltreligionen einander äußerst ähnlich sind. Ein Grundelement der meisten Religionen ist der Glaube an eine Kraftquelle, an die Existenz eines höchsten Geistes als Beschützer allen Lebens. Für mich ist die Quelle der Vitalenergie ein Wesen, das die gesamte Schöpfung verkörpert. Dieses Wesen ist ein Energiefeld unbegrenzter Möglichkeiten. Ich glaube, dass wir Bestandteil dieses unendlichen Feldes sind; ein bewusster, intelligenter Teil dieses Wesens, ausgestattet mit der Freiheit, unseren kreativen Energien die gewünschte Richtung zu geben.

Wie wir unser Leben führen, hat direkten Einfluss darauf, wie viel Vitalenergie uns zur Verfügung steht. Unsere Gedanken, Emotionen und Verhaltensweisen bestimmen, wie viel Vitalenergie durch unser persönliches Energiefeld hindurchfließt. Mit der Energie der Quelle – davon bin ich überzeugt – ist es möglich, unseren Geist zu nähren und unsere Seele zu speisen und lebendiger, gesünder und erfüllter zu leben.

Angesichts der Frage, wie wir dies erreichen können, bin ich die Erste, die zerknirscht zugibt, dass wir noch unendlich viel über menschliche Energiefelder und die Vitalenergie zu lernen haben. Unsere persönliche Lebenskraft ist nicht konstant oder abgrenzbar. Energie fließt in unser persönliches Energiefeld hinein und wieder hinaus und verwandelt sich dabei in Materie oder zurück in Energie. Manche Menschen scheinen randvoll mit Energie und Nächstenliebe. Andere sind sich ihres Energiefelds nicht bewusst. Die meisten Menschen haben Zeiten, in denen sie sich lebendig fühlen, und andere, in denen sie unter Erschöpfung und einem Gefühl von Sinnlosigkeit leiden. Diese Einschätzungen korrespondieren mit Fülle und Fluss der Energie in unserem persönlichen Energiefeld. Wir verwenden Begriffe und Sätze wie »Ich fühle mich belebt«, »Ich habe keine Energie mehr« oder »Mein Akku ist leer«. Sie helfen uns, das Gleichgewicht und den Fluss unserer Vitalenergie zum Ausdruck zu bringen.

Ich ordne die Vitalenergie einer »Quelle«, für mich »der« Quelle, zu. Sie geben hingegen für die gleichzeitige Gegenwart von Energie und Leben vielleicht einem anderen Begriff den Vorzug – möglicherweise einem aus der vorangegangenen Aufzählung. Wählen Sie einen Namen, mit dem Sie sich wohl fühlen. Ich glaube, dass unser Energiefeld von Vitalenergie direkt aus der Quelle gespeist wird und dass alles Lebendige Bestandteil eines gigantischen, im Fluss befindlichen Energiesystems ist. Wir alle sind Bestandteil der Quelle. Ich glaube daran, dass unsichtbare spirituelle Kräfte uns führen und beschützen. Manche bezeichnen diese Kräfte als »spirituelle Führer« oder »Schutzengel«. Wenn ich mich an die Quelle wende, dann reagieren unsichtbare spirituelle Vitalkräfte. Ich bin fähig, spirituelle Unterstützung zu erbitten und zu empfangen, weil ich an die Quelle angebunden und ein Teil von ihr bin. Wenn die Quelle ein Ozean wäre, dann wäre jeder von uns darin eine Welle, unabhängig in seinen Bewegungen und doch mit allem anderen verbunden. Ich glaube, dass wir voneinander unabhängige Manifestationen der Quellenergie sind. Wir besitzen ein individuelles Bewusstsein, doch wir sind ein Bestandteil der Quelle und werden von ihr gespeist.

Quellenergie zu empfangen ist wie Atmen. Frische Luft fließt frei in gesunde Lungen hinein, folglich fließt Quellenergie frei in ein gesundes Energiefeld. Wer schwarze Löcher in seinem Energiefeld hat, dem ergeht es wie dem Raucher, der unter einer Raucherlunge leidet und nicht richtig atmen kann. Schwarze Löcher blockieren den Fluss von Quellenergie, und wer zu viele schwarze Löcher hat, dem ergeht es so wie dem Lungenkranken, der keine Luft bekommt, obwohl genug frische Luft vorhanden ist. Energie-Vampirismus kann das Energiefeld gleichfalls blockieren. Wer sich bei anderen als Energie-Vampir betätigt, der neigt dazu, seine eigene Energie zurückzuhalten und zu schützen, statt sich anderen mit liebevoller Annahme zu öffnen. Ein nach außen hin verschlossenes Energiefeld behindert den Fluss von Quellenergie, so wie auch mit Smog oder Rauch verschmutzte Luft das Atmen schwerer macht. Wenn Sie Anteil an einem Energiefeld haben, das durch Energie-Vampirismus und Verschlossenheit gekennzeichnet ist, dann ist es riskant, sich der Quellenergie zu öffnen, und erfordert größeren Einsatz von Ihnen, als ein Gemeinschaftsenergiefeld, in dem sich die Beteiligten gegenseitig offen und liebevoll annehmen.

Die Quelle hat keinen Anfang und kein Ende. Die von ihr ausströmende Energie fließt konstant, steht ununterbrochen zur Verfügung und kann niemals aufgebraucht werden. Zum Stillstand bringen wir sie nur dann, wenn sich in uns entsprechende schwarze Löcher auftun. Sobald wir unsere schwarzen Löcher schließen, werden wir neuerlich von Quellenergie erfüllt und ermächtigt.

Quellenergie erinnert an Wasserkraft: Ein Fluss treibt eine Turbine an. Die Turbine speist Elektrizität ins Netz. Transformatoren sorgen dafür, dass die vom Endverbraucher geforderte Spannung aufrechterhalten wird. Obgleich der Fluss ununterbrochen fließt und die Turbinen ununterbrochen Elektrizität produzieren, gelangt so lange keine Elektrizität in unsere Elektrogeräte, bis wir sie anstellen. Sobald wir den Schalter betätigen, fließt Strom.

Damit Strom durch die Leitungen fließt, muss der Konsument am anderen Ende einen Nutzen für ihn haben – Wärme oder Licht brauchen, einen Computer oder ein anderes Elektrogerät in Betrieb nehmen. Elektrizität fließt nur dann durch die Leitungen, wenn sie am anderen Ende angefordert wird. Anders als Wasser in einem Rohr kann Elektrizität in der Leitung nicht gespeichert werden. Sie muss irgendwohin geschickt werden. Elektrizität fließt in dem Maß, in dem sie verbraucht wird. Morgens ist eine größere Zahl von Generatoren in Betrieb, da zu dieser Zeit der Strombedarf höher ist. Wenn sich das System nicht im Gleichgewicht befindet – etwa wenn mehr Strom produziert als verbracht wird –, dann können überlastete Transformatoren ausbrennen und Generatoren automatisch ihre Arbeit einstellen, während sich das System dem veränderten Fluss anpasst. In jedem einzelnen Augenblick wird genau so viel Strom produziert, wie verbraucht wird (plus zusätzlich eine geringe Menge, die bei der Übertragung verloren geht). Die erzeugte Elektrizität entspricht immer der verbrauchten.

Quellenergie befindet sich gleichfalls immer im Gleichgewicht mit unserer Kapazität, Vitalenergie anzufordern und zu nutzen. Wenn wir bei Bewegungen, beim Arbeiten, Sprechen, Spielen, Kreativsein mehr Energie aufbrauchen, dann durchströmt uns mehr Quellenergie. Je mehr Energie wir verbrauchen und je offener wir gegenüber der Quelle sind, desto weiter dehnt sich unser Energiefeld aus. Wenn unsere Emotionen sich im freien Fluss befinden, dann können wir mehr Quellenergie aufnehmen. Ist unser Energiefeld frei von schwarzen Löchern, dann ziehen wir mehr Vitalenergie an. Ist unser Energiefeld ausgerichtet, dann kann die Energie darin ungehindert und damit leichter fließen.

In diesem Buch schlage ich Ihnen viele Möglichkeiten vor, mit deren Hilfe Sie Ihre Vitalenergie harmonisieren und Ihr Energiefeld erweitern können. Bisher habe ich vor allem darüber gesprochen, wie man schwarze Löcher erkennt und schließt, sich gegen Energie-Vampire schützt, selbst Energie-Vampirismus vermeidet und durch Kerngespräche mit anderen Bindung erzeugt. Es gibt jedoch noch vier weitere Praktiken und energetische Prinzipien, die Einfluss auf unsere Offenheit für die Quellenergie nehmen. Diese Praktiken sind Ausrichtung, Meditation, Naturerfahrung und Synergie. Ausrichtung ordnet unsere inneren Erfahrungen und Handlungen durch Integrität. Meditation öffnet unser Bewusstsein für die Quelle. Naturerfahrung erfrischt unsere Vitalenergie. Synergie erweitert unser Energiefeld, indem wir uns mit anderen verbinden. Diese vier Prinzipien regulieren die Quellenergie und menschliche Energiefelder.

Ausrichtung

Die Ausrichtung unserer Energiefelder verlangt von uns die Beachtung von Integrität und Übereinstimmung. Integrität heißt, unsere formende Information – unsere Gedanken, Emotionen und Intentionen – mit unserem Reden und Handeln in Einklang zu bringen. Wenn unsere Intentionen und das, was wir sagen, mit unseren Handlungen in Harmonie sind, dann hat die Vitalenergie in unserem Energiefeld einen größeren Bewegungsspielraum. Wenn Sie vier Pferde vor einen Karren spannen, dann kommen Sie nicht sehr weit – es sei denn, Sie sorgen dafür, dass sie alle in die gleiche Richtung ziehen. Dasselbe gilt im Hinblick auf die Ausrichtung unserer Worte und Taten auf unsere Emotionen und Intentionen. Sind wir uns selbst und den Aufgaben, die wir übernommen haben, treu, dann verfügen wir über Integrität. Integrität »bürstet« unser

Energiefeld in eine Richtung und lässt uns mehr Vitalenergie aufnehmen.

Integrität öffnet uns für den Fluss der Quellenergie, die unsere Lebenskraft steigert und stärkt. Wer das Licht anknipst, der zieht Strom durch die Leitungen im Haus, durch die Überlandleitungen, aus den Transformatoren und Generatoren. Auf die gleiche Weise ziehen Gedanken, Emotionen, Intentionen, Worte und Taten Vitalenergie in unser Energiefeld. Integrität gestattet es der Quellenergie, sich auszubreiten und ungehindert zu strömen.

Mit allem, was wir denken, fühlen und tun, nehmen wir Einfluss auf den Fluss der Vitalenergie. So, wie wir den Schalter eines Geräts umlegen, um es anzustellen und Strom anzuzapfen, so können wir auch zusätzliche Kreativenergie in unser Energiefeld holen. Wenn wir uns an einmal getroffene Abmachungen halten, bereiten wir damit der Quellenergie den Weg. Wer die Wirkung gebrochener Vereinbarungen durchschaut, der achtet sorgsam darauf, das auch tatsächlich zu tun, was er angekündigt hat. Jedes gebrochene Versprechen, egal wie unbedeutend es auch war, hinterlässt diffuse Energie und beeinträchtigt den Fluss der Vitalenergie im Feld. Die Umsetzung des Angekündigten und damit die Aufrechterhaltung der persönlichen Integrität ist nichts, was andere etwas angeht – aber wir selbst müssen uns über die Folgen im Klaren sein. Integrität heißt, sich selbst treu zu sein, ohne dass irgendjemand sonst es sieht oder weiß. Indem wir ein gegebenes Versprechen halten, würdigen wir den anderen, dem unser Versprechen gilt, und uns selbst. Wer sich an das hält, was er einmal angekündigt hat, der bringt Sicherheit in das gemeinschaftliche Energiefeld ein und öffnet es für einen größeren Zustrom von Quellenergie.

Ken und Marie waren seit fast fünfundzwanzig Jahren zusammen. Nachdem eine gewisse Zeit verstrichen war, gaben sie die Hoffnung auf, jemals Kinder zu bekommen. Doch es geschah ein Wunder, und sie hatten einen Sohn, der seither im Mittelpunkt ihrer Beziehung stand. Marie hatte nichts gegen Kens Job, der ihn zwang, viel auf Reisen zu sein. Sie selbst leitete von zu Hause aus ein kleines eigenes Unternehmen und wusste es zu schätzen, dass sie Ken nur selten umsorgen musste. Ken liebte Marie und seinen Sohn, doch er wünschte sich, sie wäre eine liebevollere Partnerin.

Kens Beruf führte ihn nach Europa, Südamerika und quer durch die Vereinigten Staaten. Wenn Ken sich auf Reisen von einer Frau angezogen fühlte, dann verbrachte er gelegentlich die Nacht mit ihr. Er verschwieg diese Begegnungen vor Marie und rechtfertigte sie vor sich selbst mit der Auffassung, dass diese kleinen sexuellen Unaufrichtigkeiten nichts mit seiner Ehe zu tun hätten. Doch in Wahrheit war Ken mit sich selbst uneins. Er hatte seine Integrität eingebüßt, weil sein Handeln mit dem gegebenen Treueversprechen nicht zu vereinbaren war. Er hatte sein Versprechen gegenüber sich selbst, seiner Frau und seinem Sohn gebrochen.

Durch solche gebrochenen Versprechungen und nicht eingehaltene Vereinbarungen isolieren wir uns selbst von der Quellenergie. Im Wesentlichen gibt es Vereinbarungen in vier verschiedenen Abstufungen. Alle vier Abstufungen beziehen sich auf Vereinbarungen, die wir mit Kollegen, mit Familienmitgliedern, mit Freunden oder/und uns selbst getroffen haben.

Vereinbarungen ersten Grades
Der erste Grad der Vereinbarungen bezeichnet eine Situation, in der wir etwas zusagen, das wir aber nicht wirklich tun wollen. Zum Beispiel könnte ich auf der Straße zufällig einer Bekannten begegnen, und wir wür-

den uns ein paar Minuten lang unterhalten. Am Ende des Gespräches schlägt die Bekannte vor: »Wollen wir uns nicht irgendwann einmal treffen?« Aus Höflichkeit stimme ich zu, denn schließlich haben wir gelernt, höflich zu sein um mit unserer Wahrheit die Gefühle anderer nicht zu verletzen. Doch nun ist ein kleiner Teil meiner Aufmerksamkeit – meine Energie –, mit der ich weiß, dass meine Worte und Handlungen nicht aufeinander abgestimmt sind, nicht mehr auf meine persönliche Wahrheit ausgerichtet.

Sam ist ein cooler Mann von Mitte zwanzig. Seit seinem Collegeabschluss arbeitet er im Sommer als Reiseleiter für Raftingtouren und im Winter als Skiliftbetreiber. Er kommt finanziell gerade so zurecht und steigt bei Freunden und zwischen seinen Jobs bei den Eltern ab. Alle mögen Sam. Er nimmt sich die Sorgen anderer zu Herzen und ist ein guter Zuhörer. Wenn er seine Unterstützung zusagt, dann kann man sicher sein, dass er zur Stelle ist. Er kann sich nahezu überall einfügen.

Im Sommer kauft er seine Ausrüstung bei einem Bootsausstatter und im Winter die erforderliche Skiausrüstung. Er bekommt, was er braucht, zu Großhandelspreisen, trotzdem reicht Sams Verdienst nie aus, um alles gleich zu bezahlen. Er besitzt mehrere Kreditkarten, die er überzieht. Zwar möchte er das Geld, das er schuldet, zurückzahlen, doch er verdient einfach nicht genug, um mehr als die Zinsen zahlen zu können. Er sagt sich, dass er auf den weiteren Kauf von Ausrüstung verzichten sollte, doch die Versuchung ist einfach zu groß. Sam fehlt es an Integrität. Er bleibt seiner Zielsetzung, seine Schulden zu bezahlen, nicht treu. Seine Energie nimmt mit jedem Monat, in dem seine Schulden wachsen, weiter ab.

Kevin versprach anzurufen und vergaß es. Wendy versicherte, künftig pünktlich zur Arbeit zu kommen, verspätete sich jedoch mehr noch als früher. Terry nahm sich vor, nicht mehr so viele Süßigkeiten zu essen, und konnte es nicht. Lori wollte dreimal die Woche zum Laufen gehen, schaffte es jedoch nur an einem Wochenende pro Monat. Brian gab sich selbst das Versprechen, mit dem Rauchen aufzuhören, steckte sich jedoch eine nach der anderen an. Frank wollte seinen Alkoholkonsum reduzieren, schaffte es aber irgendwie nicht.

All diese Menschen haben gute Vorsätze. Sie alle verlieren Energie, weil sie Absichten äußern, ohne sie in die Tat umzusetzen. Wenn Worte und Taten nicht übereinstimmen, dann werden Vereinbarungen gebrochen. Diese Menschen brechen die Vereinbarungen, die sie mit sich selbst getroffen haben. Wer so handelt, schadet sich selbst und bezahlt dafür mit dem Verlust von Vitalenergie.

Gleiches gilt für Vereinbarungen, die wir mit anderen treffen. Halten wir sie nicht ein, dann ist der Preis nicht nur Energieverlust, sondern wir büßen auch Akzeptanz, Verantwortung und Freiheit ein. Ich habe einen Kollegen, der mit Jugendlichen zusammenarbeitet. Er erklärt den Jugendlichen, dass das Einhalten von Vereinbarungen die wichtigste Voraussetzung für ihre Freiheit ist. Je besser es ihnen gelingt, durch die Einhaltung ihrer Vereinbarungen bei ihren Eltern Vertrauen zu schaffen, desto weniger werden ihre Eltern versuchen, sie zu kontrollieren. Diese Verbindung zwischen Vereinbarungen und Freiheit gilt auch für Erwachsene.

Beispiele für eingehaltene Vereinbarungen können das Abzahlen von Schulden, das Aufräumen der Garage, der Frühjahrsputz, ein Brief an Verwandte, die rechtzeitigere Abgabe der Steuererklärung, ein gründliches Ausmisten der Computerfestplatte, die Suche nach einer neuen Arbeit, das Fortschaffen des Altpapiers zum Container und so weiter sein – die Liste der persönlichen Vorhaben, die nicht in die Tat umgesetzt wurden, ist für gewöhnlich lang. Jedes dieser Vorhaben bindet einen kleinen Teil Ihrer Aufmerksamkeit und Energie. Ist die Liste besonders lang, dann könnte sie zur Stagnation Ihrer Vitalenergie führen.

Ich rate Ihnen, einmal schriftlich aufzuführen, was Sie sich vorgenommen und nicht eingehalten haben. Dann können Sie anfangen, die Liste langsam abzuarbeiten. Sie dürfen durchaus Ihren Sohn anstellen, damit er Ihnen beim Aufräumen der Garage und beim Fortschaffen des Altpapiers hilft, oder sich anderweitig Hilfe suchen. Vielleicht genügt es auch, bei einigen Aufgaben einen neuen zeitlichen Rahmen zu schaffen, oder aber Sie sagen die eine oder andere Verabredung mit sich selbst sogar ab. Noch besser aber ist es, wenn Sie einfach rasch erledigen, was Sie sich vorgenommen haben. Es wird Sie überraschen, wie viel angestaute Abwehr Sie häufig erst überwinden müssen, um Ihre Vorsätze umzusetzen. Andererseits werden Sie sich viel lebendiger fühlen, wenn Sie alle Projekte auf Ihrer Liste abgehakt haben.

Vereinbarungen zweiten Grades

Bei Vereinbarungen zweiten Grades nehmen wir uns etwas Bestimmtes vor, machen unser Vorhaben anderen gegenüber publik und schaffen es dann einfach nicht, das Vorhaben auch wirklich in die Tat umzusetzen. Beispielsweise könnten Sie zufällig eine neue Bekanntschaft schließen, ein nettes Gespräch mit dieser Person führen und sich am Ende vornehmen, das Gespräch irgendwann fortzusetzen. Sie würden einander beide gern wiedersehen, tauschen vielleicht Ihre Visitenkarten aus, doch wird diese neuerliche Begegnung auch tatsächlich stattfinden? Vielleicht ja, vielleicht nein. Eine explizite Verabredung wurde nicht getroffen, eine Verpflichtung nicht eingegangen.

In diesen Bereich fallen auch Verabredungen mit Menschen, die ihre Vorhaben für gewöhnlich nicht durchziehen. Kennen Sie solche Leute, die etwas zusagen und bei denen Sie automatisch eine nur geringe Wahrscheinlichkeit annehmen, dass das Zugesagte auch tatsächlich eingehalten wird? Oder aber es geschieht erheblich später, als ursprünglich verabredet wurde. Wenn so etwas zum ersten Mal passiert, dann sind Sie noch überrascht oder machen sich Sorgen. Beim zweiten Mal sind Sie frustriert. Beim dritten Mal haben Sie Ihre Erwartungen der Wirklichkeit angepasst und planen entweder die Unzuverlässigkeit dieser Person ein oder entziehen demjenigen Ihr Vertrauen. Vielleicht übertragen Sie ihm keine weitere Verantwortung oder wollen nichts mehr mit ihm zu tun haben.

Brad ist ein fröhlicher Typ, der gern seinen Spaß hat. Er arbeitet auf der Baustelle, wenn er einen Job ergattern kann. Ich fragte ihn, ob es ihm möglich sei, mehrere Stützbalken unter meiner Veranda zu erneuern. Brad war höflich und versprach, innerhalb einer Woche vorbeizukommen, um mir einen Kostenvoranschlag für die Arbeit zu machen. Mehrere Wochen verstrichen, doch Brad erschien nicht. Ich rief ihn neuerlich an. Er entschuldigte sich und versprach, in den nächsten Wochen vorbeizuschauen. Als ich ihn zum dritten Mal anrief, versicherte er mir, dies sei die absolute Ausnahme bei ihm und er werde bestimmt in den nächsten Tagen vorbeikommen. Er erschien etwa zwei Wochen später und gab einen vernünftigen Kostenvoranschlag ab. Mir war klar, dass die Sache nicht schnell über die Bühne gehen würde; da jedoch kein Zeitdruck bestand, wollte ich herausfinden, wie viel Zeit Brad für die Reparatur meiner Veranda tatsächlich benötigen würde. Da ich wusste, dass ich mich auf ihn nicht verlassen konnte, rief ich ihn ungefähr einmal im Monat an. Es dauerte schließlich neun Monate, bis die Veranda repariert war. Die Arbeit war aber professionell ausgeführt und nicht besonders teuer.

Brads Handeln befand sich nicht in Übereinstimmung mit seinen Versprechungen. Weil es ihm an Integrität mangelte, war seine Energie in Gefahr. Mich überraschte nicht, dass es ihm an der Zeit fehlte, die Dinge zu tun, die er wirklich tun wollte. Fluchtfehler kommen in Energiefeldern häufig vor. Wenn Quellenergie durch widersprüchliche Gedanken, Emotionen, Intentionen, Aussagen und Handlungen fließt, dann ist ihr Fluss in einem derartigen Labyrinth natürlich eingeschränkt.

Falls Sie zu den Menschen gehören, die Vereinbarungen zweiten Grades treffen, dann haben Sie vermutlich bereits die irritierten Reaktionen und den Vertrauensverlust Ihrer Mitmenschen zu spüren bekommen und zugleich Ihren eigenen Verlust von Verantwortungsgefühl und Anbindung. Dies ist der Preis, den wir für nicht eingehaltene Vereinbarungen zweiten Grades bezahlen. Wenn unsere Aussagen und Handlungen nicht übereinstimmen, dann ist das Ergebnis Selbstzweifel, geringer Respekt vor sich selbst und Vertrauensverlust in sich selbst. Einmal geschlossene Vereinbarungen einzuhalten hingegen fördert das Vertrauen in und den Glauben an sich selbst. Wie bei allen gebrochenen Verabredungen ist der größte Verlust jedoch der energetische.

Vereinbarungen dritten Grades

Vereinbarungen dritten Grades sind solche, die mit dem Eingehen von bindenden Verpflichtungen verbunden sind. Wenn ich auf dieser Basis ankündige, dass ich Sie anrufen werde, dann gibt es keinen Zweifel daran, dass ich es auch wirklich tun werde. Wenn wir übereinkommen, uns zum Mittagessen zu treffen, dann vereinbaren wir eine feste Zeit und einen Ort, und Sie können davon ausgehen, dass ich pünktlich eintreffen werde. Bei Vereinbarungen dritten Grades empfinde ich Worte als bindend. Solche Verabredungen treffe ich nur, wenn ich bereit bin, alles zu tun, um sie auch wirklich einzuhalten. Ich bringe meine Intentionen, Worte und Handlungen in Übereinstimmung. Dieses hohe Niveau der Ausrichtung öffnet meinen persönlichen Energiefluss und macht mir höhere Ebenen von Quellenergie zugänglich.

Es gibt zwei Gelegenheiten, bei denen es erlaubt ist, eine Vereinbarung dritten Grades zu brechen. Erstens: Wenn ich mit unvorhersehbaren Schwierigkeiten konfrontiert werde, dann informiere ich Sie darüber und vereinbare einen neuen Termin für unsere Verabredung. Grundsätzlich beabsichtige ich die Einhaltung einer Vereinbarung dritten Grades. Es kommt nur selten vor, dass ich eine auf dieser Basis getroffene Verabredung absage oder umplane, und dies geschieht nur dann, wenn unvermutete Ereignisse mich dazu zwingen. Tritt dieser Fall ein, dann teile ich Ihnen die veränderten Umstände so rasch wie möglich mit und lasse nicht locker, bis für beide ein zufrieden stellender Alternativtermin gefunden ist. Die zweite Ausnahme ist eine so genannte vorrangige Übereinkunft. Sie erfordert, dass ich mir selbst treu bleibe und meiner Familie grundsätzlich Priorität einräume. Wenn ich mich beispielsweise für drei Uhr nachmittags mit Ihnen verabredet habe und um halb drei Uhr die Schule anruft, um mir mitzuteilen, dass mein Sohn sich den Arm gebrochen hat, dann existiert eine Übereinkunft, die Vorrang hat und mich zwingt, mich zuerst einmal um meinen Sohn zu kümmern. Ich habe vielleicht nicht einmal Zeit, unsere Verabredung noch abzusagen und einen neuen Termin auszumachen. Wenn ich zwischen einer vorrangigen Vereinbarung und einer Vereinbarung dritten Grades wählen muss, dann ist es letztere, die gebrochen wird. Später rufe ich Sie dann an, informiere Sie über das Vorgefallene und treffe eine neue Verabredung.

Eine Vereinbarung dritten Grades bedeutet, dass Sie generell damit rechnen können, dass ich erscheine und das Vereinbarte einhalte. In den seltenen Fällen, in denen ich Bestandteile unserer Vereinbarung ändern möchte, können Sie darauf zählen, dass ich mich mit Ihnen in Verbindung setze und mich so lange mit Ihnen berate, bis wir eine für beide akzeptable Alternative gefunden haben. Diese Vereinbarungsebene schafft Raum für den Fluss von Vitalenergie. Sie erzeugt in Ihrem Energiefeld keine durch unerfüllt gebliebene Vereinbarungen entstandenen Energieblockaden, die den Fluss der Quellenergie beeinträchtigen könnten.

Vereinbarungen vierten Grades

Eine solche Vereinbarung bezeichne ich gelegentlich auch als Zen-Vereinbarung. Wenn Sie auf dieser Ebene eine Vereinbarung treffen, dann ist sie schon so gut wie erfüllt. Nur Menschen mit einem erweiterten Energiefeld sind dazu in der Lage, Vereinbarungen vierten Grades zu treffen. Ihre Kontrolle über den Fluss ihrer Kreativenergie und ihre Integrität ist so groß, dass sie Versprechen und Zusagen hundertprozentig einhalten.

Ihre Wirklichkeit wird von ihren Gedanken, Emotionen, Intentionen, Aussagen und Handlungen erschaffen. Vereinbarungen auf dieser hohen Ebene sind selten, doch es gibt einige wenige spirituell hoch entwickelte Menschen, die ausschließlich Vereinbarungen vierten Grades treffen. Da solche Vereinbarungen so selten vorkommen, muss mir hier eine Anekdote als Beispiel dienen.

Die Geschichte ereignete sich in einem Dorf in Polen während des Zweiten Weltkriegs. Die Dorfbewohner verließen sich darauf, dass jeden Dienstagabend zuverlässig wie ein Uhrwerk der Eiermann jedem Haushalt einen Korb voller Eier bringen würde. Als eines Tages Soldaten im Dorf auftauchten, versteckten sich die Dörfler in ihren Häusern. Eine Frau kroch mit ihren zwei Kindern unter das Bett und sorgte dafür, dass sie still waren. Sie hörte Schreien und Schießen draußen auf der Straße. Sie wusste nicht, wo ihr Mann war, und hatte entsetzliche Angst. Als sich das Schießen draußen einen Moment lang beruhigte, hörte sie ein Klopfen an der Tür. Die Frau lag vor Angst wie gelähmt unter dem Bett und rührte sich nicht. Wieder klopfte es. Sie legte den Finger auf die Lippen, damit ihre Kinder still waren. Als es zum dritten Mal klopfte, fragte sie sich, ob man ihr vielleicht Nachrichten von ihrem Mann brachte. Sie kroch unter dem Bett hervor und schlich zur Tür. Durch einen Spalt in der Tür sah sie den Eiermann vor ihrem Haus stehen. Sie öffnete die Tür eben weit genug, um den Eiermann hereinzuziehen, und schloss sie dann rasch wieder.

»Was tust du denn hier?«, fragte sie ungläubig.

»Es ist Dienstag«, antwortete der Mann. »Ich bringe die Eier.«

Meditation

Meditation ist wie die Ausrichtung ein Mittel, das unser Energiefeld für den Fluss von Vitalenergie öffnet. Wer sich bereits mit Meditation beschäftigt hat, aber trotzdem nicht zu regelmäßigem Üben findet, hat dafür meist seine Gründe. »In der Meditation scheint doch gar nichts zu passieren. Wie kann das etwas nützen?« – »In meinem vollen Terminkalender habe ich zum Meditieren keine Zeit.« – »Mein Geist lässt sich einfach nicht beruhigen, also nutzt es mir nur wenig.« – »Ich sollte wirklich meditieren, und für die Zukunft habe ich mir das auch fest vorgenommen.«

All diese Ausreden waren auch die meinen, bevor ich begriff, welch ein Geschenk Meditation ist. Meditation ist etwas anderes als Kontemplation oder Gebet. In der Meditation stärken Sie Ihr Beobachter-Ich. Ihr innerer Beobachter ist Bestandteil Ihrer Seele, des unsterblichen, immer gegenwärtigen Teils von Ihnen. Sie sind sich dessen entweder bewusst oder nicht. Meditation gestattet es Ihnen, mit Ihrer spirituellen Energie vertraut zu werden. Sobald Sie still in Ihrem spirituellen Energiefeld zentriert sind, werden Sie die kleinen Stupser Ihrer spirituellen Führer spüren. Wenn Sie sich nach stärkerer spiritueller Führung in Ihrem Leben sehnen, dann ist Meditation eine der Möglichkeiten, um diese Verbindung und das Bewusstsein ihrer Existenz zu verstärken.

Ich empfehle, jeden Tag ein- oder zweimal zwanzig Minuten lang zu meditieren. Mit leerem Bauch fällt Meditation leichter; sie eignet sich auch als Einleitung für einen neuen Tag besonders gut. Suchen Sie sich eine bequeme Sitzposition. Wählen Sie Ihren Lieblingsstuhl, setzen Sie sich in gerader Haltung mitten auf Ihr Sofa oder auf den Boden. Stellen Sie Ihre Füße flach auf dem Boden auf, setzen Sie sich auf Ihre Fersen oder in den Schneidersitz – was immer am bequemsten für Sie ist. Lassen Sie Ihre Hände bequem im Schoß ruhen. Sorgen Sie dafür, dass Sie nicht frieren, und holen Sie sich eine Decke, wenn Sie Ihre Wohnung sonst eher kühl halten. Entspannen Sie sich, indem Sie auf Ihre Atmung achten, und atmen Sie tief ein und aus. Machen Sie sich Ihre körperliche Präsenz und alle körperlichen Empfindungen bewusst. Achten Sie auf Ihre Atmung und auf die Gedanken in Ihrem Kopf. Geben Sie jedem Gedanken, der Ihnen durch den Kopf schießt, einen Namen: etwa »die Kinder«, »Probleme bei der Arbeit«, »Atmen« oder »Sorgen«. Wenn Sie merken, dass Sie ins Nachdenken oder Hoffen oder Beten abgleiten oder sich eher emotional gestimmt fühlen statt als Beobachter, dann geben Sie dem, was Sie abgelenkt hat, einfach einen Namen, setzen Ihre Beobachtung fort und machen sich Ihre körperlichen Empfindungen bewusst. Mehr will Meditation nicht. Sie entwickeln die bewusste Wahrnehmung Ihrer Gedanken, Emotionen und Wünsche. Dazwischen erlebt Ihr Körper vielleicht ein gelegentliches Gefühl absoluter Leere. Möglicherweise fällt Ihnen dies zunächst gar nicht auf. Das spielt keine Rolle, denn entscheidend ist nur, dass diese Leere wirklich vorhanden ist – eines Tages dann wird sie Ihnen einen Augenblick lang bewusst. Der Raum, der Ihre Gedanken, Emotionen und Intentionen umgibt, vermittelt Ihnen einen Eindruck von friedlicher Kraft. Es ist gut möglich, dass Ihr Geist anfangs von allerlei Geschäftigkeit erfüllt ist. Das macht nichts. Richten Sie Ihre Aufmerksamkeit auf Ihre Atmung. Mit der Zeit und mit ausreichender Übung wird es Ihnen besser gelingen, Ihre inneren Erfahrungen wahrzunehmen und zu benennen.

Am heutigen Abend, als die Sonne gerade im Pazifik unterging, meditierte ich an meinem Lieblingsstrand.

Ich saß in meinem dunkelroten Campingstuhl vor dem Eingang zu einer kleinen Höhle. Ich zeichnete meine inneren Erfahrungen auf, um sie Ihnen in diesem Buch mitzuteilen. Nachfolgend das, was während meiner Meditation an die Oberfläche stieg: »Herzschlag ... Atmen ... Meeresrauschen ... tropfendes Wasser ... Suche nach Gedanken ... Lächeln darüber, weil ich suche ... Stechen in meinem Rücken ... Wind in meinem Gesicht ... trübe goldene Farbe ... Warten ... Kitzeln in meinem Fuß ... Energie breitet sich in meinem Kopf aus ... tiefes Atmen ... der Kopf wendet sich nach rechts ... der Kopf wendet sich nach links ... Helligkeit vor meinem Gesicht ... Lächeln ... Entspannung ... Bügelbrett im Schrank ... Wärme auf meinen Beinen ... Tropfen ... Meeresrauschen ... Furcht, jemand könnte kommen ... Herzklopfen ... Atmung geht schneller ... Wärme der Sonne in meinem Gesicht ... Energie breitet sich in meiner Brust aus ... Zwicken im Rücken ... mit einem Freund über den Tod sprechen ... Traurigkeit ... ein goldner Stein auf dem Teppich in meinem Schlafzimmer ... goldenes Licht durchdringt meine Augenlider ... ein Seufzen ... der Wind ... Kitzeln am linken Arm ... Schläfrigkeit ... Jucken am Rücken ... Bewegung auf dem Stuhl.«

In der Meditation nehmen wir die Abläufe in uns von Augenblick zu Augenblick bewusst wahr, und doch sind wir zugleich auch von ihnen losgelöst. Wenn Sie sich von Ihren Gedanken und Gefühlen lösen und sie zugleich liebevoll annehmen, beobachten Sie sie von der Seele aus. Diese tiefe Verbindung öffnet Ihr Feld für den Fluss der Quellenergie. Dies geschieht, indem ich meine Erfahrung, welcher Art sie auch sein mag, beobachte und liebevoll annehme. Mit zunehmender Übung wird es Ihnen leichter fallen, Ihre Gedanken und Emotionen anzunehmen, und Sie werden sich wohler damit fühlen. Es kann schon sein, dass es Ihnen niemals gelingt, Ihren Kopf restlos zu leeren, doch das Geplapper darin wird nach und nach leiser werden.

Richten Sie Ihre Meditation so ein, dass Sie keine Uhr brauchen. Bitten Sie jemanden, Ihnen zu sagen, wann die Zeit abgelaufen ist, oder entwickeln Sie Ihre eigene innere Uhr. Ein friedliches Ende sorgt dafür, dass Ihnen Ihre Bewusstheit und Ihre spirituelle Verbindung länger erhalten bleibt. Wenn Sie mehr Hilfe benötigen, dann suchen Sie sich einen Kurs oder jemanden, der regelmäßig meditiert und Sie am Anfang unterstützen kann.

Naturerfahrung

Die Natur erneuert unsere Energie und hilft uns, den Stress unseres Arbeitslebens hinter uns zu lassen. Sie tut sogar noch mehr für uns. Die Natur ist durchdrungen von Quellenergie. Ein ungestörtes Gefühl von Frieden und Gelassenheit hüllt uns ein, sobald wir uns öffnen und entspannen – im Wald wandern, an einem Bach sitzen, im Freien zelten, an einem Strand spazieren gehen. Ich glaube, dass es ein Gleichgewicht mit der Natur gibt, das für unser Wohlergehen wichtig ist. Und ich habe Angst, dass wir dieses wichtige Gleichgewicht erst wahrnehmen oder zu schätzen lernen, wenn wir schon zu viel von unserem einzigartigen Planeten gestört oder entwickelt haben.

Ich möchte Sie ermutigen, die Natur in Ihrem direkten Umfeld zu erkunden und regelmäßig Ihre Lieblingsplätze aufzusuchen, um Ihren Geist zu erneuern und zu erfrischen. Selbst ein Spaziergang im Park kann Ihnen ein Gefühl des Fließens und der Ausgeglichenheit vermitteln, das in der normalen Alltagsroutine nur schwer zu finden ist.

Diejenigen von uns, die die Euphorie nach der Besteigung eines Berges kennen, die sich für Rafting begeistern und sich durch einen Segeltörn auf dem Meer berauscht fühlen, kennen dieses Gefühl von Präsenz und Ausgeglichenheit. Wir sind Bestandteil von etwas Wunderbarem und Großartigem. Unsere natürliche Umgebung erinnert uns daran und dringt auf eine für uns unbegreifliche Weise in unseren Geist ein. Ohne diese Erfahrung verlieren wir einen Teil von uns, verlieren das Empfinden dafür, wer wir sind, verlieren das Bewusstsein für unsere Anbindung an die Quellenergie.

Die Quelle ist in und aus allem. Wir brauchen nur eine wilde Heckenrose zu betrachten. Eine Brombeere zu kosten. Unsere Augen auf das Wunder eines Sonnenuntergangs zu richten. Auf den Lichtstrahl zu blicken, der durch die Blätter des Waldes zu Boden fällt. Über eine Sonnenfinsternis zu staunen. Den mit Tausenden Sternen übersäten Nachthimmel zu bewundern. Uns von dem mit dem Silber des Mondes übergossenen Brechen der Wellen verzaubern zu lassen. Eine Gämse beobachten, die über Felsen springt, oder Rehe, die friedlich auf einer Wiese äsen. Die Wärme der Frühlingssonne auf unserem Gesicht zu spüren und zu erinnern, dass jede Wildblume und jedes Lebewesen ein Wunder ist. Die Natur erinnert uns daran, dass wir Teil dieser einzigartigen, lebendigen und zeitlosen Schönheit sind. Nichts von Menschen Geschaffenes kann dieses natürliche Staunen erregen.

Die Natur befreit uns wieder und wieder von Stress, Müdigkeit, Sorgen, Schmerzen, Stumpfsinn, Furcht und Schwermut. Wir müssen uns nur die Zeit nehmen, um das Tal, den Park, die Flussmündung, den Wald, den Bach in der Nähe zu entdecken, wo wir uns regelmäßig erfrischen und zu uns selbst und unserer Kernenergie finden können. Immer wenn Sie meinen, unter zu großer Anspannung zu stehen, nervlich am Ende zu sein und in einem schwarzen Loch zu versinken, machen Sie sich auf den Weg in die Natur. Überlassen Sie sich den Kräften der Natur, und tanken Sie erfrischende Vitalenergie, die immer und jederzeit zur Verfügung steht.

Synergie

Gruppen gelingt es sogar noch besser als dem Einzelnen, spirituelle Energie anzuziehen und zu lenken. Gruppen, die ihre Vorstellungen, Intentionen und Handlungen auf ein gemeinsames Ziel hin ausrichten, ziehen Quellenergie fast magisch an. Diese zielgerichtete, erweiterte Energie bezeichnet man als Synergie. Synergie ist ein gewaltiger Strom von Quellenergie, der eine Gruppe über das hinaushebt, was ein Einzelner selbst im besten Fall erreichen könnte. Damit Synergie entsteht, muss die Gruppe nicht groß sein: Eine Gruppe besteht aus zwei oder mehr Personen. Breits zwei Personen können die Perspektiven ihres Denkens und ihre Kreativität exponentiell erweitern, im Vergleich zu einem allein. Zwei und mehr Personen erschaffen ein erweitertes Kreativitätsfeld. Wenn ausgedehnte Kreativenergie entsteht, dann bringt eine Gruppe weit bemerkenswertere Ergebnisse hervor als die Summe der Beiträge der einzelnen Gruppenmitglieder.

Wenn Gruppen auf dieser Ebene funktionieren, dann werden sie zu Magneten für Ressourcen und Energie. Der Fluss von kreativer, produktiver, freudiger Energie ist in den Ergebnissen offensichtlich. Chöre sind ein gutes Beispiel für Gruppenenergie und Synergie. Die Stimmen der einzelnen Sänger können sich so stark miteinander verbinden, dass das Publikum von Emotionen ergriffen wird. Wenn ein Orchester Synergie erzeugt, dann spüren wir die Musik in unserem Körper. Ja, manchmal kann Musik mithelfen, schwarze Löcher in uns zu schließen. Manche Musik scheint wie vom Himmel inspiriert – und vielleicht ist sie es auch.

Leider verlieren sich die meisten Gruppen in Mustern, die ihre Erfüllung und Kreativität matt setzt, statt Synergie zu schaffen. An ihrem Arbeitsplatz halten die meisten Menschen ihre Energie und Teilnahme zurück. Wenige sind bereit zu Offenheit und zu Mitteilungen über ihre Kerngefühle, -gedanken und -wünsche. Stattdessen bilden sich in Gruppen streitsüchtige und unproduktive Muster heraus und sorgen dafür, dass Energie-Vampirismus ihr kollektives Energiefeld dominiert. In Gruppen, die von schwarzen Löchern und Vampirismusmustern beherrscht werden, fühlen sich die meisten Mitglieder nicht sicher genug, um offen ihre Meinung zu sagen oder um Fehler zu machen. Das Risiko, dass ein schwarzes Loch aktiviert werden könnte, ist zu groß, also halten sie den Mund und geben auf oder hoffen nur, dass sich etwas ändert. Indem sie Energie und Informationen zurückhalten, die zu produktiveren Ergebnissen führen würden, bilden Gruppen unbewusst mit stagnierender Gruppenenergie angefüllte schwarze Löcher.

Wie der Einzelne muss auch die Gruppe die in schwarzen Löchern eingelagerten Emotionen und Informationen freisetzen, um Zugang zu ihrer Kreativenergie zu erhalten. Wenn eine Gruppe in einem Muster einbehaltener Kerninformation feststeckt, dann beschneidet sie sich in ihrem kreativen Potenzial.

Viele von uns fühlen sich wohl damit, Informationen zurückzuhalten, weil es das ist, womit wir vertraut sind. Liz beispielsweise erinnert sich gut an den Gruppenvampirismus in ihrer Familie. Als sie vier Jahre alt war, stand sie einmal fein herausgeputzt auf der Veranda ihres Hauses, weil ein Foto von ihr gemacht werden sollte. Als sie sich in Pose warf, spottete ihre ältere Schwester: »Was für ein hässliches kleines Mädchen. Und was für ein albernes Kleid die anhat. Wer würde denn von der ein Foto haben wollen?« Sie erinnert sich daran, wie verletzt sie sich fühlte. Die Erinnerung an den Vorfall versteckte sie tief in einem schwarzen Loch. Inzwischen ist Liz achtundvierzig Jahre alt, und es fällt ihr leichter, sich in sich zurückzuziehen, wenn sie sich von einer Gruppe herausgefordert oder abgelehnt fühlt.

Viele Gruppen funktionieren auf der Basis von Energie-Vampirismus. Häufig fürchten sich ihre Mitglieder vor Treffen in der Gruppe und gehen ihnen lieber aus dem Weg. Wenn die Leistung einer Gruppe unter dem liegt, was die einzelnen Mitglieder zusammengenommen erbringen können, dann hat sich die Gruppe festgefahren. Von Offenheit und Ehrlichkeit getragene Kerngespräche kommen in von Energie-Vampirismus dominierten Gruppen nur selten vor.

Schuldzuweisungen sind ein deutlicher Hinweis darauf, dass eine Gruppe sich in Vampirismusmustern festgefahren hat. Sie verhindern den freien Fluss von Kerninformation. Die folgenden Bemerkungen sind Beispiele für Schuldzuweisungen und machen deutlich, dass eine Gruppe, etwa in einem Arbeitsumfeld, feststeckt: »Wenn Joe nicht wäre, dann würde alles wunderbar laufen«, »Wenn Sally nicht die ganze Zeit für sich beanspruchen würde«, »Wenn Fred nicht so herrisch wäre« oder »Wenn Karen sich mehr auf ihre eigenen Aufgaben konzentrieren würde«. Mit jeder dieser Bemerkungen schützt der Sprecher eines seiner schwarzen Löcher durch Schuldzuweisungen und die Aufrechterhaltung bereits etablierter Vampirismusmuster.

Gruppen, die sich festgefahren haben, finden immer irgendjemanden oder eine andere Gruppe, in dem oder in der sie Schuldgefühle wecken können. Die gebrandmarkte Partei kann ein Sündenbock sein, eine Untergruppe oder eine fremde Gruppe. Vielleicht gibt das Marketingteam der Verkaufsabteilung die Schuld. Die Mitarbeiter beschuldigen das Management. Die Kinder klagen ihre Eltern an. Ein Land trägt Beschuldigungen gegen andere Länder vor. Die Mitglieder einer festgefahrenen Gruppe sind mit der Einigung darauf beschäftigt, wem sie die Schuld geben. So kommt es, dass das Gruppengefühl durch Abspaltung aufrechterhalten wird und dass diese Abspaltung den Energiefluss unterbricht. Solange eine Gruppe die Schuld immer nur bei anderen sucht, stehen Vampirismusmuster im Vordergrund. Im Extremfall werden daraus Banden, Gangs oder ein lynchbereiter Mob, deren Gruppenbindung allein auf der Basis dessen entsteht, wem die Schuld in die Schuhe geschoben wird. Obwohl die Gruppenmitglieder in »rechtschaffener Anklage« miteinander verbunden sind, werden dem Energiefluss enge Grenzen gesetzt.

In Schuldzuweisungen stecken gebliebene Gruppen weisen typischerweise zweierlei charakteristische Verhaltensmuster auf. Eines von ihnen ist aggressives Verhalten. Gruppenmitglieder machen sich gegenseitig ihre Ideen zunichte, tratschen übereinander, machen einander fertig, schreien, um sich Gehör zu verschaffen, beschimpfen einander oder beleidigen sich gegenseitig. Ungleichmäßige Beteiligung, beschränkte Kreativität, Mitglieder mit geringer Energie oder ständig erschöpfte Mitglieder sind typisch für solche Gruppen.

Das zweite charakteristisch Verhaltensmuster stecken gebliebener Gruppen sind Vermeidungsstrategien und geringe Beteiligung. Die meisten Gruppenmitglieder haben aufgegeben, haben jegliches Verpflichtungsgefühl und Engagement verloren. Selbst wenn falsche Entscheidungen fallen, machen sie den Mund nicht auf. Diejenigen, die noch nicht vollständig aufgegeben haben, runzeln vielleicht die Stirn, um ihrem Zweifel Ausdruck zu verleihen. Andere schauen weg. Die aufrichtige Meinung und Information, die eine Neubelebung der Gruppe bewirken könnte, wird lieber an anderem Ort mitgeteilt. Was im Gruppengespräch erörtert werden sollte, wird mit anderen, nicht betroffenen Kollegen auf dem Gang, in der Kaffeeküche, im Ruheraum oder zu Hause mit dem Ehepartner besprochen.

Solche »uneigentlichen« Konferenzen sind der ideale Brutplatz für Unzufriedenheit. Die eigentliche Konferenz wird aufbereitet, vermeintliches Fehlverhalten angeprangert, Frustration zum Ausdruck gebracht, Schuldige werden gesucht und Schlüsse gezogen. Nur selten kommt bei diesen inoffiziellen Jammerrunden wirklich etwas heraus; aber wir fühlen uns besser, weil unser Nörgeln Zustimmung gefunden hat. Die Gruppenenergie in diesen inoffiziellen Gruppengesprächen ist im Allgemeinen höher, weil hier die Übereinstimmung herrscht, die im eigentlichen Teamgespräch fehlt. Doch die Energie solcher Gruppen basiert auf Energie-Vampirismus. Es mag sich im Augenblick gut anfühlen, doch werden die einzelnen Gruppenmitglieder letztlich von schwarzen Löchern motiviert, vor deren Aktivierung sie ständig auf der Hut sein müssen. Letztendlich bezahlt jeder, der sich als Energie-Vampir betätigt, einen hohen energetischen Preis.

Manchmal suchen sich solche Jammergruppen allgemeinere Themen. Zu unseren Lieblingszielen gehören das Management, die Regierung, große Handelsgesellschaften, das Parlament, die SPD, die CDU, die Umweltschützer, die Stadtwerke, die Nachbarn, Familienmitglieder und das Wetter. Menschen stellen durch gemeinsamen Kummer eine Beziehung zueinander her. Anteilnahme erzeugt mehr Energie als Isolation; wir fühlen uns mit dem Menschen, an dessen Leben wir Anteil nehmen, verbunden. Lieber stecken wir alle unsere Klagen gemeinsam in einen Sack, statt tatsächlich in Aktion zu treten.

Wenn wir bei dieser Art Gruppe das Jammern einstellen und die Verantwortung für unsere Belange übernehmen, dann zerstören wir die Gruppenbindung. Freunde, die im Zorn auf andere zueinander gefunden haben, kennen vielleicht keinen anderen Weg der Beziehungsherstellung. Sobald wir aufhören, uns über andere zu beklagen, ziehen die übrigen Mitglieder unserer Gruppe möglicherweise über uns her. Wenn wir uns an Schuldzuweisungen nicht länger beteiligen, dann kann es geschehen, dass uns die Energie der Anteilnahme durch andere entzogen wird. Die meisten von uns würden es vorziehen, einer Gruppe anzugehören, die uns gern aufnimmt, kreativ ist und uns zu schätzen weiß, doch die wenigsten wissen, wie man die blockierten Energien einer stecken gebliebenen Gruppe wieder zum Fließen bringt, freisetzt und harmonisiert.

Julie und ich leiten eine Gruppe, die sich regelmäßig trifft, um sich mit dem Werk von Mary Morrissey, der Autorin von *Building Your Field of Dreams*, auseinander zu setzen. Zelda, die wir neu in unsere Gruppe aufgenommen hatten, beklagte sich über ihre Tochter und gab ihrem Exmann die Schuld. Zelda betätigte sich als Opfer oder ängstlicher Energie-Vampir. Mehrere Gruppenmitglieder hatten mir gegenüber Bemerkungen über Zeldas Benehmen gemacht, und einer der Teilnehmer war deshalb sogar aus der Gruppe ausgestiegen. Unsere Gruppe hatte sich festgefahren. Ich hatte mit Zelda über ihr unbewusstes Verhalten gesprochen, doch sie änderte sich nicht.

Eines Abends, nachdem Zelda wieder ihr Klagelied angestimmt hatte, sagte Julie zu ihr: »Ich merke, dass ich anfange, mich unbehaglich zu fühlen, sobald du eine Weile gesprochen hast.« Im Raum breitete sich Schweigen aus, während alle gespannt auf Zeldas Reaktion warteten.

»Wieso, dir wird doch auch nicht unbehaglich, wenn Joan endlos über ihren Bruder redet. Warum darf sie so viel Zeit für sich in Anspruch nehmen und ich nicht?«, wollte Zelda wissen.

»Was Joan sagt, kommt aus ihrem Herzen«, erklärte Julie. »Mit Informationen, die aus deinem Herzen kommen, Zelda, fühle ich mich wohler.«

Zelda bemerkte, dass es ihr wegen der Probleme, mit denen sie sich befassen müsse, schwer falle, aus ihrem Herzen zu sprechen. Ihr Bruder sei außer ihrer Tochter ihr einziger verbliebener Angehöriger, und nun sei er an Krebs erkrankt. Sie habe entsetzliche Angst, ihn zu verlieren. Als Zelda nun aus ihrem Kern heraus sprach, hatte ihr Beitrag eine andere Wirkung auf die Gruppe. Es wurde still im Raum. Die Gruppenmitglieder zappelten nicht mehr unruhig umher und warfen sich keine vielsagenden Blicke mehr zu. Aller Augen richteten sich auf Zelda. Julie hatte Bereitschaft gezeigt, ihren Kern zu offenbaren, und damit Zelda eingeladen, der Gruppe gleichfalls offen und ehrlich ihre Kerninformation preiszugeben. Als die Gruppe später auseinander ging, spürte jeder die umfassende energetische Verbindung: Synergie.

Die Bereitschaft zu dieser Art von Aufrichtigkeit ist in den wenigsten Gruppen vorhanden. Die einzelnen Gruppenmitglieder verbergen ihre Kernemotionen und -gedanken voreinander, schaffen auf diesem Wege ein gruppendynamisches schwarzes Loch und verhindern Synergie. Indem wir unsere Kernwahrheit aussprechen, stellen wir vielleicht Gruppennormen und -annahmen in Frage. Gut möglich, dass wir in der Folge angegriffen oder ausgeschlossen werden, weil wir es gewagt haben, gegen das herrschende Vampirismusmuster zu opponieren. Veränderung, selbst wenn sie eine Verbesserung bewirkt, kann sich bedrohlich anfühlen. Andere wollen vielleicht gar nicht herausfinden, welchen Beitrag sie dazu leisten, dass etwas nicht funktioniert. Außerdem fehlt es uns wahrscheinlich an der Übung, um unsere Kernwahrheit mit Liebe und liebevoller Annahme vorzubringen, und aus unserem gut gemeinten Versuch wird ein Vampirismusmachtspiel. Den meisten von uns fehlt es an der nötigen Übung, um dominierende Vampirismusmuster zu durchbrechen. Es flößt Angst ein, Vampirismusmuster mit Kerngefühlen in Frage zu stellen, daher verzichten die meisten Mitglieder einer Gruppe, die sich festgefahren hat, lieber darauf, die anderen an ihren Kerngefühlen und -gedanken teilhaben zu lassen.

Denken Sie darüber nach, was geschähe, wenn Sie sich dazu entschließen würden, Ihre Meinung zu sagen. Hilfreich wäre es sicher, wenn Sie einige der Gruppenmitglieder hinter sich wüssten. Dann kommt der Augenblick, und Sie müssen etwas sagen. Vielleicht steht eine Entscheidung über einen Sachverhalt an, der Ihnen wichtig ist, oder Ihr Chef nutzt die Konferenz zur Selbstdarstellung, oder Ihre Projektfinanzierung wird niedergeschmettert, oder zwei Mitglieder diskutieren irrelevante Details – und diesen Augenblick wählen Sie nun, um Ihre Kerninformation mitzuteilen. Sie beginnen vielleicht mit den einleitenden Worten: »Ich finde, die Kommunikation in unserer Gruppe funktioniert nicht besonders. Es wäre aber gut, wenn alle gleichermaßen unsere Konferenzen als Einladung, sich einzubringen, auffassen könnten.« Sie suchen die Zustimmung Ihrer Verbündeten, doch die betrachten interessiert die Decke oder müssen durch Räuspern einen plötzlich aufgetretenen Frosch im Hals bekämpfen. Sie sind auf sich allein gestellt. Und was noch schlimmer ist, Sie haben gerade einer Gruppe aus Energie-Vampiren Ihren verletzlichen Kern präsentiert. Bleiben Sie einen Moment bei diesem Gefühl. Alle Augen sind auf Sie gerichtet. Dann sagt jemand: »Was reden Sie überhaupt? Das steht doch gar nicht auf der Tagesordnung. Haben wir denn für so etwas Zeit?« Fügen Sie selbst hinzu, was in dieser Situation in Ihrem schlimmsten Albtraum weiter geschieht.

Nun sind Sie gezwungen, aus Ihrem tiefsten Inneren Ihre Kerngefühle und -gedanken hervorzuholen. Sie antworten: »Ich fühle mich schon seit geraumer Zeit unwohl damit, wie wir interagieren. Ich habe nicht das Gefühl, mich wirklich einbringen zu können, und ich meine, dass wir an Schwung und Energie verlieren. Ich glaube außerdem, dass es anderen ebenso geht.«

Wieder könnte die Reaktion eine Bemerkung wie »Was wollen Sie denn eigentlich?« oder »Was soll denn dieser Zirkus?« sein. Oder aber ein Gruppenmitglied nimmt Ihre Einladung an und stimmt Ihnen zu. Sobald dies geschieht, ist es Ihnen gelungen, die Gruppe aus dem Gleichgewicht zu bringen. Sobald andere sich beteiligen, indem sie ihrerseits ihre Kerngefühle, -gedanken und -wünsche preisgeben, wird Gruppenenergie freigesetzt. Eine Gruppe, der es gelingt, blockierte Energie freizusetzen, vermag im Gegenzug kreative Energie zu erzeugen und auf eine höhere Ebene der Kreativität zu gelangen. Eine Gruppe, in der sich die einzelnen Mitglieder einander verbunden fühlen und einander offen an ihrer Kerninformation teilhaben lassen, ist vor Synergie kaum zu bremsen.

Wie man Gruppenenergie erweitert

Der natürliche Weg zur Synergie führt über die Bereitschaft, Ehrlichkeit auf der Basis von Kernerfahrungen zu riskieren. Teilen Sie Ihre Erfahrungen offen mit, und erheben Sie Anspruch auf Ihre persönliche Wahrheit. Reden Sie über die Dinge, die bei Ihnen Frustration oder Besorgnis auslösen, ohne bei anderen die Verantwortung zu suchen. Sprechen Sie Ihre Wünsche aus. Sie können davon ausgehen, dass Sie gemäß der Vampirismusmuster der Gruppe zum Schweigen gebracht werden. Vielleicht werden Sie ignoriert, angegriffen oder ausgelacht. Akzeptieren Sie diese Reaktionen als normale Reaktionen einer Gruppe, die sich festgefahren hat. Entscheidend ist nur, welchen Schritt Sie als Nächstes tun. Wenn Sie sich den Schuldzuweisungen und Qualen der Gruppe stillschweigend wieder anschließen, dann ändert sich nichts. Wenn Sie die Gruppenmitglieder kritisieren, dann lösen Sie Schuldzuweisungen aus. Wenn Sie sich jedoch treu bleiben und Ihre neue Reaktion für sich liebevoll annehmen, dann können Sie Ihre neue Kernerfahrung zum Ausdruck bringen und vielleicht etwas bewirken. Beispielsweise könnten Sie sagen: »Ich fühle mich unbehaglich und glaube, dass es vielleicht mehr Optionen gibt, als zu erkennen wir gegenwärtig in der Lage sind. Ich würde gern hören, was andere in der Gruppe, die sonst eher still sind, dazu zu sagen haben.«

Bleiben Sie sich selbst treu. Stehen Sie zu Ihrer Frustration, Ihren Sorgen, Ängsten, Wünschen und Sehnsüchten. Sie haben diese wunderbare Gelegenheit, unerschütterlich Sie selbst zu sein, Ihre Kernwahrheit auszusprechen und andere zur Teilnahme an einem Kerngespräch einzuladen. Die Energie-Vampire Ihres bisherigen Lebens sind die idealen Lehrer, um Ihnen beizubringen, wie Sie Gruppenenergie erweitern können. Das Erlernen dieser Fähigkeit wird Ihnen den Respekt anderer und Ihren eigenen einbringen. Machen Sie sich bewusst, wie viel Angst es macht und wie gut es sich anfühlt, verletzlich zu sein und ein erweitertes Energiefeld zu schaffen. Nehmen Sie Ihre Dankbarkeit und Erleichterung wahr, wenn jemand sich auf Ihre Seite stellt. Verzichten Sie auf Ihr Bedürfnis, anderen ihre Fehler nachzuweisen, und seien Sie so für sich selbst der Lehrer, der Sie zu sich selbst führt.

Indem Sie offen und von Ihrer Kernerfahrung aus sprechen und benennen, was Sie sich wünschen, schaffen Sie die sichere Basis, auf der andere es wagen, sich Ihnen in Ihrem Kerngespräch anzuschließen. Wenn sich Ihnen erst einer angeschlossen hat, dann fühlen sich auch andere eingeladen, eine neue Ebene der Kommunikation kennen zu lernen. Das heißt natürlich nicht, dass die Interaktion von nun an störungsfrei verläuft. Ganz im Gegenteil: Abweichende Vorstellungen und Konflikte treten nun zutage. Ein Kerngespräch gestattet ja gerade unterschiedliche Perspektiven. Wir haben nicht alle die gleichen Erfahrungen gemacht. Kerngespräche setzen Gruppenenergie frei, so wie persönliche Energie beim Erforschen schwarzer Löcher zugänglich wird. Da nun zusätzliche Information zur Verfügung steht, kann sich Energie und kreatives Potenzial ausbreiten.

Indem Sie ein Kerngespräch initiieren, verändern Sie das bestehende Vampirismusmuster Ihrer Gruppe – oder auch nicht. Falls es Ihnen gelingt, ein Kerngespräch herbeizuführen, dann erwarten Sie nicht, dass es dabei bleibt. Wie bei Bergsteigern, die in extremer Höhe klettern, muss sich jeder Einzelne zunächst an die dünne Luft gewöhnen. Jedes Gruppenmitglied muss bereit sein, sich an einem Kerngespräch zu beteiligen. Das kann zahlreiche Gänge vom Basislager zum höher gelegenen Lager und zurück erforderlich machen. Das Basislager steht für die stecken gebliebene Gruppe. Manche Menschen können sich nie an die dünne Luft in größeren Höhen gewöhnen. Wenn sie andere Gruppenmitglieder den Berg hinunter zurück ins Basislager locken, dann gelingt es nie, ein Kerngespräch auf höherer Ebene zu etablieren. Wenn sich Kerngespräche auf höchster Ebene fortsetzen, dann springen vielleicht einige ab. Die Rückkehr von einem erweiterten, harmonisierten und fließenden Energiezustand zurück zur stecken gebliebenen Gruppe erfolgt rasch und leicht. Harmonisierte Energie ist flüssig und erfasst Kerngespräche, lässt sie aber ebenso leicht auch wieder los. Eine Gruppe, die in Vampirismusmustern feststeckt, findet nicht leicht zum Fluss erweiterter Interaktionsebenen.

Die Wanderung hinauf in höhere Regionen trägt zwar zu einer energetischen Erweiterung der stecken gebliebenen Gruppe bei, doch jenseits des höher gelegenen Lagers gibt es noch höhere Energieniveaus. Erweiterte Energie jenseits dessen, was Einzelne erzeugen können, ist ehrfurchtgebietend, atemberaubend, berauschend. Der Gipfel des Berges ist mit Synergie beladen. Auf dem Weg dorthin gilt es jedoch, Gletscher zu überqueren und Eisspalten zu überwinden.

Sobald es uns gelungen ist, die übrigen Gruppenmitglieder zur Teilnahme am Kerngespräch zu animieren, machen sich vermutlich Verwirrung und Chaos breit. Heißen Sie diese beiden Indikatoren für den Energiefluss willkommen. Nun steckt die Gruppe nicht länger in der falschen Eindeutigkeit der Suche nach äußeren Schuldigen fest. Chaos und Verwirrung entstehen, wenn Information in Fluss gerät und wir ihren Sinn noch nicht ganz erfassen. Das Gemisch aus neuen und verwirrenden Informationen kann sich anfangs ungewohnt und unangenehm anfühlen.

Aus diesem fruchtbaren Gespräch können wir lernen, auf seiner Basis können wir etwas in Bewegung bringen, neue Einsichten hervorbringen und kreativere Ergebnisse fördern. Wenn wir die neue Verbindung aufrechterhalten und uns dem Dialog stellen, dann entsteht aus dem anfänglichen Durcheinander schließlich echte Klarheit. Die Situation erinnert an das Halmaspiel, bei dem alle gleichfarbigen Steine ordentlich in einem Dreieck des sternförmigen Spielfelds aufgebaut sind. Ziel dieses Spiels ist es, alle Steine über das Brett in die gegenüberliegende Sternspitze zu rücken. Dabei bewegen die Spieler alle zugleich ihre Steine. Sobald die Spieler mit ihren Steinen die Mitte des Bretts erreichen, verwandelt sie sich in eine verwirrende Mischung aus Farben. Chaos ist notwendig, bevor die Ordnung wiederhergestellt werden kann. Ohne die Unordnung, das Chaos in der Mitte zu durchqueren, ist es unmöglich, den gegenüberliegenden »Hof« zu besetzen.

Manche Arbeitsgruppen finden zur Synergie. Wer diese gesteigerte Energie erlebt hat, der sagt, dass er seine Arbeit liebt und die Zeit aus den Augen verliert, weil es solchen Spaß macht, neue Ideen hervorzubringen und ungeahnte Möglichkeiten sich auftun zu sehen. Die Leistung solcher Arbeitsgruppen geht über das hinaus, was ein normaler Einsatz bewirken kann. Wer Mitglied eines synergetisch funktionierenden Teams ist, genießt die Zusammenarbeit mit den Kollegen und empfindet die gemeinsame Arbeit als belebend.

Es kommt vor, dass Synergie entsteht, wenn eine Krise die uneingeschränkte Konzentration jedes einzelnen Gruppenmitglieds erforderlich macht. Die Notaufnahme im St. Charles Medical Center in Bend, Oregon, beispielsweise funktioniert auf der Basis eines erweiterten Energiezustands. Sobald ein Notfall eingeliefert wird, fließt alles, Menschen und Material, an seinen

Platz, um dem Patienten die bestmögliche Hilfe zuteil werden zu lassen. Die Nachtschicht macht das »mit Gefühl«. Es ist ein Gespür dafür vorhanden, was jeder Patient braucht und wer für die Erfüllung seiner Bedürfnisse sorgen muss. Ohne allzu viele Worte tritt das Team in Aktion, und jedes Teammitglied hat große Freude an seiner Arbeit. Die Synergie der Tagesschicht hat ihren Ursprung in einem genauen Plan für die Stationen und einzelnen Verantwortungsbereiche. Jedes Teammitglied arbeitet an der Entwicklung dieses Plans mit und hilft, Entscheidungen zu treffen. Alle Stationen sind gemäß des Plans innerhalb kürzester Zeit bereit, Notfälle aufzunehmen. Jeder Patient erhält von dem ihm zugeteilten Personal und Arzt eine optimale Versorgung. Einmal wechselte eine Nachtschwester zur Tagesschicht. Sie fühlte sich fremd und merkwürdig in dem ungewohnten Arbeitsumfeld, weil sich die Herangehensweise der Tagesschicht so sehr von dem unterschied, was sie gewohnt war. Es sind jedoch nicht der Plan und auch nicht die Herangehensweise, die Synergie schaffen, sondern die Übereinstimmung und die Kenntnisse der Teammitglieder, die in ihre Arbeit einfließen.

Die Innovative Learning Group, eine auf Beratung und Training spezialisierte Firma in Eugene, Oregon, richtet jedes Mal eine Feier für die Familienangehörigen der Teilnehmer ihrer viertägigen Schulungsseminare aus. Diese Seminare helfen den Teilnehmern, ihre schwarzen Löcher zu finden und sich selbst auf ihrer Kernebene anzunehmen. Während die Leute im Seminar zusammenarbeiten und sich gegenseitig bei ihrer persönlichen Weiterentwicklung helfen, dehnt sich das Energiefeld der Gruppe aus. Es ist schon vorgekommen, dass Familienangehörige und Freunde beim Erscheinen zur Feier im Seminarraum dieses vergrößerte

Energiefeld spüren und Freudentränen weinen. Kindern fällt es leichter als Erwachsenen, sich einem vergrößerten Energiefluss anzupassen. Erwachsene sind freudige, liebevolle Energie nicht gewöhnt. Ich habe beobachtet, wie die Gesichter kleiner Kinder vor Freude erstrahlen, sobald sie den Seminarraum betreten. Manche Erwachsenen hingegen verlassen die Feier vorzeitig, denn die Konfrontation mit erweiterter Liebe und liebevoller Annahme kann einen auch überfordern, wenn man sie nicht gewohnt ist.

Wenn Teilnehmer nach dem Seminar wieder in den Alltag zurückkehren, dann schweben sie für etwa eine Woche auf einer höheren energetischen Ebene, bevor ihr Energieniveau sich dann langsam wieder im normalen Bereich einpendelt. Manche haben Mühe mit dieser Rückkehr zum Normalen. Wer einmal diesen erweiterten Energielevel erlebt hat, möchte diesen freudigen, annehmenden Zustand gern beibehalten. Die meisten Arbeitsgruppen und Familien stellen auf die eine oder andere Art stecken gebliebene Gruppen dar. Die wenigsten Menschen sind gegenwärtig darin geschult, schwarze Löcher zu schließen und andere zu Kerngesprächen einzuladen, und es ist kaum wahrscheinlich, dass stecken gebliebene Gruppen plötzlich von Synergie erfasst werden.

Für die Erzeugung von Synergie ist die Fähigkeit, ein Kerngespräch zu führen, die wichtigste Voraussetzung. Ich habe bereits darauf hingewiesen, dass Kerngespräche in Ihrer Erfahrung zentriert, auf Ihre Integrität ausgerichtet und frei von einer Orientierung auf ein Ziel hin sein müssen. Kerngespräche umgehen alle auf Vampirismus beruhenden Energiefallen. Ob diese Gespräche mit Angst und Trauer oder mit Aufregung und Hoffnung ihren Anfang nehmen, spielt keine Rolle. Aufrichtigkeit belebt das Gespräch. Kerngespräche errichten das höher gelegene Lager, von dem aus umfassende Gipfelerlebnisse möglich sind.

Wenn Sie über das sprechen, was tatsächlich in Ihrer Gruppe vorgeht, und die Verwirrung und das Chaos neu betretenen Geländes ertragen, dann entsteht eine Neuorientierung. Anfangs bemerken Sie die Veränderung der Gruppenenergie während des Kerngesprächs vielleicht noch nicht, doch die wachsende Synergie wird Ihnen bald schon auffallen. Die Voraussetzungen hierfür sind Aufrichtigkeit, liebevolle Annahme und Übereinstimmung. Um diese Voraussetzungen zu erfüllen, müssen wir fähig sein, anderen Anerkennung zu zollen, Kerngespräche zu führen und unsere Zielorientiertheit aufzugeben. Im Gegenzug dafür erhalten wir Synergie. Wenn Sie sich in diesen Fertigkeiten üben, werden Sie eines Tages das Vorhandensein von Synergie bemerken – ein Gefühl aus Freude, Spaß, Aufregung, Liebe, Produktivität, Zeitlosigkeit, Zusammenschluss, Kameradschaft und vermehrter Energie.

Nach dem Tod unserer Mutter setzten meine beiden Brüder, meine Schwester und ich uns zusammen, um über die Beerdigung zu beratschlagen. Mein Vater hatte darum gebeten, dass jeder von uns bei der Beerdigung etwas sagen sollte. Die letzten paar Wochen hatte die Verbundenheit zwischen uns verstärkt, da wir viele Stunden damit zubrachten, miteinander zu reden, zu beten und zu weinen. Jetzt aber brauchten wir trotz all unserer Trauer einen Plan. Wir gingen zunächst davon aus, dass bei der Trauerfeier der Älteste von uns Geschwistern, John, zuerst sprechen würde, dann sollten ich, Bill und Helen in der Reihenfolge unserer Geburt folgen. Doch Helen brachte den Mut auf zu sagen, dass sie nicht als Letzte sprechen wolle.

»Wenn ich als Letzte spreche, dann wird alles, was ich sagen möchte, bereits gesagt sein, und zum Schluss stehe ich nur weinend da und bringe kein Wort heraus«, erklärte sie.

»Würdest du lieber als Erste das Wort haben?«, fragte John. »Wir können die Reihenfolge umdrehen, und ich komme als Letzter dran.«

»Mein Herz tut mir so weh, dass ich gar nicht richtig denken kann«, antwortete Helen. »Ich glaube, ich wäre lieber irgendwo in der Mitte, damit mir jemand beispringen kann, wenn ich da oben stehe.«

»Mir geht es so wie dir, Helen«, ließ sich Bill vernehmen. »Es macht mir nichts aus, vor einem großen Publikum zu sprechen, aber ich weiß nicht, ob ich es schaffe, vorzugehen geschweige denn überhaupt irgendetwas zu sagen. Vielleicht könnte ich eines ihrer Gedichte vortragen.«

»Ich habe auch Angst«, stellte ich fest. »Doch wenn ich es schaffe, dann würde ich gern ein paar Worte über die letzten Wochen sagen, die wir miteinander hatten, und darüber, dass Mom in solcher Würde gestorben ist.« Der Kloß in meinem Hals hinderte mich daran, mehr zu sagen.

»Ich glaube, ich kann nur dann etwas sagen, wenn ich dazu Bilder von Mom zeigen kann«, fiel John ein. »Über Fotos von ihr könnte ich sprechen. Ich habe ein paar wunderbare Dias von Mom, als wir noch jünger waren.«

»Ich meine, John sollte mit seiner Diashow den Anfang machen«, riet Bill.

»Und Jesse, du musst als Letzte drankommen, weil du über ihr Lebensende sprechen willst«, schlug Helen vor.

»Auf diese Weise rutschen Helen und Bill in die Mitte«, ergänzte ich.

Dank eines ergreifenden Augenblicks erzeugten wir Familiensynergie. Am folgenden Tag bekamen mehr als

200 Menschen unsere Liebe und Unterstützung zu spüren. Danach teilten uns mindestens ein Dutzend Leute mit, dass dies der bewegendste Trauergottesdienst war, dem sie je beigewohnt hatten. Unsere Bereitschaft zu Aufrichtigkeit und Zusammenschluss gab uns die Kraft, unserer Mutter auf wunderbare Weise die letzte Ehre zu erweisen.

Wenn wir erst einmal das Risiko eingehen, aus unserem Herzen zu sprechen, dann liegt die Möglichkeit zur Veränderung in der Luft. Weil Aufrichtigkeit etwas Ungewöhnliches ist, fällt sie anderen auf. Es fehlen die Energieblockaden des Vampirismus und die giftigen Pfeile der Schuldzuweisungen. Aufrichtige Worte sind klar und einladend. Werden die anderen wissen, wie sie reagieren sollen? Anfangs vielleicht nicht. Gut möglich, dass sie zunächst bei ihren Vampirismusspielen bleiben. Eine stecken gebliebene Gruppe widersetzt sich möglicherweise Ihrer Einladung. Da Sie jedoch weiterhin Ihre Kernperspektive anbieten, lernen die anderen von Ihnen und werden, ohne es zu bemerken, ihrerseits aufrichtiger. Ihre offene, vermehrte Energie zieht Quellenergie an. Kerngespräche wirken einladend. Meine Schwester Helen lud uns zu einem Kerngespräch ein, indem sie uns an ihrer Kerninformation teilhaben ließ und obwohl sie damit unsere Auffassungen in Frage stellte. Ihr Mut öffnete der Synergie die Tür.

Energetische Prinzipien für die Gruppeninteraktion

Ich habe festgestellt, dass es vier fundamentale Prinzipien physikalischer Energie gibt, die auch für menschliche Energiefelder und für den Energie-Vampirismus gelten. Ich habe diese Prinzipien entwickelt, indem ich physikalische Gesetze auf menschliche Erfahrungen übertrug.

Diese Prinzipien regulieren individuelle wie auch Gruppenenergiefelder. Wann immer Menschen uns berühren – sei es emotional, intellektuell, körperlich oder spirituell –, verschmilzt ihr Energiefeld mit dem unseren. Indem wir mit anderen Menschen zusammenarbeiten, verschmelzen unsere Energiefelder. Wenn wir unsere Energie emotional und absichtlich auf ein gemeinsames Ziel hin ausrichten, fällt uns unsere Arbeit leichter, und unser Antrieb ist größer. Unser Energiefeld wird durch unsere Reaktion auf andere Menschen beeinflusst. All dies führt zu einer Vereinigung unseres eigenen Energiefelds mit dem unseres Gegenübers. Je offener wir dem anderen begegnen, desto größer ist die Dynamik, die unser gemeinsames Energiefeld aufweist. Je distanzierter wir einander körperlich oder emotional begegnen, desto geringer wird die Dynamik. Es ist unmöglich, das eigene Energiefeld vollständig von all den Menschen abzuschirmen, mit denen wir zusammenarbeiten, sprechen, leben, uns anfreunden oder gegenüber denen wir uns abgrenzen. Ob unsere Erfahrung mit anderen in einem gemeinsamen Feld nun offen und liebevoll oder distanziert und abweisend ist – unsere Felder beeinflussen einander unweigerlich.

Diese energetischen Prinzipien beherrschen unsere Interaktionen und Beziehungen im gesamten Spektrum zwischenmenschlicher Erfahrungen, egal ob es sich um kleine Gruppen von zwei Personen oder um eine Versammlung handelt, ob die Gruppe Freude an kreativer und gesteigerter Energie hat oder sich in Vampirismusmustern verstrickt.

Was wir mit Energie ausstatten, breitet sich aus
Indem wir unsere Kreativenergie – unsere Gedanken, Überzeugungen, Emotionen und Handlungen – auf etwas richten, konzentrieren wir sie, so wie sich auch Lichtstrahlen in einem Brennglas zu einem Punkt bündeln. Wenn wir uns auf Probleme konzentrieren, dann nehmen wir noch mehr Probleme wahr. Wenn wir unsere Energie in Lösungen investieren, dann nimmt die Zahl der möglichen Lösungen vor unseren Augen zu. Wenn wir nach schwarzen Löchern suchen, dann werden wir uns unserer schwarzen Löcher bewusst. Wenn wir nach Energie-Vampiren Ausschau halten, dann werden wir ihnen begegnen. Mit der Konzentration unserer Aufmerksamkeit setzen wir sozusagen unser Zielobjekt unter Strom.

Unsere Gedanken, Emotionen und Überzeugungen verwandeln sich für gewöhnlich in unsere Wirklichkeit. Wenn wir uns für liebenswert halten, dann werden wir uns auf eine Weise verhalten, die unseren Mitmenschen gefällt. Wen wir uns für unattraktiv halten, dann fühlen wir uns unattraktiv und geben uns auch so. Wenn wir uns nach etwas verzehren, dann empfinden wir Sehnsucht, statt zu bekommen, was wir uns ersehnen. Wenn wir dankbar sind für das, was wir haben, dann vermehrt es sich noch.

Typischerweise kommt das, was wir geben, auf die eine oder andere Weise zu uns zurück. Dies geschieht nicht im Verhältnis eins zu eins, und wir erhalten auch nicht unbedingt von der Person zurück, was wir investiert haben; es gilt jedoch die Faustregel, dass diejenigen uns freundlich begegnen, denen wir selbst zuvor eine freundliche Gesinnung bewiesen haben. Wenn wir unserem Gegenüber Vorwürfe machen, dann ist die Wahrscheinlichkeit groß, dass er sich seinerseits vorwurfsvoll gibt. Wenn wir uns als Energie-Vampire betätigen, dann werden wir im Gegenzug zum Opfer anderer Energie-Vampire. Wenn wir liebevoll und guten Willens sind, dann reagieren andere wahrscheinlich gleichfalls mit Liebe und wohlmeinend auf uns. In was wir bewusst unsere Energie investieren und was unsere schwarzen Löcher anlockt, kann sich grundlegend unterscheiden. Doch es sind die kumulativen Wirkungen unserer bewussten Ausrichtung und unsere schwarzen Löcher, die über die Beschaffenheit unseres Energiefelds bestimmen und folglich auch darüber, was in unserem Leben zum Vorschein kommt.

Unsere Interaktionen werden stärker vom Wesen des Gruppenenergiefelds beherrscht als von unserem individuellen Wesen

Die schwarzen Löcher und Vampirismusmuster im menschlichen Energiefeld beherrschen unsere Interaktionsmuster. Jeder Einzelne von uns ist zu einem breiten Spektrum von Verhaltensweisen fähig. In der einen Gruppe kann sich unser Handeln grundlegend von dem in einer anderen Gruppe unterscheiden. Abhängig ist unser Verhalten davon, welchen schwarzen Löchern wir ausweichen müssen und wer sich wem gegenüber als Energie-Vampir betätigt. Sobald wir in Aktion treten, um ein schwarzes Loch zu schützen, bildet sich ein entsprechendes Muster im Energiefeld aus. Welches schwarze Loch aktiviert wird, hängt von unseren eigenen schwarzen Löchern und von den Vampirismusmustern im Gruppenenergiefeld ab. Trotz einer unendlichen Vielzahl möglicher Reaktionen entspricht unser Verhalten letztendlich den etablierten Mustern im Gruppenenergiefeld. Sobald sich bestimmte zwischenmenschliche Interaktionsmuster durchgesetzt haben, kann ein geschickter Energie-Vampir die immer gleichen schwarzen Löcher leicht und wiederholt aktivieren. Aus diesem Grund haben Paare wieder und wieder die gleichen Meinungsverschiedenheiten.

Sofern wir unsere schwarzen Löcher nicht schließen und uns bewusst für andere Handlungsweisen entscheiden, werden Vampirismusmuster und schwarze Löcher den größten Einfluss auf unsere Reaktionen haben. Ein einmal etabliertes Vampirismusmuster überdauert, weil die Personen in einer von ihrem gemeinsamen Energiefeld beherrschten Beziehung gefangen sind.

Wir schulen andere darin, auf uns zu reagieren

Auch wenn wir uns dessen meist nicht bewusst sind: Wir gewöhnen uns Verhaltensweisen an, mit denen wir unsere schwarzen Löcher umgehen. Andere erkennen unsere Muster und reagieren entsprechend. Unser Agieren und Reagieren begründet Interaktionsmuster, die anderen zeigen, wie sie uns behandeln müssen. Dass wir ihnen den Weg weisen, ist uns gleichfalls unbewusst.

Ein einfaches Beispiel: Wenn uns jemand mit einem fröhlichen »Guten Morgen!« begrüßt und wir nicht darauf reagieren, dann veranlassen wir ihn, uns in Zukunft nicht mehr zu begrüßen oder künftig unser Erscheinen zu ignorieren. Zeigen wir jemandem aber unsere Wertschätzung, dann motivieren wir ihn, noch mehr von dem zu tun, was wir zu schätzen wissen. Wenn wir meinen, nicht liebenswert zu sein, dann bekommen Energie-Vampire, was sie wollen, indem sie damit drohen, uns ihre Zuneigung zu entziehen. Wir trainieren sie durch unsere Reaktionen.

Wenn wir jedoch unsere schwarzen Löcher bereits geschlossen und unsere Überzeugungen verändert haben, dann sind wir gegen einen Energie-Vampir, der uns weismachen will, dass wir das Problem sind, gefeit. Wir wissen, dass wir unser Bestmögliches getan haben. Wir sind in der Lage, uns zu öffnen und aus der Situation zu lernen und sogar unserem Gegenüber mit seinen Sorgen zu helfen. Wenn wir neugierig sind statt nur reaktiv, dann zeigen wir unseren Mitmenschen einen anderen Weg, an uns heranzutreten.

Wer sich unbewusst als Energie-Vampir betätigt, kann »umgeschult« werden, und auch normale Interaktionsmuster sind nicht unveränderlich. Solche Veränderungen geschehen rasch. Nicht all unsere Muster sind ausschließlich reaktiv; doch wenn wir unsere schwarzen Löcher schließen, dann nimmt dies positiven Einfluss auf all unsere Verhaltensmuster, und wir treten zu unseren Mitmenschen auf so neue Weise in Beziehung, dass wir meinen, sie hätten sich verändert. Um Einfluss auf die Vampirismusmuster innerhalb der eigenen Gruppe zu nehmen, müssen wir unsere eigenen schwarzen Löcher schließen und zu neuen Reaktionsweisen übergehen. Die Entscheidung für neue Reaktionsweisen sorgt dafür, dass Vampirismusmuster sich noch im Laufe des Prozesses auflösen. Was als Nächstes geschieht, hängt weitgehend davon ab, ob wir bereit sind für neue Verhaltensweisen.

Energie nimmt den Weg des geringsten Widerstands
Wenn wir ein leicht auszulösendes schwarzes Loch haben, dann wird ein Energie-Vampir es mit Sicherheit finden. Schließen wir unsere schwarzen Löcher, dann verändern sich die Muster in unserem persönlichen Energiefeld und nehmen so Einfluss auf das Gruppenenergiefeld. Jeder, der zum Gruppenenergiefeld beiträgt, hat Anteil an der Aufrechterhaltung der aktuellen Muster – denn wenn wir nicht reagieren und dem Ener-

gie-Vampir nicht geben, was er will, dann wird beim nächsten Angriff ein anderer in sein Blickfeld rücken. Niemand fungiert gern als Energietankstelle für einen Energie-Vampir. Solange wir uns bereitwillig zum Opfer des Vampirismusmusters der Gruppe machen, bleibt anderen diese Rolle erspart. Wenn wir uns physisch aus einem Gruppenenergiefeld zurückziehen, indem wir kündigen oder die Verbindung zu Familienmitgliedern abbrechen, dann passen sich die Gruppenmuster der neuen Situation entsprechend an. Ein anderes Gruppenmitglied übernimmt dann die Aufgabe, auf die Vampirismusmuster der Gruppe zu reagieren. Wenn wir uns einem anderen Energiefeld anschließen, ohne zuvor unsere schwarzen Löcher aufzulösen, dann werden wir auch in der neuen Gruppe auf Menschen stoßen, die mit ihren Vampirismusstrategien immer wieder dieselben schwarzen Löcher bei uns aktivieren.

Das Gleiche gilt leider auch, wenn Sie der Energie-Vampir sind. Es ist schwer, die im Gruppenenergiefeld in Bewegung gesetzten Muster zu verändern. Vielleicht müssen Sie an sich Verhaltensweisen feststellen, die Ihnen selbst missfallen – die Verhaltensweisen eines Energie-Vampirs, die Sie nicht stoppen können.

Zum Glück unterscheiden sich menschliche Energiefelder von elektromagnetischen Feldern insofern, als wir uns bewusst für eine Veränderung entscheiden können. Um auf Energie-Vampirismus beruhende Beziehungen zu transformieren, müssen wir unsere Reaktionen verändern. Wir nehmen Einfluss auf unser Verhalten, indem wir unsere schwarzen Löcher schließen und so die Überzeugungen und Intentionen verändern, die unseren Reaktionen Schwung geben. Wenn wir unverwandt an einer neuen Verhaltensweise festhalten, dann gehen wir über die Verhaltensmuster unseres Gruppenenergiefelds hinaus. Der Rückzug aus cinem

Gruppenenergiefeld macht uns gegenüber Energie-Vampiren nicht weniger anfällig, denn diese behalten die Oberhand so lange, wie wir an unseren schwarzen Löchern festhalten. Entscheiden wir uns aber, unsere schwarzen Löcher zu schließen und anders zu handeln, dann passen sich die Muster in unserem Energiefeld an. Wer sich zuvor energetisch bei uns bedient hat, muss sich neue Energiequellen suchen, und neue, gesündere Muster fassen bei uns Fuß.

Wir nehmen auf alle Mitglieder einer Gruppe, der wir angehören, Einfluss und werden unsererseits von ihnen beeinflusst. Wir zeigen anderen, wie sie uns behandeln müssen, und sie wiederum schulen uns ihrerseits. Während wir alle unsere verschiedenen Rollen spielen, vernetzt Energie unsere Interaktionen zu einem Muster. Wenn wir uns für die Quellenergie öffnen und aus unserem Herzen sprechen, dann hallt unsere Energie im Kern unseres Gegenüber wider und weckt in ihm das Bedürfnis, eine Verbindung zu uns herzustellen. Die meisten Menschen sind sich dieses Erwachens nicht bewusst, doch werden sie sich ganz natürlich und automatisch dafür entscheiden, dichter an uns heran- oder von uns fortzurücken.

Wenn sich zwei oder mehr Gruppenmitglieder regelmäßig aufrichtig und mit von Herzen kommender Offenheit unterhalten, dann gelangen die Gruppennormen auf eine neue Ebene von Ehrlichkeit, Verbindung und gegenseitigem Vertrauen. Die Gruppe passt sich an und bezieht alle Mitglieder in die Suche nach Richtung und Fluss mit ein. Der Fluss wird bestimmt durch die Bereitschaft der Gruppenmitglieder, sich von unverrückbaren Zielsetzungen zu verabschieden, sich dem Lernen zu öffnen, die Verbindung untereinander aufrechtzuerhalten und die Verantwortung für ihre eigenen schwarzen Löcher zu übernehmen. Je größer die Inbesitznahme von schwarzen Löchern und je geringer der Energie-Vampirismus, desto sicherer fühlt sich die Gruppe. Je sicherer sich die Gruppe fühlt, desto mehr Mitglieder öffnen sich dem Fluss.

Diejenigen, die ihren dem Selbstschutz dienenden Energie-Vampirismus nicht aufgeben können, werden schließlich von einer Gruppe abgestoßen, die ihre Entwicklung mit Kerngesprächen vorantreibt. Die meisten werden sich in die Fortentwicklung der Gruppe einfügen, doch einige sind dazu nicht in der Lage. Wir müssen ihr Bedürfnis, sich selbst noch eine Zeit lang zu beschützen, respektieren. Ein Einzelner vermag den Fluss einer Gruppe wiederherzustellen, indem er bereitwillig ohne Schuldzuweisungen spricht. Ein Einzelner, der bereit ist zu Aufrichtigkeit und Verletzlichkeit, ist auch fähig, stagnierende Energie in Fluss zu bringen.

Mit Synergie »riskieren« wir es, Wunder zu bewirken. Und wir riskieren den Verlust von Beziehungen, die für neue Muster noch nicht bereit sind. Wenn wir Beziehungen, die auf Vampirismusmustern aufbauen, nicht länger wollen, dann ist es wert, ein solches Risiko in Kauf zu nehmen. Gruppen, die zu Übereinstimmung gefunden und eine Vision dessen entwickelt haben, was sie erreichen wollen, sind eine ernst zu nehmende Kraft. Wenn ein Gruppenmitglied ins Zweifeln gerät oder plötzlich Angst hat, dann können die Übrigen die Vision aufrechterhalten. Jedes Gruppenmitglied wird von Zeit zu Zeit ins Wanken geraten oder Furcht entwickeln. Das Ganze leidet nicht, solange ernsthafte Besorgnis innerhalb der Gruppe zum Ausdruck gebracht und aufgelöst werden kann. Doch wenn alles gut läuft, dann neigen Gruppen leider auf natürliche Weise dazu, ihre Kerngespräche einzustellen. Dem liegt die Angst zugrunde, dass Zweifel an einer bereits guten Sache die kreative Energie zum Versiegen bringen könnte. Tatsächlich trifft das Gegenteil zu. Energie geht einer Gruppe erst dann verloren, wenn der ehrliche Meinungsaustausch zum Erliegen kommt. Jedes Zurückhalten von Beiträgen zerlegt die Gruppe in ihre Bestandteile und demontiert Synergie.

Gruppen, die auf der Basis von Aufrichtigkeit und liebevoller Annahme funktionieren, setzen gewaltige Kreativenergie frei. Wenn sich zwei oder mehr Individuen in Synergie verbinden, können sie Licht selbst in die dunkelsten Ecken ihres Lebens werfen. Jeder Einzelne von uns ist fähig, große Synergien in jeder einzelnen Interaktion und in jedem einzelnen Bereich unseres Lebens zu erzeugen.

Wenn wir unsere schwarzen Löcher schließen, die Luft mit Kerngesprächen reinigen und unsere Energie in den Dienst unserer Intentionen stellen, dann öffnen wir uns dem Fluss der Vitalenergie. Wir bereiten der Quellenergie den Weg, indem wir unsere Vereinbarungen einhalten, unser Reden und Tun mit unseren inneren Erfahrungen in Einklang bringen, unsere Erfahrung in der Meditation beobachten und akzeptieren und unsere Energie in der Natur erneuern. Diese Praktiken, die der Ausrichtung und Harmonisierung unserer Energie dienen, erfordern Disziplin, Geduld und Vertrauen. Wir alle, die wir bereitwillig von vorn anfangen, wenn wir versagt haben, und akzeptieren, dass wir uns am besten Platz für einen Neuanfang befinden, werden den Fluss der Quellenergie spüren.

Neuntes Kapitel

Das energetische Vermächtnis

••••••••••••••••••••

Mein Freund Dirk und ich standen am Flughafen von Portland vor dem Abfertigungsschalter der Fluglinien an. Die Schlange wand sich vier Reihen entlang und durch die gesamte Halle. An den für uns zuständigen Schaltern waren sechs Personen beschäftigt. Nach zwanzig Minuten machte ich zu dem Mann vor mir in der Schlange eine Bemerkung darüber, dass sich nichts tue. Er erklärte, dass er seit einer Dreiviertelstunde in der Schlange stehe und ebenfalls nicht vorangekommen sei. Noch weiter vorn in der Schlange bemerkte ein Mann, dass er seit zweieinhalb Stunden anstehe und ebenfalls noch nicht weitergekommen sei. Irgendjemand klärte uns auf, dass die Piloten einer Airline streiken und dass deshalb mehrere Flüge gestrichen worden seien. Er fügte hinzu, dass alle noch übrigen Flüge nun überbucht seien.

Dirk sah mich an und schlug vor, direkt zum Flugsteig zu gehen. Als wir zehn Minuten später am Flugsteig standen und unsere Tickets herausholten, stieß Dirk mich aus Versehen mit dem Ellbogen an, und ich kippte mir meinen Becher Tee über die Brust. Ich sagte:

»Hoppla, das wird mir eine Lehre sein, dir in Zukunft nicht zu dicht auf den Pelz zu rücken.« Wir lachten, und die Angestellte an der Abfertigung lachte mit.

Während wir darauf warteten, Sitzplätze zugewiesen zu bekommen, tupfte ich mir den Tee von der Brust. Die Frau am Schalter erklärte, dass fast alle Sitzplätze bereits vergeben und keine zusammenliegenden Sitzplätze mehr übrig seien.

»Also gut«, sagte ich, »wie ist es dann mit den Sitzplätzen am Notausgang? Sind da vielleicht noch welche übrig?«

Sie gab uns zwei mittlere Sitzplätze am Notausgang, die nicht nebeneinander lagen, und versprach, ihr Möglichstes zu tun, uns doch noch irgendwie nebeneinander zu setzen. Ich stellte fest, dass ich mit der Situation vollkommen zufrieden war. Auch wenn Dirk und ich nicht zusammensitzen konnten, würde es meine Stimmung nicht im Geringsten beeinträchtigen. Ich war offen für alles, was kam. Im letzten Augenblick bekamen wir doch noch neue Platzkarten für die Sitzplätze 17C und 17D – ein Platz am Gang und einer in der Mitte. Wir dankten der Dame von der Abfertigung und machten uns auf den Weg zum Flugzeug.

Als wir uns auf den einzigen noch freien Sitzplätzen niederließen, hörten wir, wie sich die Leute rings um uns her über die große Verspätung und die schlechte Sitzplatzverteilung beklagten. Niemand außer uns schien besonders glücklich zu sein. Ich war dankbar und fühlte mich im Gleichgewicht. Als wir bereits eine Dreiviertelstunde unterwegs waren, servierte uns die Stewardess Lasagne zum Abendbrot. Ich war entsetzlich hungrig, aber da ich weder Käse noch Butter esse, erkundigte ich mich bei der Stewardess, ob noch Sonderbestellungen übrig seien. Sie versprach nachzusehen und kam schon bald mit einem Gemüsecurry zurück.

Ich staunte darüber, dass an Bord eine vegane Mahlzeit übrig geblieben war. Noch nie hatte ich solches Glück gehabt. Das Essen war ausgezeichnet.

Als wir in Denver landeten, blieben uns noch anderthalb Stunden bis zum Anschlussflug. Wir gingen durch die Eingangshalle zu einer Bar. Zu diesem Zeitpunkt lief gerade das Hockeyendspiel von Colorado im Fernsehen, und so war der Raum voll mit Menschen, die alle das Spiel sehen wollten. Passagiere und Gepäck standen überall in der trübe beleuchteten Bar umher, doch in der Mitte war ein Tisch frei, über dem sich eine Lampe befand und der ideal für uns war. Wir bestellten Bier. Es kam uns vor, als hielten wir uns an einem besonderen Ort auf. Alles schien so einfach. Als wir so dasaßen, uns unterhielten und lachten, schien sich das Licht von unserer Lampe noch weiter auszubreiten und erfasste die Bedienung und einige der Passagiere.

Auf unserem Anschlussflug erhielten wir wieder Sitzplätze an den Notausgängen und hatten auf diese Weise viel Platz, um unsere Beine auszustrecken. Als das Flugzeug abhob, blickten wir auf die Lichter des nächtlichen Denver hinunter, und ein klarer weißer Mond kam hinter einer Wolkenbank am Horizont zum Vorschein – ein atemberaubender Anblick. Ein einzelner Strahl aus Mondlicht bohrte sich durch die Wolkenbank hindurch und begleitete unseren Flug. Als wir uns unserem Ziel näherten, spiegelte sich der Mond im Rio Grande – eine silberne Schlange, die uns den Weg nach Albuquerque wies.

Ich erzähle diese Geschichte, weil wir an diesem Tag daran beteiligt waren, eine Art »energetisches Vermächtnis« zu schaffen. Meine innere Freude stimmte mit den Erfahrungen, die wir auf unserer Reise machten, überein. Was wir uns wünschten, schien mühelos in Erfüllung zu gehen. Diese Art Freude ist ansteckend. Selbst wenn wir nicht mit anderen interagieren, leisten wir einen Beitrag zu einem kollektiven Energiefeld, das sich auf jeden auswirkt. Ich kenne keine Erklärung für dieses Phänomen. Doch ich glaube, dass, wenn wir unsere schwarzen Löcher schließen, unsere Vampirismusmuster abbauen und unsere Energie in Einklang mit der Quellenergie bringen, wir auf magische Weise in einen ausgreifenden Fluss geraten, der das Beste in uns hervorholt.

Nicht nur große Ereignisse wirken erfüllend, auch wenn es sicherlich großartig wäre, wenn all unsere großen beruflichen wie privaten Träume in Erfüllung gingen. Es sind die kleinen Augenblicke – das silberne Mondlicht am Himmel oder der ideale Tisch für zwei –, die unsere Freude nähren, und sie sind ein Ergebnis unseres inneren Zustands. Manche Menschen meinen, unser Glück sei äußeren Ereignissen wie dem neuen Auto, der Beförderung, der idealen Beziehung zuzuschreiben. Meiner Meinung nach funktioniert es aber genau umgekehrt: Wenn wir von Freude erfüllt sind und den nächsten Augenblick mit einem gewissen Staunen erwarten, dann passt sich die äußere Situation dem Zustand unserer inneren Kreativenergie an.

Wir selbst steuern den Fluss der Quellenergie, und wir selbst legen fest, ob das, was wir erleben, uns öffnet oder einengt. Die Quelle liefert dazu die Energie, die uns erfüllt. Ich habe Ihnen einige Methoden genannt, mit deren Hilfe wir unsere Fähigkeit, Quellenergie in unser Energiefeld zu ziehen, verbessern können. Wie weit Sie damit, sich für die Quelle zu öffnen, auch vorangekommen sind, es liegt an Ihnen, darüber zu entscheiden, wie Sie mit der Energie umgehen, die durch Ihr Feld fließt.

In jedem einzelnen Augenblick ist Ihr Energiefeld von mentaler, emotionaler, physischer und spiritueller Energie erfüllt. Manchmal färben wir unsere Energie mit Liebe und Freude ein. Zu anderen Zeiten würzen wir sie mit kritisierenden Werturteilen. Es steht uns frei, uns in liebevoller Annahme zu öffnen oder mit Zurückweisung zu verschließen. Integrierende, Verbindungen schaffende Energie erweitert unsere kollektive Lebenskraft, während die Abgrenzung durch Schuldzuweisung und Verurteilung unsere kollektive Lebenskraft schmälert.

Jegliche kreative Energie ist Quellenergie. Unsere formende Information wird von der Quelle gespeist, und wir selbst regulieren den Fluss kreativer Quellenergie in uns. Die Quelle selbst ist neutral und unterstützt uns in allem, wofür wir uns entscheiden. Wir handhaben Quellenergie bewusst und unbewusst. Die Quelle liefert uns Energie für unsere Freude, wenn wir uns bewusst für Freude entscheiden. Die Quelle liefert uns auch Energie für unsere Ängste, wenn wir Angst haben. Ob Quellenergie offen, frei und bewusst fließt oder aber in schwarzen Löchern festhängt – sie ist und bleibt Quellenergie. Wir selbst sind es, die sie handhaben und ihr die gewollte Richtung geben. Wir haben die Wahl zwischen Hass, Wut und Angst einerseits und Freude, Liebe und liebevoller Annahme andererseits. Wie elektrischer Strom kann Quellenergie zum Guten oder zum Schlechten eingesetzt werden. Wir sind die Verwalter der Quelle, und wie wir Quellenergie einsetzen, ist entweder von Nutzen oder verursacht Schaden. Es steht uns frei, uns zu öffnen und andere einzubeziehen und anzunehmen oder sie unter Zuhilfenahme von Schuldzuweisungen und Wut auszuschließen. Die Quelle akzeptiert und unterstützt unseren freien Willen.

Wir wissen Elektrizität zu schätzen, weil sie uns am Abend und am Morgen mit Licht versorgt. Wir sind dankbar für den Strom, der unseren Herd und unseren Fernseher betreibt. Elektrizität gibt keiner Anwendung vor einer anderen den Vorzug. Wenn wir ein Gerät einstecken, dann können brüchige Isolierungen oder fehlerhafte Teile einen Brand verursachen. Der Strom hört nicht einfach auf zu fließen, um uns vor Schaden zu bewahren. Freude und Angst sind auf vergleichbare Weise am Werk. Wenn wir, angetrieben von Angst, Schaden im Sinn haben, dann kann ein Stromschlag eine tödliche Waffe sein. Wir bedienen uns der Elektrizität, damit sie uns unterstützt bei den Dingen, für die wir uns entschieden haben. Wenn wir einen Teil unserer emotionalen Erinnerungen in schwarze Löcher abschieben, dann filtern, hemmen und schicken sie die Quellenergie unbewusst in die falsche Richtung. Fehlgeleitete Quellenergie aber erzeugt die Angst und die beschränkenden Überzeugungen in unseren schwarzen Löchern.

Wie wir Quellenergie einsetzen, ähnelt im Wesentlichen unserer Nutzung von Elektrizität. Wir entscheiden, ob wir andere einbeziehen, ihre Stärken und Schwächen annehmen oder sie durch Kritisieren und Verurteilen ausschließen wollen. Quellenergie unterstützt uns bei dieser Wahl. Wir selbst entscheiden, ob wir mehr Liebe oder mehr Angst erzeugen wollen. Wofür auch immer wir uns entscheiden, die alles umfassende, alles einschließende Quellenergie wird unsere Entscheidung auf jeden Fall akzeptieren. Doch in ihrem freien Fluss ist Quellenergie nur dann verfügbar, wenn unsere eigene Energie gleichfalls frei fließt. Quellenergie, die von schwarzen Löchern eingeengt wird, zieht Schwierigkeiten an. Eingeengte Energie aber kann Hindernisse nicht umfließen. Der freie Wille gehört zu den Gesetzmäßigkeiten des Lebens auf unserem Planeten. In unseren Händen liegt die Ehrfurcht gebietende Verantwortung, darüber zu entscheiden, ob wir Vitalenergie nutzen oder einschränken wollen.

Bei der Wahl, die wir zu treffen haben, können wir uns vom ersten der Grundprinzipien der Energiefeldtheorie leiten lassen. Was wir energetisch aufladen, dehnt sich aus. Anders ausgedrückt: Was wir für andere tun, dehnt sich aus, um uns ebenfalls einzuschließen. Unsere Vitalenergie besitzt also einen Bumerangeffekt. Dies entspricht der hinduistischen und buddhistischen Vorstellung von Karma.

Karma bedeutet die Summe aller Konsequenzen des Tuns eines Individuums in diesem oder einem vorangegangenen Leben. Im westlichen Kulturkreis wird der Begriff Karma häufig verwendet, um das Prinzip von Ursache und Wirkung zu erklären. Wenn etwas Unangenehmes geschieht, dann wird dies gelegentlich mit dem Ausspruch »schlechtes Karma« kommentiert. Wenn sich etwas Gutes ereignet, dann heißt es für gewöhnlich: »Es kommt eben so, wie es kommen muss.« Damit wird zum Ausdruck gebracht, dass der Einzelne sein Schicksal selbst bestimmt. Viele Menschen glauben, dass das Karma, wenn sie jemandem ein Leid zufügen, ihnen oder einem geliebten Menschen gleiches Leid bescheren wird. Doch diese Sichtweise beruht auf einem Missverständnis. Karma hat nichts mit Handlung und Vergeltung zu tun, sondern ist ein Energieprinzip. Quellenergie befindet sich mit vollkommener Liebe im Gleichgewicht. Menschliche Energie findet mit der Zeit zur Harmonie, indem sie uns spiegelt, wo und wie wir mit vollkommener Liebe nicht im Gleichgewicht sind. Wenn unsere Gedanken und Handlungen nicht auf Liebe ausgerichtet sind, dann bekommen wir die Auswirkungen eines in seinem Gleichgewicht gestörten Systems zu spüren. Selbst wenn wir anderen etwas geben, nehmen wir uns selbst vielleicht nicht im erforderlichen Maße an. Das Ungleichgewicht zeigt sich als Gelegenheit, liebevolles Annehmen besser zu lernen. Nehmen wir zwar uns selbst an, urteilen dafür aber schlecht über andere, richten wir Quellenergie zwar aus, sind mit ihr jedoch nicht im Gleichgewicht – je weiter die Kluft zu unserer Kreativenergie (unseren Emotionen, Überzeugungen, Intentionen und der vollkommen harmonischen Quellenergie) ist, desto größer sind die Störungen in unserem Energiefeld. Der Sinn und Zweck dieses Ungleichgewichts ist es, uns zu größerer Bewusstheit zu führen. Indem wir Störungen in unserem Energiefeld hervorrufen, stoßen wir auf Schwierigkeiten und Herausforderungen. Solche Herausforderungen unterstützen das Lernen. Schieben wir diese Katastrophen jedoch in unsere schwarzen Löcher, dann versagen wir uns selbst die Gelegenheit zu lernen. Kommen uns die Gelegenheiten zu lernen aber abhanden, dann müssen wir mehr Herausforderungen schaffen. Je mehr wir unser Bewusstsein mit schwarzen Löchern einengen, desto mehr so genannte menschliche Tragödien erleben wir.

Quellenergie wertet nicht. Menschliche Ereignisse entstehen durch ein Ungleichgewicht; der Mensch ähnelt darin dem Wettersystem, das sich ebenfalls auf ein Gleichgewicht hin orientiert. Hochdruckbereiche fließen in Richtung von Tiefdruckgebieten. Winde und Stürme werden durch das Ungleichgewicht im System erzeugt. Je größer das Ungleichgewicht, desto gewaltiger kann der Sturm sein. Energiesysteme bewegen sich ebenfalls in Richtung Gleichgewicht. Persönliche Energie kann wie physikalische ihre Form verändern, doch ist es unmöglich, sie zu zerstören. So wie positiv geladene Blitze von negativ geladenen Erdkräften angezogen werden, um das physikalische Energiesystem wieder ins Gleichgewicht zu bringen, so fließen auch menschliche Energiesysteme dem angestrebten Gleichgewicht entgenen. Und dieses vollkommene Gleichgewicht ist nichts anderes als vollkommene Liebe.

Gedanken, Intentionen, Emotionen und Handlungen sind Energiegeneratoren. Denken Sie an etwas, das Ihnen im Leben zugestoßen ist. Haben Sie das Ungleichgewicht im System nicht selbst verursacht? Je mehr ich mir meine Intentionen, Emotionen, Gedanken und Handlungen bewusst mache, desto deutlicher durchschaue ich die subtile Art, mit der ich Ungleichgewicht herstelle. Machen Sie sich die Wirkung von Energie auf Ihr Leben und auf das Leben Ihrer nächsten Mitmenschen bewusst.

Ich rate Ihnen davon ab, das, was Ihnen zustößt, sich selbst oder Ihren Nächsten als Karma zu erklären. Meiner Meinung nach ist Karma nur eine der zahlreichen Kräfte, die auf unser Energiefeld Einfluss nehmen. Es ist die Energie der Intentionen, Gedanken und Emotionen aller, die die Kräfte des Universums antreibt. Jeder Mensch auf Erden gibt der Quellenergie eine bestimmte Richtung und Färbung. Größeres Gleichgewicht verändert menschliches Bewusstsein. Ein gesteigertes Bewusstsein dessen, dass wir unsere Gedanken, Emotionen und Intentionen aktiv wählen können, wirkt sich auf das allgemeine Gleichgewicht aus. Wir nehmen mit unserer Energie Einfluss auf unser Umfeld. Manche Gruppen nutzen ihre Energie, um die Umwelt sauber zu halten, Schulen zu unterstützen und für Notleidende zu sammeln. Solche Gruppen schaffen ein gemeinschaftliches energetisches Vermächtnis. Andere schaffen durch Vernachlässigung, Vorurteile oder mit eleganten Zäunen umgebene Wohnanlagen Trennung. Gemeinschaften und größere Gruppen schaffen Energiefelder und »bürsten« sie in eine gemeinsame Richtung. Gemeinsam beeinflussen wir das nationale Energiesystem und die Energiesysteme der ganzen Welt. Nationale Energiefelder nehmen durch Turbulenzen wie Kriege oder Spenden für Notleidende etwa bei Naturkatastrophen Einfluss auf uns. Zwar haben wir diese Ereignisse nicht initiiert, doch wie wir auf sie reagieren, entscheidet über unseren energetischen Beitrag zum Ganzen.

Ich glaube, dass unser menschliches Energiesystem ein Gewebe aus langen Energiefäden ist, die sich fließend in Richtung Gleichgewicht bewegen. Jeder Gedanke, jedes Gefühl und jede Handlung trägt zum Gleichgewicht oder Ungleichgewicht des Ganzen bei. So wie Ebbe und Flut einander abwechseln, Sonnenaufgang von Sonnenuntergang gefolgt sein muss, so besitzen auch Energiesysteme Zyklen. Ich glaube, dass globale Zyklen expansiver fürsorglicher Energie durch Leben vermindernde Zyklen aus Trockenheit, Hunger und Krieg kompensiert werden. Das Leben ist eine Mischung aus wunderbaren und fordernden Zeiten, aus angenehmen und schwierigen Erfahrungen. Dieses natürliche Verebben und Fließen hat einen Zweck: In schmerzhaften Situationen kann man schwarze Löcher so leichter ermitteln. Vielleicht hat ja die Weltgemeinschaft gleichfalls schwarze Löcher, in denen sie Schmerzen und blinde Flecken versteckt. Gemeinschaft und globale Katastrophen können uns zusammenbringen und uns helfen, Gleichgültigkeit und Isolation abzubauen.

Zwar haben wir nicht die letzte Kontrolle über das, was in unserem Leben geschieht, doch können wir es maßgeblich beeinflussen. Wir selbst entscheiden darüber, wie wir auf äußere Umstände reagieren. Wir entscheiden, ob wir die dunkle Wolke oder ihren silbernen Rand sehen. Wir entscheiden, ob wir über den Tee, den jemand über uns ausschüttet, lachen oder schimpfen. Wir wählen unsere Intentionen und lassen sie zum kreativen Motor in unserem Leben werden. Wir tragen in jedem Augenblick mentale, emotionale, physische und spirituelle Energie bei. Wir entscheiden, ob wir unser Leben einem umfassenderen Fluss von Quellenergie öffnen. Wir sind verantwortlich für unseren Einfluss, unsere Überzeugungen, die Wahl, die wir treffen, und dafür, was wir aus unseren Beziehungen machen.

Unsere Gedanken und Handlungen beeinflussen uns selbst wie auch andere. Wenn wir unfreundlich über uns selbst denken, dann wirkt sich das auf das Ganze ebenso stark aus, als hätten wir unser Gegenüber kritisiert. Wenn wir uns selbst verletzen, dann schaden wir dem Ganzen. Wir alle sind Bestandteil der Quelle. Wir verdienen es, geliebt, geachtet und respektiert zu werden. Es steht in unserer Macht, uns als Erstes selbst diese Liebe, diese Achtung und diesen Respekt entgegenzubringen.

Sich für ein von Liebe erfülltes energetisches Vermächtnis zu entscheiden heißt, sich selbst treu zu sein. Dieses energetische Vermächtnis handelt von Integrität, davon, dass wir tun, was wir sagen, dass wir unseren Emotionen treu sind und mit Liebe unsere Kernwahrheit aussprechen. Es handelt vom Verstehen und Respektieren der Ausgewogenheit des universellen Energiesystems. Es liegt in unserer persönlichen Verantwortung, unsere schwarzen Löcher zu schließen, damit wir nicht in zwanghafte Verhaltensweisen verfallen, die weder uns noch anderen dienen. Indem wir lieben, ziehen wir mehr liebevolle Energie an, so wie andere gleichfalls zu flüstern beginnen, wenn wir die Stimme senken. Indem wir andere liebevoll annehmen und die allumfassende Energie akzeptieren, die zu uns zurückkehrt, entwickeln wir ein neues, ausgewogeneres Muster. Wir ziehen das an, was wir werden.

Ich meine, wir haben noch viel zu lernen über die Feinheiten energetischer Ausgewogenheit. Heute Morgen saß ich in meinem Haus an der Küste von Oregon, warm und gemütlich in meine Decke gehüllt und in der Gesellschaft von Freunden, mit denen ich mich wohl fühle. Wir unterhielten uns über Lokal- und Landespolitik. Jeder von uns hatte über die angeschnittenen Themen seine eigene Meinung, und nicht zwei dachten das

Gleiche. Mir kam plötzlich zu Bewusstsein, wie außergewöhnlich dieses offene Gespräch war, in dem jeder den anderen mit seinen feinen Unterschieden achtete. Ich überlegte, ob uns wohl in unserem getriebenen, elektronisch unterstützten Leben die Fähigkeit abhanden gekommen ist, Perspektiven zu achten, die sich von unseren eigenen unterscheiden. Lieber hätte ich es, dass unsere Achtung und Aufmerksamkeit durch Gespräche, die unser Denken herausfordern und Gefühle und Überzeugungen auslösen, noch zunimmt.

Doch ich glaube, dass solche Gespräche in Wahrheit selten vorkommen. Wir verlieren vielschichtige Kreativenergie, die Gruppen zu neuen Höhen der Bewusstheit und des Verständnisses zu führen vermag. Wenn wir dieses gemeinsame Verstehen erzeugen wollen, dann muss jeder Einzelne zuvor lernen, mit seinen schwarzen Löchern, wer immer sie auch aktivieren mag, fertig zu werden. Es setzt voraus, dass wir Kernwahrheiten unseres persönlichen Erlebens aussprechen. Es setzt voraus, dass wir Raum lassen für andere Perspektiven, selbst wenn sie das in Frage stellen oder sogar bedrohen, was wir für richtig halten. Es setzt einen Grad der Verantwortlichkeit voraus, der weit darüber hinausgeht, dass wir auch tun, was wir sagen. Diese Verantwortlichkeit verlangt eine Haltung, die ausdrückt: »Ich respektiere dich. Ich bin für deine Gedanken und Erfahrungen offen. Ich kann damit umgehen, was sie in mir auslösen. Ich kann mir eingestehen, wenn eines meiner schwarzen Löcher aktiviert wird, und komme damit zurecht. Ich kann mich meinen eigenen inneren Prozessen unterwerfen, ohne dir dafür die Schuld in die Schuhe zu schieben. Ich habe es nicht nötig, dein Denken zu verändern, nur damit ich mich sicher fühlen kann. Ich kann die Anspannung in meinem Bauch ertragen, die mir zeigt, dass ich vielleicht im Irrtum bin, und dir trotz meiner unangenehmen Gefühle die dir gebührende Achtung entgegenbringen.«

Jeder von uns sieht und versteht nur einen kleinen Teil des Ganzen. Um unseren Blickwinkel zu vergrößern, müssen wir Perspektiven kennen lernen und erforschen, die nicht die unseren sind. Am Arbeitsplatz, im Gespräch mit den Nachbarn und mit Freunden haben wir Gelegenheit, eine Vielzahl von Perspektiven zu erleben. Auch Meinungen, die der unseren entgegengesetzt sind, können wir willkommen heißen. Wir dürfen sogar die Perspektiven anderer Kulturen und anderer ethnischer oder religiöser Gruppen übernehmen.

Unsere Bereitschaft, es in dieser Suppe aus Meinungen, Erfahrungen und Perspektiven auszuhalten, beruht auf unserer Fähigkeit, mit unseren eigenen Reaktionen richtig umzugehen. Wenn uns das gelingt, dann sind wir fähig, uns in diese reiche Mischung einzubringen, ohne Schuld oder Verurteilung auf andere zu projizieren und ohne selbst in Schuld oder Scham zu versinken. Auch wenn es uns manchmal schwer fällt, das zuzugeben: Wir alle sind fehlbar, und jeder von uns macht zu einem gegebenen Zeitpunkt die Fehler, die er braucht, um aus ihnen lernen und beim nächsten Mal klüger entscheiden zu können.

───── ••••• ─────

Meine Freundin Susan lässt ihre Mitmenschen offen an ihrer positiven Energie teilhaben, wo immer sie sich auch aufhält. Sie arbeitet daran, ihre schwarzen Löcher zu schließen und ihre Vampirismusmuster aufzugeben. Susans ausgewogene, liebevolle Energie fließt förmlich über. Eines Tages begleitete ich sie in den örtlichen Supermarkt und hörte mir ihr Gespräch mit dem Angestellten an der Kasse an.

»Wahrscheinlich könnte ich den Senf auch dann nicht finden«, erzählte sie, »wenn er direkt an der Kasse stehen würde. Aber einer Ihrer Kollegen war so hilfsbereit, dass ich alles gefunden habe, was ich brauche, und sogar noch mehr. Wahrscheinlich wäre es besser, nicht mit leerem Magen einkaufen zu gehen, aber zuletzt werde ich ja doch alles aufessen, was mir jetzt zu viel erscheint. Und wie war Ihr Tag heute?«

Der Mann an der Kasse lächelte und sagte: »Es war ein langer Tag, aber nun habe ich das Ende meiner Schicht fast erreicht.«

»Bestimmt sind Sie nach einem ganzen Tag auf den Beinen jetzt entsetzlich müde. Hoffentlich können Sie es sich heute Abend gut gehen lassen.«

»Daraus wird wohl nichts werden«, sagte der Kassierer, »meine Enkelkinder sind zu Besuch.«

»Enkelkinder! Ich kann es kaum abwarten, eines Tages welche zu haben. Wie viele haben Sie denn?«, wollte Susan wissen.

»Ich habe drei der süßesten Enkelinnen, die man sich vorstellen kann.«

Als Susan den Laden verließ, lächelte der Kassierer immer noch in sich hinein. Susans sprühende Energie hatte sich ausgebreitet und würde am Abend auch noch auf die drei kleinen Mädchen überspringen. Auch Susan selbst fühlte sich durch die Art ihrer Interaktion belebt. Als sie mit dem Einkaufen fertig war, hatte sie mehr Energie als zu Beginn. Ihre Energie schafft Raum, und liebevolle, annehmende Energie kann zu ihr zurückgelangen. Sie bringt den Fluss in Gang und wird schließlich selbst von ihm erfüllt. Susan gibt ihre raumgreifende Energie freigebig ab, wird aber selbst dabei nicht leer. Solange sie sich selbst treu ist und das tut, was sie wirklich tun möchte, kommt umso mehr zu ihr zurück, je mehr sie selbst gibt.

Ich versuche so zu leben wie Susan. Manchmal gelingt es mir, manchmal nicht. Eines Tages befand ich mich auf der Rückfahrt von Eugene nach Portland, nachdem ich den Tag auf einem Segelboot im Fern Ridge Reservoir zugebracht hatte. Als ich schließlich am Stadtrand von Portland anlangte, war es bereits nach zehn Uhr, und ich musste kämpfen, um nicht am Steuer einzuschlafen. Ich bog in die Carmen Street ein und nahm an der leeren Querstraße den Fuß vom Gas, ohne jedoch anzuhalten. Als ich den Hügel hinauffuhr, kaum noch anderthalb Blocks von meiner Wohnung entfernt, sah ich im Spiegel das Blaulicht eines Streifenwagens aufleuchten. Ich bog in meine Einfahrt ein und stieg aus dem Auto, als der Streifenwagen hinter mir zum Stehen kam.

»Jetzt bin ich aber froh, zu Hause zu sein«, begrüßte ich den Polizisten, der auf mich zukam. »Ich war den ganzen Tag in Eugene segeln, und bei der Rückfahrt wurde ich so müde, dass ich mir nicht sicher war, ob ich es überhaupt nach Hause schaffen würde.«

Ich konnte sehen, dass ich ihm mit dieser Bemerkung den Wind aus den Segeln genommen hatte. »Dann ist Ihnen bestimmt klar, dass Sie am Stoppzeichen Carmen Ecke Parkview und auch vor der nächsten Kreuzung nicht ordnungsgemäß angehalten haben. Mit solchem Verhalten gefährden Sie die übrigen Verkehrsteilnehmer.«

Ich stimmte ihm zu. »Da haben Sie völlig Recht. Ich habe mich nicht richtig verhalten. Ich war einfach so froh, fast schon zu Hause zu sein. Ich konnte es nicht abwarten, von der Straße zu kommen und aus dem Auto zu steigen.«

Seine Stimme wurde etwas sanfter. »Das kann ich verstehen. Sie waren schon fast zu Hause. Es waren die letzten beiden Stoppzeichen nach einer langen Fahrt. Es wäre aber sicher besser, nicht zu fahren, wenn Sie so müde sind. Ruhen Sie sich also richtig aus, und geben Sie in Zukunft besser Acht, wenn Sie auf ein Stoppschild zufahren.«

»Wollen Sie mir denn keinen Strafzettel geben?«, fragte ich.

»Nein, ich bin nur froh, dass Sie es heil nach Hause geschafft haben.« Ich bedankte mich bei ihm und winkte ihm hinterher, als er um die Ecke bog.

Es war deutlich geworden, dass die Energie des Polizisten sich verschoben hatte – meine Offenheit und liebevolle Annahme hatte ihn aufgerüttelt. Mein Ziel war es gewesen, aufrichtig, liebevoll und ich selbst zu sein. Wenn ich die Intention habe, mit so viel Liebe und Aufrichtigkeit, wie mir möglich ist, zu anderen Menschen in Beziehung zu treten, dann fühle ich mich von dem Ergebnis meist überrascht.

―――― ••••• ――――

Wenn wir versuchen, uns unter dem Begriff Vermächtnis etwas vorzustellen, dann fallen uns dazu meist Gebäude, Erbschaften, Geschichten und das Gedenken an Freunde und Familienmitglieder ein. Zwar ist ein Vermächtnis in dieser Form wertvoll, doch ist es ebenso unbeständig wie die menschliche Existenz. Gebäude werden abgerissen, Erbschaften verschleudert, Geschichten umgeschrieben, und unsere Freunde und Familienangehörigen hinterlassen schließlich ihr eigenes Vermächtnis. Wir sind unablässig damit beschäftigt, unsere materielle Welt umzubauen. Veränderung ist eine der einzigen Konstanten.

Doch jeder Mensch hinterlässt ein bleibendes energetisches Vermächtnis. Wir erzeugen in jedem Augenblick unseres Lebens ein Feld aus mentaler und emotionaler

Energie. Dieses Energiefeld leistet einen Beitrag zum Energiesystem des Lebens an sich – einen Beitrag, der bestehen bleibt, weil Energie unzerstörbar ist. Wir haben jederzeit die Möglichkeit, menschliche Energie in umfassendere liebevolle Energie umzuwandeln, denn als Menschen sind wir die geborenen Transformatoren. Wir essen Pflanzen und Tiere, um chemische Energie in mentale, emotionale und in Handlungsenergie umzuwandeln. Wir gestatten es der Quelle, uns zu erfüllen und auf diesem Wege unsere Träume in der materiellen Welt zu manifestieren. Es steht uns frei, entweder den Fluss von umfassender freudiger Energie oder durch Energie-Vampirismus den Fluss von Angstenergie zu steigern. Wir können Feindseligkeit in einer Gruppe erzeugen, indem wir selbst feindselige Gefühle hegen. Oder wir bringen durch unser Verständnis Liebe hervor. Unsere stummen Emotionen nehmen Einfluss auf unsere Mitmenschen. Wir haben in jedem einzelnen Augenblick die Wahl, welchen Beitrag wir leisten wollen.

Ein energetisches Vermächtnis zu hinterlassen ist wie das Anlegen und Hegen eines Gartens. Wenn wir Büsche und Bäume pflanzen, die Blüten hervorbringen, dann wird jedermann in den Genuss dieser Schönheit kommen. Wenn wir unseren Garten vernachlässigen und ihn mit Dornengestrüpp überwuchern lassen, dann könnte es sein, dass die Dornen andere verletzen. Wenn wir in unserem Garten mit Gift hantieren, dann könnten wir anderen damit Schaden zufügen. Unser energetisches Vermächtnis wird auf vergleichbare Weise spürbar: Wo immer wir Liebe leben, bleibt eine Spur freudvoller Energie zurück; wo immer wir unserer Wut die Zügel schießen lassen, bleibt ein Hauch von Wut zurück. Wenn wir unaufrichtig, missgünstig, grausam oder einfach nur unerträglich sind, dann veranlassen wir andere, eine ähnliche, in ihrer Angst begründete

Energie zu manifestieren. Sind wir aber aufrichtig, liebevoll, liebenswürdig, freudig und offenherzig, dann spiegelt unser Gegenüber diese Energie zurück, und noch mehr freudvolle Energie kann entstehen.

Ein derartiges energetisches Vermächtnis ist an vielen heiligen Stätten spürbar. Wir spüren die Ehrfurcht, die sich an solchen Orten manifestiert, und das erweiterte Energiefeld. Manche Kirchen, Kathedralen, Konzertsäle, alte Wälder und andere heilige Versammlungsorte verströmen umfassende liebevolle Energie. Wenn wir uns der Stille dort öffnen, dann können wir in unserer eigenen Energie einen Kern von Frieden finden. So manifestiert sich das energetische Vermächtnis vorangegangener Generationen.

Ebenso gibt es aber auch Orte, die erfüllt sind von beunruhigender Energie. In den Gaskammern von Auschwitz spürt man noch immer den Schmerz und das Leiden der Tausenden, die hier ein Vermächtnis der Qualen zurückgelassen haben. Einmal besuchte ich auf den Königin-Charlotte-Inseln in British Columbia ein Dorf der Heida-Indianer. Dort war eine Pockenepidemie ausgebrochen, nachdem weiße Händler den Einheimischen infizierte Decken verkauft hatten. Die Bäume und Felsen der Begräbnisstätte schienen eingehüllt in Trauer, die ich deutlich spüren konnte, als ich in dem verlassenen Dorf umherging.

Energetische Vermächtnisse haben ihren Ursprung nicht nur in der Vergangenheit. Kürzlich hielt ich auf dem Weg zur Küste an einer Tankstelle in einem kleinen Ort an. In Oregon ist Selbstbedienung an Tankstellen verboten. Also wartete ich fünf Minuten, während der Tankwart mit eingesunkenen Schultern dastand und auf den Boden starrte. Schließlich stieg ich aus meinem Auto aus und fragte mich, was wohl weiter geschehen würde. Nach einigen weiteren Minuten drehte sich der Tankwart zu mir und kam langsam auf mich und meinen Wagen zu.

»Was wollen Sie denn?«

»Bitte voll tanken mit Normalbenzin«, antwortete ich.

Er begann, am Zapfhahn herumzufummeln, und ich machte mich auf den Weg zu dem kleinen Laden der Tankstelle. Sobald ich ihn betrat, zog sich mein Energiefeld zusammen, als müsste ich mich schützen. Ich fragte die Frau an der Kasse nach den Toiletten. Sie sah mich einen Moment lang an, ohne zu antworten. Dann sagte sie: »Draußen.«

»Draußen, um die Ecke?«, fragte ich nach.

»Draußen«, wiederholte sie.

Ich war dankbar, den Laden verlassen zu können und wieder an der frischen Luft zu sein. Als ich die Tür zum Waschraum öffnete, sah ich, dass Sauberkeit hier nicht gerade Priorität hatte. Ich bezahlte meine Tankfüllung und machte eine Bemerkung über das schöne Wetter. Der Tankwart reichte mir mein Wechselgeld, ohne auch nur aufzusehen.

Als ich aus der Tankstelle fuhr, dachte ich über die energetische Ausstrahlung des Ortes nach. Es gibt Orte, an denen Menschen ihren Umgang miteinander auf Vampirismusmuster reduziert haben und in Angst voreinander leben. Solche Plätze gibt es überall, wo Menschen zusammenkommen, in der Nachbarschaft, in Kneipen und öffentlichen Gebäuden. Das mit diesen Orten verbundene energetische Vermächtnis nimmt unterbewusst Einfluss auf jeden, der solche Räume betreten muss. Solche bleibenden energetischen Vermächtnisse versuchen die Menschen, die mit ihnen in Berührung kommen, zu veranlassen, sie weiterhin aufrechtzuerhalten. Nur bewusste liebevolle Zuwendung vermag sie zu verändern.

Jeder von uns ist jetzt gerade dabei, ein energetisches Vermächtnis zu schaffen. Sind wir für die Wahrheit unserer Erfahrungen offen und uns unserer Reaktionen bewusst oder verleugnen wir unsere Gefühle, halten unsere Energie zurück oder stoßen andere mit unseren Reaktionen vor den Kopf? Wir haben in jedem einzelnen Augenblick die Wahl. Wir können uns als Energie-Vampir betätigen, um uns auf Kosten anderer lebendiger zu fühlen, oder wir können uns für den Fluss der Quelle öffnen. Wofür auch immer wir uns entscheiden, wir schaffen damit unser energetisches Vermächtnis.

Ihr Vermächtnis ist Ihr Beitrag zum menschlichen Energiekontinuum. Welcher Art ist dieser Beitrag? Wird Ihre Energie die kreativen Lösungen zukünftiger Generationen unterstützen, oder hinterlassen Sie Energie-Vampirismus, den andere erst noch transformieren müssen? Energie ist unser Vermächtnis. Energie ist unser Erbe. Wir sind Transformatoren.

Das von uns hinterlassene energetische Vermächtnis nimmt Einfluss auf das Maß an Kreativität, mit dem zukünftige Generationen den Herausforderungen durch Politik und Umwelt begegnen. Wenn wir der Quelle gestatten, uns mit ihrer Energie zu durchdringen, dann können wir nur gewinnen. Wir können nur gewinnen, wenn wir unsere falschen Vorstellungen von uns selbst erkennen und die Wahrheit über uns akzeptieren. Unser Körper ist weit mehr als ein Kohlenstoffverwerter. Mit unserem physischen Körper haben wir die Macht, verstörende und ängstigende Erfahrungen in Liebe und Freude zu verwandeln. Wir besitzen die emotionale Kapazität, unsere Energie so weit auszudehnen, dass sie die Herzen verhärteter Energie-Vampire erwärmt. Wir verfügen über das kreative Potenzial, den Fluss von Quellenergie, die den Inhalt des Lebens darstellt, zu optimieren. Wir besitzen die Zellstruktur, die die Kreativkräfte des Universums lenkt.

Unsere Herausforderung liegt nicht darin, uns anderen zu stellen; unsere Herausforderung besteht in der Konfrontation mit unseren eigenen Ängsten, mit unserer eigenen Geschichte, mit uns selbst. Wenn wir uns dieser neuen Grenze mutig stellen, dann hinterlassen wir ein energetisches Vermächtnis der Liebe und Freude.

Falls Ihnen ein besonders schweres Schicksal zugeteilt wurde – Missbrauch in der Kindheit, Verfolgung, der Verlust eines Kindes –, dann sind Sie vielleicht eine besondere Seele, deren Aufgabe es ist, die Wolken der Demütigung, des Schmerzes und Verlustes in das klare Sonnenlicht der Vergebung und liebevollen Annahme zu schieben. Eine wichtigere Aufgabe kann man auf Erden vielleicht gar nicht erfüllen. Jeder von uns hat die Fähigkeit, ein persönliches Trauma in friedliches Annehmen zu transformieren.

Gemeinden, Länder und Institutionen sind unfähig, Hass in Liebe zu verwandeln. Nur Menschen besitzen diese Fähigkeit; sie ist nichts anderes, als die Fähigkeit, schwarze Löcher zu schließen. Mit unseren Erfahrungen mit schwarzen Löchern sind wir nicht allein; andere Menschen kennen ähnliche Reaktionen und haben vergleichbare Emotionen, wenn ihre schwarzen Löcher aktiviert werden. Wir alle empfinden uns gelegentlich als unfähig. Wir fühlen uns manchmal ungeliebt. Wir meinen mitunter, mit unserem Leben nicht fertig zu werden. Es gelingt uns nicht immer, an unsere Fähigkeit zu glauben, dass wir das erschaffen können, was wir uns sehnlichst wünschen. Wir haben zahlreiche menschliche Schwächen gemeinsam. Wenn jeder von uns seine Reaktionen transformieren würde, dann würden wir in einer anderen Welt leben. Die Veränderung der eigenen Reaktionen auf die Tragödien des Lebens macht es uns leichter, anderen zu helfen, die sich in ähnlichen Umständen befinden. Das ist Seelenarbeit.

An jedem Tag liegt neue Arbeit vor uns. Wir brauchen nicht beim Nachbarn zu klopfen und Probleme in der Nachbarschaft zu suchen. Wir brauchen nicht über die Grenze hinweg auf andere Länder zu blicken, um die Schwierigkeiten zu finden, die wir Menschen dem Planeten bereiten. Wir brauchen nicht um die Welt zu reisen, um einen Empfänger für unseren Dienst zu finden. Jeder von uns befindet sich genau an der richtigen Stelle und dort, wo er die Welt transformieren soll. Als Lady Di Mutter Teresa fragte, wo ihre Hilfe am nötigsten sei, antwortete diese: »Wenn du aufgefordert worden wärst, in den Straßen von Kalkutta zu leben, dann läge hier deine Arbeit. Doch du bist aufgefordert worden, die Prinzessin von Wales zu sein, und somit ist dies deine Aufgabe.« Umfassende Energie hat ihren Urspurung nicht im Leugnen der eigenen Bedürfnisse, während man sich zugleich um andere kümmert. Umfassende Energie fließt, wenn wir uns selbst annehmen, uns selbst lieben, unsere Vereinbarungen mit uns selbst und anderen einhalten sowie denken, fühlen und tun, was wir ankündigen.

Die Frage, ob wir einen Beitrag leisten oder nicht, stellt sich nicht. Wir leisten auf jeden Fall einen Beitrag, ob wir wollen oder nicht. Jede Handlung, jede Emotion und jeder Gedanke eines Menschen trägt bei zum Gesamtbild unseres menschlichen Energiesystems. Was wir mit unserer Energie aufladen, das dehnt sich aus. Schwarze Löcher erzeugen ihre typischen Reaktionen. Ich kann ein Projekt nicht erfolgreich zum Abschluss bringen, wenn ich an mein Scheitern glaube. Unsere bewusste und unbewusste Energie zieht uns zur physischen Manifestation unserer Überzeugungen, Emotionen und Intentionen hin. Ein erfüllendes Leben ist mir verwehrt, wenn ich Quellenergie einschränke. Durch unsere Lebensweise und unser energetisches Vermächtnis beeinflussen wir jeden einzelnen Augenblick unseres Lebens. Jeder von uns ergänzt den Teppich des Lebens um seinen ganz persönlichen Webfaden. Wird Ihr Faden das Muster um eine hellere, lebendigere Farbe bereichern?

Ich glaube, dass wir gemeinsam ein ausgewogeneres und liebevolleres kollektives Energiefeld schaffen können. Ich habe gelegentlich einen kurzen Blick auf diese erweiterte Ebene werfen dürfen, und solche Erfahrungen machen mir Hoffnung, dass wir uns entwickeln und diese Ebene erreichen können. Der Widerspruch ist jedoch, dass ich über meine Grenzen nicht hinausgelange, wenn ich nicht zuvor meine gegenwärtige Bewusstseinsebene und die Menschheit akzeptiere, wie sie ist. Meine Liebe und liebevolle Annahme muss bei mir selbst beginnen. Ich darf nur der Wahrheit meiner eigenen Erfahrungen vertrauen. Geerdet und zentriert in meinem Kernbewusstsein, berühre ich andere mit meiner Freude und meiner Trauer. In diesem Zustand weiß und akzeptiere ich, dass sich der andere heute an dem für ihn genau richtigen Ort befindet.

Es steht mir frei, eine Vision zu haben und mich ihr zu verschreiben, indem ich auch andere finde, die sich für sie engagieren wollen. Je länger ich mit Ihnen zusammenarbeite, desto mehr Macht verleihen wir unseren gemeinsamen Intentionen. Ich kann zur Schaffung von Synergie beitragen, indem ich eine gemeinsame Basis mit Ihnen finde, eine Bindung zu Ihnen herstelle, meine Kernerfahrungen mit Ihnen teile und die Ihren akzeptiere. Wenn ich mich verloren, allein, wütend, verängstigt oder traurig fühle, dann kann ich versuchen zu akzeptieren, dass ich mich mit diesen Gefühlen an dem für mich richtigen Ort befinde. Ich kann es meinen Kernemotionen gestatten, sich mit dem Fluss des liebevollen Annehmens zu bewegen und zu verändern. Ich kann auf die Hinweise reagieren, die meinen Anteil an der Erschaffung unserer gemeinsamen Intentionen offenbaren. Ich kann darauf achten, wann mein Energiefeld sich ausdehnen und wann es sich zusammenziehen möchte. Ich kann darum bitten, ausgewogene Energie erfahren zu dürfen, und akzeptieren, was kommt.

Ich lade Sie dazu ein:

- sich mit Ihren schwarzen Löchern vertraut zu machen
- sich bewusst zu machen, wenn Sie sich als Energie-Vampir betätigen
- Ihre schwarzen Löcher zu erforschen und zu schließen
- über die Kernerfahrungen anderer nachzudenken
- Ihre Lebensenergie auf die Quellenergie auszurichten
- zur Stärkung Ihrer Seele zu meditieren
- um der Inspiration willen wilde, natürliche Orte aufzusuchen
- sich zur Herstellung von Synergie mit anderen zu verbinden
- sich bewusst zu machen, dass Sie mit allem, was Sie denken, fühlen und tun, ein energetisches Vermächtnis erschaffen.

Anhang

Energiefeldübung

Diese Übung hilft Ihnen, Ihr Bewusstsein für Energiefelder zu schärfen. Suchen Sie sich einen Freund, der sich wie Sie für Energiefelder interessiert. Stellen Sie sich einander gegenüber, sodass sich Ihre Knie fast berühren. Entscheiden Sie, wer das Energiefeld erschaffen und wer Empfänger und Beobachter sein soll. Falls Sie der Beobachter sind, dann nehmen Sie das Entstehende ohne Beurteilung zur Kenntnis. Bleiben Sie offen, und spüren Sie die Emotionen, die Ihr Übungspartner erzeugt.

Falls Sie derjenige sind, der das Energiefeld erschafft, und wollen, dass es liebevoll und weit sein soll, dann sehen Sie Ihren Übungspartner mit Liebe und Bewunderung an. Denken Sie darüber nach, was Ihnen dieser Freund bedeutet. Machen Sie sich die kleinen Dinge an diesem Menschen bewusst, die Sie wundervoll finden oder bewundern. Sagen Sie nichts; richten Sie lediglich Ihre Gedanken darauf, wie sehr Sie diesen Freund und seine Freundschaft zu schätzen wissen. Lassen Sie Ihrem Freund Ihre Energie ohne Einschränkungen zufließen. Nach einigen Minuten kehren Sie zu normalen Alltagsgedanken zurück. Sprechen Sie im Anschluss mit Ihrem Freund darüber, wie sich das Energiefeld für Sie beide angefühlt hat.

Um ein von Angst und Abspaltung durchdrungenes Feld zu erschaffen, denken Sie an eine frustrierende Situation, in der Sie oder ein Ihnen nahe stehender Mensch sich einmal befunden hat. Stellen Sie sich die Person, die Sie für diese Situation verantwortlich machen, genau vor. Legen Sie das Gesicht dieser Person im Geiste über das Ihres Freundes. Spüren Sie, wie Ihre Frustration und Ihr Ärger nach außen getragen werden, während Sie der Person mit der Maske die Schuld für das Geschehene geben. Sobald es Ihnen gelungen ist, diese Energie herzustellen, halten Sie sie noch etwa zehn Sekunden lang aufrecht. Diese Art von Energie ist so gewaltig, dass sie selbst im Rahmen einer Übung Schaden anrichten kann. Nehmen Sie sofort Abstand von weiteren Schuldzuweisungen. Sprechen Sie mit Ihrem Freund darüber, wie sich dieses Energiefeld für Sie beide angefühlt hat. Sollte es Ihnen Schwierigkeiten bereiten, einen Unterschied zwischen den beiden Energiefeldern auszumachen, dann seien Sie unbesorgt. Es kann eine Zeit lang dauern, die Wahrnehmungsfähigkeit für Energiefelder zu entwickeln. Energiefelder willentlich zu erzeugen, wird Ihnen auf jeden Fall ein besseres Gespür dafür geben, was Sie erschaffen haben.

Nun tauschen Sie die Rollen. Wenn Sie zunächst die kreative Rolle übernommen hatten, dann achten Sie auf den Unterschied. Sprechen Sie miteinander über Ihre Entdeckungen. Wie unterschieden sich die beiden Felder voneinander? Welche Reaktionen konnten Sie beobachten? Haben Sie Reaktionen in einem bestimmten Körperteil bemerkt – in Ihrem Kopf, Ihrem Brustraum, in Ihrem Bauch? Indem wir auf unsere körperlichen Sinneseindrücke achten, können wir unsere Emotionen lokalisieren und freisetzen. Nutzen Sie diese Übung also auch, um Ihr Bewusstsein für Ihren Körper zu schärfen. Besprechen Sie Ihre Erfahrung mit Ihrem Freund.

Fragen zum Schließen von schwarzen Löchern

Jede Situation ist anders. Bitten Sie Ihre Freunde, die nachfolgenden Fragen als Richtlinien zu nutzen und ansonsten ihrer eigenen Eingebung zu vertrauen, wenn sie Ihnen helfen, Ihre schwarzen Löcher zu erforschen.

Geistzentrierte Fragen
Ihr schwarzes Loch identifizieren:
- Befindest du dich in einem schwarzen Loch?
- Was geht in dir vor?
- Was fällt dir auf?
- Wo in deinem Körper bemerkst du eine Reaktion?
- Wie fühlt es sich an?

Verbindungen zur Vergangenheit erforschen:
- Wann hattest du schon einmal ähnliche Gefühle?
- Welche früheste Erinnerung hast du an vergleichbare Gefühle?
- Was geschah?
- Wie alt bist du?
- Wo befindest du dich?
- Wer sonst ist dabei?
- Was tust du?
- Was siehst du?
- Was hörst du die Leute sagen?
- Wie fühlst du dich?

Die Erfahrung erweitern:
- Auf welche Weise lässt sich die Situation heute mit der damals vergleichen?
- Wie unterscheidet sich die Situation heute von der damaligen?

- Wie unterscheidest du dich heute von dem Menschen, der du damals warst?

Die eigenen Wünsche erkennen:
- Welchen Ausgang wünschst du dir in dieser Situation?
- Was kannst du tun, um diesen Ausgang herbeizuführen?
- Wie können wir dir dabei helfen?
- Was willst du in Zukunft anders machen?

Dem schwarzen Loch einen Namen geben:
- Welchen Namen möchtest du deinem schwarzen Loch geben?

Körperzentrierte Fragen
Lassen Sie sich von Ihrer Angst in ein schwarzes Loch führen:
- Wovor hast du Angst?
- Womit ringst du?
- Wie dient dir dieses Muster?
- Auf welche Weise behindert dich dieses Muster?
- Welches Eingeständnis verhindert dieses Muster?

Beschreiben Sie Ihre körperlichen Sinneseindrücke:
- Wo in deinem Körper spürst du die Angst?
- Wie fühlt es sich an?
- Wie sieht es aus?

Geben Sie Ihren versteckten Emotionen einen Namen:
- Was wäre noch schlimmer – noch angsteinflößender, demütigender?
- Wo lässt sich dieses neue Gefühl in deinem Körper lokalisieren?

- Kannst du Gefühle der Scham, Angst oder Frustration feststellen?
- Auf wen bist du wütend, beziehungsweise wer frustriert dich?
- Ist da noch jemand anderes, der gleichfalls Frustration oder Wut in dir auslöst?
- Wo ist die Frustration (falls vorhanden) in deinem Körper lokalisiert?
- Wo ist das Schamgefühl (falls vorhanden) in deinem Körper lokalisiert?
- Wo ist die Wut (falls vorhanden) in deinem Körper lokalisiert?
- Wie sehen deine versteckten Emotionen aus, und wie fühlen sie sich an?
- Erweitere deine körperlichen Sinneseindrücke durch bewusstes Atmen und Bewegung.

Suchen Sie die zu lernende Lektion:
- Welche Botschaft hat die freigesetzte Energie?
- Was hast du gelernt?

Die eigenen Überzeugungen erweitern

Im körper- wie im geistzentrierten Auflösungsprozess für schwarze Löcher können Sie auf eine Sie beschränkende Überzeugung stoßen, die sich jeglicher Veränderung widersetzt. Überzeugungen sind Gedanken, die wir im Geiste schon viele Male nachvollzogen haben. Diese Überzeugungen können es uns schwer machen, über die selbst auferlegten Grenzen hinauszugehen. Doch es ist möglich, auch unsere Überzeugungen zu verändern. Um eine Überzeugung zu erweitern und zu verändern, müssen Sie nach der genauen Formulierung der betreffenden Überzeugung suchen. Eine einschränkende Überzeugung macht Sie glauben, dass Sie etwas nicht tun können, eine erwünschte Eigenschaft nicht im ausreichenden Maß besitzen oder etwas nicht bekommen können, dass das Leben hart, einsam oder auf irgendeine Weise mit Schranken versehen ist.

Beispiele für einschränkende Überzeugungen
- In meinem Leben geht nichts von selbst voran.
- Ich darf nie meine Wut zeigen.
- Ich habe keine Ahnung, was ich tun soll.
- Ich bin ganz allein.
- Ich bin ein Außenseiter.
- Die Menschen, die ich liebe, werden mich verlassen.
- Ich bekomme nicht, was ich mir vom Leben erwarte.
- Andere bestimmen über mich.
- Ich muss anderen gefallen.
- Es ist nicht in Ordnung, Gefühle zu haben.
- Ich darf mich nie entspannen.

Um eine einschränkende Überzeugung zu verändern, müssen Sie sie aufschreiben. Fragen Sie sich nach der Wahrheit auf einer tieferen Ebene. Wählen Sie eine neue Überzeugung, durch die Sie die alte, die Sie einschränkt, ersetzen wollen. Entscheiden Sie sich für eine Überzeugung, die für Sie auf einer tieferen Ebene befriedigend ist, und schreiben Sie sie neben die einschränkende Überzeugung. Verbinden Sie die beiden Aussagen nun mit Worten wie »Obwohl ich glaube, dass ...«. Zum Beispiel: »Obwohl ich glaube, dass ich ganz allein bin, bin ich doch mit einem größeren spirituellen Wesen verbunden.« Damit haben Sie ein Überzeugungspaar.

Es ist hilfreich, wenn Sie sich Ihrer emotionalen, mentalen, physischen und spirituellen Erfahrungen bewusst sind. Achten Sie, während Sie im Geiste das neue Überzeugungspaar wiederholen, auf die körperlichen Sinneseindrücke und die emotionalen Empfindungen, die mit Ihrer alten, einschränkenden Überzeugung verbunden sind. Laden Sie Ihren inneren spirituellen Beobachter ein, den Prozess zu erleben. Wiederholen Sie das Überzeugungspaar wenigstens ein oder zwei Minuten lang.

Sie können eine Reihe von Dingen tun, um solche Sätze in Ihrem Unbewussten zu verankern. Während Sie das Überzeugungspaar wiederholen, verfolgen Sie mit den Augen ein Unendlichkeitszeichen (die liegende Acht), als würden Sie ein Tennisspiel beobachten. Ein wenig leichter ist das, wenn jemand vor Ihnen das Unendlichkeitszeichen mit der Hand in die Luft zeichnet und Sie die Hand mit den Augen verfolgen. Bitten Sie die Person, ein paar Meter von Ihnen entfernt das Zeichen darzustellen, als würde sie einen langsamen Walzer dirigieren. Folgen Sie der Bewegung mit den Augen, während Sie den Kopf dabei still halten. Wiederholen Sie währenddessen Ihr Überzeugungspaar ein bis drei Minuten lang. Hören Sie auf, sobald Sie meinen, es in Ihrem Unterbewusstsein verankert zu haben. Die Kombination aus bewusster Wahrnehmung, Augenbewegung und Worten wird es Ihrem Geist unmöglich machen, sich gegen die Information zu wehren.

Ein anderer Trick, der gleichfalls zum Ziel führt, besteht darin, dass Sie mit den Fingern rhythmisch hinter ihre Ohren klopfen. Legen Sie hierzu Ihre Hände über Ihre Ohren, als wollten Sie sie zuhalten, wobei die Fingerspitzen hinter den Ohren zu liegen kommen. Dann klopfen sie, während Sie Ihre Sätze wiederholen.

Nachfolgend einige Beispiel für Überzeugungspaare. Am besten ist es, wenn Sie Ihre eigenen entwickeln. Genaue Formulierungen sind wichtig: Jeder wird seine ganz persönlichen einschränkenden wie auch befreienden Überzeugungen finden.

Beispiele für Überzeugungspaare
- Obwohl ich glaube, dass in meinem Leben nichts von selbst geht, fällt mir alles leicht.
- Obwohl ich glaube, dass ich meine Wut nie zeigen darf, teile ich es den Leuten mit, wenn ich wütend bin.
- Obwohl ich glaube, dass ich keine Ahnung habe, was ich tun soll, habe ich doch meine eigenen Vorstellungen.
- Obwohl ich glaube, dass ich ein Außenseiter bin, habe ich hier meinen eigenen besonderen Zweck zu erfüllen.
- Obwohl ich glaube, dass einige der Menschen, die ich liebe, mich verlassen werden, werden immer andere da sein, die ich gleichfalls lieben kann.
- Obwohl ich glaube, dass ich nicht das bekommen kann, was ich mir vom Leben erwarte, liebe und respektiere ich mich.
- Obwohl ich glaube, dass andere über mich bestimmen, kann ich tun, was ich will.
- Obwohl ich glaube, dass ich anderen gefallen muss, liebe und akzeptiere ich mich.
- Obwohl ich glaube, nicht in Sicherheit zu sein, kann ich meine eigene Sicherheit erschaffen.
- Obwohl ich glaube, dass es ist nicht in Ordnung ist, Gefühle zu haben, bin ich zugleich verletzlich und stark.
- Obwohl ich glaube, dass ich mich nie entspannen darf, bin ich fähig, loszulassen und ich selbst zu sein.

Emotionale Intensität loslassen

Wenn Ihnen die Intensität Ihrer Gefühle Angst macht: Ihr Körper verfügt über Druckpunkte, die Ihnen helfen, intensive emotionale Energie aufzulösen. Im Folgenden werden Druckpunkte aufgeführt, die Ihnen helfen, einige der intensiveren Emotionen abzubauen. Atmen Sie gleichmäßig, unterbrechen Sie Ihre Übungen oder Ihr Gespräch nicht, und lassen Sie die Augen im Raum umherwandern, während Sie sanft auf diese Druckpunkte klopfen.

Angst/Stress
Oft heben Menschen, die Angst haben, ihre Hände zur Brust. Das ist eine natürliche Reaktion, die es dem Körper gestattet, sein Gleichgewicht wiederzufinden.

- Ertasten Sie unterhalb Ihres Halses Ihr Schlüsselbein.
- Lassen Sie Ihre Finger auf die weichen Bereiche unterhalb des Schlüsselbeins gleiten.
- Klopfen oder reiben Sie beide Seiten, wobei die Finger zehn bis fünfzehn Zentimeter voneinander entfernt sind.

Gelindert wird Stress auch, indem Sie die Hand auf Ihre Stirn legen und den Kopf leicht auf diese Hand stützen.

Wut/Frustration
Unsere natürliche Neigung, die Hände an die Schläfen zu legen, trägt dazu bei, Frustration und Wut zu reduzieren.

- Klopfen oder reiben Sie sanft den Knochen zwischen den äußeren Enden Ihrer Augenbrauen und Ihren Schläfen.
- Klopfen oder reiben Sie gleichzeitig die linke und die rechte Seite. Kleine kreisförmige Bewegungen mit den Fingerspitzen sind gleichfalls hilfreich.

Sprechen Sie dabei weiter über das, was Sie wütend macht.

Kummer/Trauer/Leid
Beklopfen Sie nacheinander die Druckpunkte an beiden Händen.

- Drehen Sie Ihre Hand so, als würden Sie sie jemandem reichen, damit er sie schüttelt; Zeigefinger und Daumen zeigen nach oben.
- Klopfen Sie mit den Fingern der anderen Hand auf die weiche Haut unterhalb Ihrer Fingernägel.
- Beklopfen Sie außerdem an Ihrem kleinen Finger die Stelle oberhalb des Knöchels.

Sprechen Sie zugleich über Ihren Kummer. Unsere natürliche Neigung, bei Trauer und Leid die Hände zu ringen, verringert tatsächlich den Schmerz.

Demütigung/Scham/Zurückweisung
Wenn wir uns schämen oder zurückgewiesen fühlen, dann heben wir instinktiv die Hände zum Gesicht oder kreuzen die Arme vor der Brust. Beklopfen Sie mit jeweils drei Fingern die nachfolgend angegebenen Druckpunkte.

- Die Stelle zwischen Nase und Oberlippe.
- Den Bereich zwischen Unterlippe und Kinn.
- Die weichen Stellen auf den Innenseiten beziehungsweise vor den Beugen Ihrer Unterarme – erst bei dem einen, dann bei dem anderen Arm. Dieser Bereich kann etwas empfindlich sein.

Wiederholen Sie die Vorgänge, bis Ihre Gefühle etwas nachlassen. Sprechen Sie währenddessen über Ihre Gefühle.

Was das Schließen schwarzer Löcher fördert

Die folgenden Aktivitäten helfen Ihnen, Ihre schwarzen Löcher zu schließen:

- Einzel- und Gruppenaktivitäten wie Gehen, Laufen, Trainieren mit Gewichten, Wandern, Rudern, Skifahren, Rollschuhfahren, Yoga, Stretching, Schlittschuhlaufen, Seilspringen, Tanzen, Aerobic, Paddeln, Klettern, Frisbeewerfen
- Mannschaftssportarten wie Basketball, Fußball, Feldhockey, Tennis, Handball, Squash, Volleyball, Kegeln
- Körperarbeit wie Energiemassage, Rolfing, Akupunktur oder Chiropraktik fördern die Lockerung der Muskulatur und den Fluss Ihrer physischen Energie. Sprechen Sie mit Ihrem Heilpraktiker darüber, wie Sie Energieblockaden auflösen können. Suchen Sie sich jemanden, der etwas von Energiearbeit versteht. Körperliche Regulierungen bleiben länger wirksam, wenn sie mit mentalem Verständnis und emotionalem Loslassen einhergehen.

Die Erweiterung Ihres spirituellen Energiefelds

Wenn Sie Ihr schwarzes Loch geschlossen und die darin gespeicherte Energie freigesetzt haben, dann bleibt manchmal ein Gefühl von Leere zurück. Indem Sie sich dem Licht aussetzen, tragen Sie dazu bei, dass der Prozess zum Abschluss kommen kann. Fragen Sie sich, in welcher Farbe Ihr Körper das Licht braucht. Es kann sich um eine einzelne Farbe handeln wie Rot oder Blau. Oder vielleicht sind es zwei Farben zusammen wie Weiß und Violett. Oder aber Sie bedürfen aller Regenbogenfarben zugleich. Stellen Sie sich vor, wie die Farben Ihren Körper durchdringen und die Spannungen und das Unbehagen lindern. Stellen Sie sich vor, wie das Licht die Leere füllt. Ihre Freunde könnten sich ihrerseits zugleich vorstellen, dass Sie sich im Inneren einer Lichtsäule befinden. Manchmal ist es hilfreich, wenn einer Ihrer Freunde noch zusätzlich seine Hand auf Ihren Rücken oder in Ihren Nacken legt und sich vorstellt, dass Licht durch seine Hand in Sie hineinfließt. Diese Methode ist dem Heilen durch Handauflegen vergleichbar.

Wenn Sie sich während des Schließens eines schwarzen Lochs plötzlich ein wenig unsicher oder verwirrt fühlen, dann bitten Sie einen Ihrer Freunde, mit beiden Händen sanft Ihren Kopf zu umfassen. Dabei soll sich die eine Hand auf der Stirn befinden und die andere an Ihrem Hinterkopf. Die Hände dürfen Sie nur leicht berühren. Gestatten Sie es sich zu entspannen, und bewegen Sie Ihren Kopf zwischen den Händen ein, zwei Minuten lang frei hin und her. Die Hände sollten dabei Ihren Bewegungen folgen. Dieses beruhigende Halten Ihres Kopfes stabilisiert meist die Energie und verhilft Ihnen zu klarerem Denken.

Sollten Sie sich dann immer noch kraftlos fühlen, geben Sie sich noch etwas mehr Zeit und achten dabei auf alles, was in Ihnen vorgeht. Einige schwarze Löcher lassen sich schwerer leeren und schließen als andere.

Vielleicht möchten Sie Ihren Träumen auch mehr Aufmerksamkeit schenken, damit Sie Ihre schwarzen Löcher besser verstehen und annehmen können. Die Rückkehr zu Ihren gewohnten Ablenkungen, zu Arbeit, Fernsehen oder der Hilfe, die Sie anderen gern zuteil werden lassen, übertüncht Ihre schwarzen Löcher, bis sie neuerlich aktiviert werden.

Gelegentlich kann die Auflösung eines schwarzen Lochs so überwältigend sein, dass es ein paar Wochen dauert, bis Sie sich der neuen Situation angepasst haben. In dieser Anpassungsphase fühlen Sie sich möglicherweise ein wenig zerschlagen und durchgeschüttelt. Vielleicht haben Sie Kopfschmerzen oder leiden unter Grippesymptomen. Sie sind auf die Anpassungen zurückzuführen, die Ihr Körper vornehmen muss, um die Veränderungen einzuarbeiten, die Sie in Ihrem Energiefeld bewirkt haben. Manche Menschen suchen in einem solchen Fall ihren Chiropraktiker, Energiemasseur, Akupunkteur oder Körpertherapeuten auf, um sich bei den erforderlichen Anpassungen helfen zu lassen. Die Symptome verschwinden für gewöhnlich innerhalb weniger Wochen.

Dank

Ich bin vielen Freunden, die das Zustandekommen dieses Buches begleitet haben, zu Dank verpflicht. Außerdem danke ich meinen Geschäftspartnern Chris Thomerson und Leslie Smid, die mich standhaft darin unterstützten, die in diesem Buch dargelegten Ideen zu entwickeln und mehr über mich selbst herauszufinden. Dankbar bin ich auch meiner Familie, meinen Eltern, meinen Geschwistern, meinen Kindern und meinen beiden Exehemännern. Sie alle waren mir großartige Lehrer und erlaubten mir obendrein, ihre persönliche Geschichte hier einzuarbeiten. Auch denjenigen unter meinen Freunden und Klienten, die mir gleichfalls die Wiedergabe ihrer Erfahrungen gestatteten, gebührt Dank.

Die Zahl der Leser und Autoren, die mich unterstützten und ermutigten, die Teile des Buches formten und überarbeiteten, ist sehr lang. Diesen wunderbaren Freunden sende ich meine Liebe und Dankbarkeit. Zu ihnen gehören: Judith Aftergut, Cecelia Birckhead, Kamala Bremer, Megan Brown, Kassy Daggett, Chris Dillon, Amy Gibson, Lee Johnson, Ron Kerns, Carolyn Kortge, Mette Lockwood, Elizabeth Lyons, Stew Myers, Victor Rosek, Peter Shimkus und Al Siebert.

Besonderer Dank geht an Dennis Obert, Dirk Swanson und die übrigen Mitglieder meiner »Wunder«-Gruppe, die sich in den zwei Jahren, in denen dieses

Projekt realisiert wurde, jede Woche in meinem Heim zusammenfanden, für mich beteten, mich unterstützten und mit mir feierten.

Außerdem möchte ich an dieser Stelle drei wichtigen Projekten Anerkennung zollen. Sie haben mir geholfen, meine Ideen und das hier vorgestellte Konzept zu entwickeln. An erster Stelle steht das Guided Self Healing Therapy Program, das mir gezeigt hat, wie sich blockierte Energie freisetzen lässt. Ich hege große Bewunderung für die Arbeit von Andrew H. Hahn, der dieses Programm entwickelt hat und gegenwärtig landesweit Therapeuten ausbildet. Zweitens nenne ich die Innovative Learning Group in Eugene, Oregon, die Menschen in ihren liebevollen und wirksamen Seminaren zur Persönlichkeitsentwicklung hilft, sich selbst zu erkennen. Dann ist da noch das Leadership Institute von Seattle und sein unter Zusammenarbeit mit dem Bastyr College in Bellevue, Washington, entwickeltes Graduiertenprogramm zur Organisationsentwicklung und psychologischen Beratung. Beide waren für die Entstehung der hier vorgestellten Modelle und Konzepte richtungweisend. Das Leadership Institute stellt eine überzeugende Kombination aus intellektuellen Vorzügen und experimenteller Entwicklung bereit. Persönlich danke ich den nachfolgenden Personen bei diesen Programmen, die mir als Lehrer gedient haben: Dr. Andrew Hahn, Ramsey Coolidge und Roberta Roth vom Guided Self Healing Therapy Program, James Newton, Kris King, Rick Blair und Bev Foster von Wings sowie Dr. Ron Short und Rhonda Gordon vom Leadership Institute.

Ich danke allen Mitarbeitern in den Stadtwerken von Eugene. Einige von ihnen, deren Freundschaft für mich besonders wichtig war und denen ich wichtige Erfahrungen bei den Stadtwerken verdanke, möchte ich namentlich nennen: Randy Berggren, Deb Brewer, Jim

Brown, Mel Damewood, Sarah Hendrickson, Krista Hince, Gary und Eileen Kunkle, Vicki Maxon, Mat Northway, Jim Oringlosso, Keith Parks, Tom Santee, Ed Sheridan, Scott Spettel und Don Vanderzanden.

Besonders dankbar bin ich meiner Nachbarin Barbara Scott, die sich jedes Wort anhörte, das ich niederschrieb, und wichtige Vorschläge machte.

Die Hilfe all dieser Einzelpersonen hat diesem Buch seine Gestalt gegeben und zu seiner Geburt beigetragen. Die Entstehung dieses Buches bestätigt die energetischen Prinzipien, die es vertritt. Wir alle sind miteinander verbunden, und in diesem Sinne empfinde ich es als Privileg, mich als Autorin dieses Buches bezeichnen zu dürfen.

Über die Autorin

Jesse Reeder, ursprünglich Mikrobiologin, arbeitete sich als »Power-Frau« zur Vorstandsvorsitzenden eines der größten regionalen Stromversorgungsunternehmen der USA hoch. Sie hing ihren Job an den Nagel, um Aggressivität, Egoismus und Konkurrenz in ihrem Leben durch Kooperation, Konstruktivität und Gemeinsamkeit zu ersetzen. Heute schult sie Führungspersönlichkeiten in *Leadership Dynamics*, einem kooperativen Führungsstil, der die Verbindung von persönlichem Erfolg, Dienst an der Gemeinschaft und dem Schutz der Umwelt zum Ziel hat.